本著作由广东省社会科学研究基地——东莞理工学院质量与品牌发展研究中心资助出版

U0732164

知识产权
刑法保护研究

刘 春 著

郑州大学出版社

图书在版编目(CIP)数据

知识产权刑法保护研究 / 刘春著. -- 郑州：郑州大学出版社，2023.9
ISBN 978-7-5645-9859-4

Ⅰ.①知…　Ⅱ.①刘…　Ⅲ.①知识产权保护-刑法-研究-中国
Ⅳ.①D924.04

中国国家版本馆 CIP 数据核字(2023)第 157009 号

知识产权刑法保护研究
ZHISHI CHANQUAN XINGFA BAOHU YANJIU

策划编辑	孙理达		封面设计	孙文恒
责任编辑	张卫明		版式设计	苏永生
责任校对	陈　思		责任监制	李瑞卿

出版发行	郑州大学出版社		地　　址	郑州市大学路40号(450052)
出 版 人	孙保营		网　　址	http://www.zzup.cn
经　　销	全国新华书店		发行电话	0371-66966070
印　　刷	郑州市今日文教印制有限公司			
开　　本	710 mm×1 010 mm　1 / 16			
印　　张	15.25		字　　数	284 千字
版　　次	2023 年 9 月第 1 版		印　　次	2023 年 9 月第 1 次印刷

书　　号	ISBN 978-7-5645-9859-4		定　　价	52.00 元

本书如有印装质量问题,请与本社联系调换。

前　言

知识产权刑法保护是我国知识产权法律保护体系中的最后环节。经过几十年的发展,我国知识产权刑法保护的理论研究、立法和司法水平有了很大提高,形成了符合我国实践的、有中国特色的知识产权刑法理论体系和知识产权刑法立法司法保护体系。近年来,知识产权的内涵不断加深,范围不断拓宽,侵犯知识产权的行为方式呈现多样化,对知识产权刑法保护理论、立法、司法提出了新的挑战,出现了一系列疑难问题,因此对我国知识产权刑法保护基础理论、立法、司法和具体类罪的认定进行系统性研究是必要的。本书在对国内知识产权刑法保护相关文献梳理的基础上,坚持理论与实践相结合,从中国国情出发开展研究,内容有七章,一方面从知识产权刑法保护基础理论、立法和司法发展等方面对知识产权刑法保护进行总体研究,另一方面从最高人民法院历年公布的知识产权刑事典型案例出发,对各类知识产权的刑法保护范围、司法认定疑难问题等方面开展研究。

在知识产权刑法保护总体研究部分,主要提出以下观点:①从我国知识产权刑法保护实践出发,认为我国知识产权刑法保护应采取"原则性(符合 TRIPS 协议最低要求)+灵活性(结合本国国情调整)"的方式。②我国知识产权刑法保护应以知识产权发展秩序为保护价值立场,单纯的侵犯知识产权私权的行为不足以引发刑法的介入。对知识产权保护范围的界定应以社会危害原则为指导,新型知识产权发展尚未形成规模,相对应的侵权行为造成的社会危害性有限,刑法应采取克制谨慎的保护态度。③我国目前的侵犯知识产权犯罪罪名体系已能满足刑法保护需要,未来知识产权刑法罪名体系可以从知识产权侵权行为的规模、对知识产权发展秩序的影响等多方面综合考虑其社会危害性来决定是否扩大罪名体系;④在知识产权刑法保护立法研究中,主张集中式立法模式,部分新型知识产权客体可通过现有罪名体系予以保护,对通过增加罪名的方式保护新型知识产权客体持谨慎观望态度,强调知识产权刑法保护立法完善重点是制定法律层面的行刑衔接规范性文件。⑤司法方面,通过对我国司法大数据的分析指出我国知识产权刑事司法存在非专业性、不平衡性问题,建议建立专业的涉知识产权犯罪侦查机关、完善侵犯知识产权犯罪的定罪量刑标准、加强知识产权行刑衔接的移送监督、提升西部地区知识产权刑事司法水平等。该部分对我国知识产权刑事司法中常见难题——行刑衔接进行了探讨,明确应制定法律层面的行刑衔接法律文件,打通行刑衔接的信息平台,明确检察机关对行刑衔接的立案监督权。

在各类知识产权刑事犯罪研究中,从刑法保护边界和司法认定角度对侵犯注册商标类犯罪、侵犯著作权类犯罪、侵犯专利权类犯罪、侵犯商业秘密类犯罪开展研究,并从立法、理论、司法案例层面对侵犯注册商标类犯罪、侵犯著作权类犯罪、侵犯商业秘密类犯罪司法认定中的常见问题进行分析,指出我国知识产权刑事司法中存在司法解释不足、指导性案例在司法适用中混乱、司法鉴定审查形式化等问题,肯定了知识产权刑事司法实践面对新型知识产权客体时的应对措施。在针对具体犯罪案例研究时,明确提出知识产权犯罪司法认定中在刑事司法解释不足时可参考知识产权行政规范性文件;应加大指导性案例和典型性案例适用的讨论和总结,以促进案例充分发挥作用;坚持社会危害性原则、罪责刑相适应原则来认定相关犯罪的数额及犯罪成立标准;加大对司法鉴定的实质性审查;认可刑事司法实践对新型知识产权课题的保护路径并加以概括提升。

本书由广东省社会科学研究基地——东莞理工学院质量与品牌发展研究中心资助出版,是研究中心的阶段性研究成果,也是作者在知识产权刑法保护方向上的阶段性研究成果。从整体看,在研究内容和研究深度上仍存在不足,书中的一些表述也可能存在不足之处,恳请各位老师、同仁、读者指正,以便及时修订。

刘　春

2023 年 5 月 10 日

目录
Contents

绪　　论

　　随着知识经济的不断深入发展,知识创新已成为社会发展的关键驱动力,是国家的核心竞争力。创新是推动我国经济高质量发展,提升我国综合国力,实现中华民族伟大复兴的第一推动力,因此激发全社会知识创新的积极性和参与性,形成全社会保护鼓励创新的良好氛围进而促进国家创新战略的实施,是我国当前及今后知识产权事业的前进方向。国务院在 2008 年印发《国家知识产权战略纲要》,将加强知识产权保护作为知识产权战略的主要内容之一;中共中央、国务院在 2021 年 9 月印发《知识产权强国纲要(2021—2035)》中将全面提升知识产权保护水平作为建设知识产权强国的主要内容之一;2021 年 10 月,国务院发布《"十四五"国家知识产权保护和运用规划》,明确指出知识产权保护工作与五个方面密切相关:国家治理体系和治理能力现代化、高质量发展、人民生活幸福、国家对外开放大局、国家安全。知识产权刑法保护是我国知识产权法律保护体系中的最后屏障,对其进行系统研究既是保护知识产权的需要,也是提升国家综合竞争力的需要。

近年来,在国家知识产权战略的积极推动下,我国知识产权数量和质量得到大量提升,知识产权的内涵和范围随着互联网和科技的发展而不断拓宽,相应的知识产权刑法保护基础理论和立法、司法都受到影响,因此对我国知识产权刑法保护进行系统性研究是必要的。

构建知识产权刑法保护理论、立法、司法统一体系的需要。在我国知识产权刑法保护发展历史上,理论与立法、司法之间的错位一直存在。我国知识产权制度的建立源于改革开放过程中融入世界发展格局的需要,加入 WTO(世界贸易组织)后制定的一系列知识产权法律制度虽然从制度上使我国与知识产权国际保护接轨,但上述知识产权制度中的保护水平明显高于我国当时社会发展的实际情况,因此在这一阶段我国侵犯知识产权事实的多发性和侵权责任的轻微性同时并存,理论界加强知识产权刑法保护的呼声占据主流。近年来随着我国科技创新水平提升、互联网普及,我国知识产权司法保护水平显著提升,我国出台了一系列知识产权刑事案件司法解释,理论界也呼吁将新型知识产权客体和网络侵犯知识产权行为通过立法纳入刑法规制范围,2020 年 12 月颁布的《刑法修正案(十一)》部分呼应了理论界扩大知识产权刑法保护范围、提高知识产权犯罪刑罚幅度的呼声,但本次修正案对知识产权犯罪的修改整体上是谨慎有限的。在这一背景下,理论、立法、司法之间的错位仍然存在。对我国建立在原有社会基础上的知识产权刑法保护制度的理念、立法和司法进行一次整体性的梳理,进而提出较为系统的知识产权刑法保护理论、立法和司法方案是非常必要的。

完善、总结我国知识产权刑法保护司法经验的需要。我国知识产权刑法保护发展 40 余年,应对疑难知识产权犯罪积累了丰富的案例和司法经验,对这些案例和经验进行总结和梳理,对于提高我国知识产权刑法保护的司法水平,充分发挥知识产权刑法保护的作用是必要和有益的。

第一章

知识产权刑法保护概述

本章概括介绍了我国和世界知识产权法律制度的产生和发展,对知识产权的概念、性质与特征等知识产权基本内容进行了讨论和界定。重点对知识产权国际保护法律制度的发展阶段、我国知识产权法律制度的发展阶段进行了分析和总结,明确了知识产权概念的开放性特征、强调了知识产权的本质属性是私权,提出在知识产权范围不断扩大的背景下,无形性、时间性、地域性、专有性等传统知识产权特征区分知识产权与其他权利的功能确实削弱,但其仍具有区分知识产权的积极意义。

第一节　知识产权概述

一、知识产权法律制度的产生

马克思和恩格斯曾经说过,每当工业和商业的发展创造出新的交换形式的时候,法便不得不承认它们是获得财产的新方式。当工业和商业的发展把新技术发明变成工业财产并将其作为商品进行交换时,以确认和保护对发明的私人财产所有权为核心内容的资本主义国家的专利法便应运而生。①

专利制度是最早产生的知识产权法律制度。该制度起源于封建社会的君主钦赐给特定工商业者在某些商品上的垄断经营的特权:1610 年,英王伊丽莎白一世曾采取"钦赐"形式授予发明者某些独占权,但这些是个别的、特定的,未能形成普遍性的法律。1474 年,商品经济发达的地中海城市威尼斯第一次以法律的形式给某些机器与技术的发明人十年的特权,这与现代的专利制度很相近。1624 年,在英国新兴资产阶级的努力下,英国通过实施《垄断法规》(由于它在1623 年提交英国国会通过并颁布,故许多记载中称之为"1623 年《垄断法规》"),这个法规被认为是世界上第一部现代意义的"专利"法,是近代专利保护制度的起点②,为后来所有国家的专利立法划出了一个基本范围,其中的许多原则和定义一直沿用至今。③

版权法律制度紧跟专利权制度在英国建立。1709 年,英国议会通过《为鼓励知识创作而授予作者及购买者就其已印刷成册的图书在一定时期内之权利的法》,由于当时在位的是英国女王安娜,因而该版权法又称为《安娜女王法》,这是普遍认为的世界上第一部版权法。在《安娜女王法》颁布 84 年后的 1893年,法国颁布了一部著作权法,这是一部专门保护作者权利的法律,包括对作者财产权和人身权的保护,这部法律后来成为大陆法系国家版权法的蓝本。④

在专利和著作权之后出现的知识产权制度是商标法律制度。商标最早被视为一种私权受到法律的承认和保护是在 1618 年,英国通过判例的方式确立了对商标的司法保护,"该案乃有关冒用他人享有盛誉之布商标记于其制售之劣质

① 转引自段瑞林:《知识产权法概论》,光明日报出版社,1988 年,第 3 页。
② 有学者在著述中认为 1474 年威尼斯公布的专利法是世界上第一部专利法,同时也指出较系统的、具有现代意义的专利法则是 1623 年英国的《垄断法规》。参见曹建明、陈治东主编:《国际经济法专论(第 5 卷)》,法律出版社,2000 年,第 188 页。
③ 参见郑成思:《知识产权法通论》,法律出版社,1986 年,第 2 页。
④ 参见吴报定主编:《国际法与国际事务论》,安徽大学出版社,1999 年,第 286 页。刘晓军、张雪松:《世界上第一部著作权法——〈安娜女王法〉》,北京法院网,2003 - 04 - 28,http://bjgy. chinacourt. gov. cn/article/detail/2003/04/id/819643. shtml (2020 - 10 - 03 最后访问)。

布料,以图鱼目混珠"①。成文法的颁布使商标法律制度进入新的发展时期,法国是最早制定商标成文法的国家:1803 年,法国制定的《关于工厂、制造场和作坊的法律》中,把假冒商标视为私自伪造文件罪;1804 年《拿破仑民法典》第一次肯定了商标权应与其他财产权一样受到保护;1857 年,法国颁布《关于以使用原则和不审查原则为内容的制造标记和商标的法律》,首次明确将商标的使用作为一种专有权利予以保护,被认为是世界上颁布最早的、最为系统的商标法。继法国之后,英国于 1862 年颁布了《商品标记法》,于 1875 年又颁布了《商标注册法》;美国于 1870 年制定了《联邦商标法》;德国于 1874 年颁布了《商标保护法》。② 这些成文法明确了商标权的私权性质,确立了商标权与其他财产权平等的法律地位,逐渐建立起现代商标法律制度。

从 19 世纪末开始,反不正当竞争法获得了独立的发展。现代意义的独立的反不正当竞争法出现在 19 世纪末,1890 年美国通过的《谢尔曼法》是世界上第一部反不正当竞争法,1896 年,统一不久的德意志帝国制定了世界上第一个针对不正当竞争的专门立法——《抵制不正当竞争行为法》,对欧洲大陆国家影响很大。③

二、国际知识产权法律制度的发展

良好的知识产权法律制度能保障科技创新的积极性进而促进经济的快速发展。19 世纪末 20 世纪初的欧洲和美国,逐渐完善的知识产权法律制度激发了科技创新的积极性,提高了工业生产率,促进了资本主义的快速发展,这些国家在经济上进入了垄断资本主义时期,政治上经过第一次世界大战进入了殖民地时期,工业分工从国内逐渐发展到国际,国际贸易逐渐兴盛。在不断融合的国际贸易和国际经济发展中,限定在特定地域内的知识产权保护由于各国之间不同的法律制度而不断出现冲突,阻碍了国际贸易的进一步发展。为协调这一问题,国际知识产权保护制度开始发展起来。

知识产权国际保护制度,是指以多边国际公约为基本形式,以政府间国际组

① 参见曾陈明汝:《商标法原理》,中国人民大学出版社,2003 年,第 4 页。转引自罗晓霞:《商标法溯源:富有竞争政策内涵的历史演进》,载《黑龙江社会科学》,2014 年第 2 期,第 106-110 页。

② 参见郭禾:《商标法教程》,知识产权出版社,2004 年,第 10 页。转引自罗晓霞:《商标法溯源:富有竞争政策内涵的历史演进》,载《黑龙江社会科学》,2014 年第 2 期,第 106-110 页。

③ 参见刘燕、蔡敏:《不正当竞争法的历史发展及其一般规律探讨》,载《中外法学》,1992 年第 6 期,第 45-48 页。

织为协调机构,通过对各国国内知识产权法律进行协调并形成的相对统一的国际法律制度。① 知识产权国际保护制度的发展经历了三个阶段。

(一)知识产权国际保护起始阶段

这一时期侧重于传统知识产权保护领域的国际公约的发起和签订,时间自19世纪后期至20世纪初期。从19世纪后期开始,国际上逐步出现了保护知识产权的国际公约。1883年,由比利时、西班牙等11国发起,在巴黎签订了《保护工业产权巴黎公约》(*Paris Convention for the Protection of Intellectual Property*),适用于最广义的工业产权,包括专利、商标、工业品外观设计、实用新型、服务商标、厂商名称、地理标志以及制止不正当竞争,本项国际协议是帮助创作者在别国确保自己的智力作品受到保护的首要一步。该公约经过7次修改,目前的版本是1979年修订版本,公约目前有177个缔约方/签署国②。1886年,由英国、法国、德国、意大利、比利时等10国发起,在瑞士首都伯尔尼签订了《保护文学艺术作品伯尔尼公约》(*Berne Convention for the Protection of Literary and Artistic Works*),公约涉及对作品及其作者权利的保护,为作者、音乐家、诗人以及画家等创作者提供了控制其作品依什么条件由谁使用的手段。该公约经过8次修订和完善,目前的版本是1979年修订版本,公约目前有179个缔约方/签署国③。1891年,《制止商品来源虚假或欺骗性标记马德里协定》(*Madrid Agreement for the Repression of False or Deceptive Indications of Source on Goods*)签订,该协议规定凡带有虚假或欺骗性产地标记、直接或间接把缔约国之一或该缔约国的一个地方标为原产国或原产地的商品,必须在进口时予以扣押或禁止其进口,或对其进口采取其他行动和制裁手段。该协定经过5次修改,目前实行的是1967年版本,有36个缔约方/签署国④。1925年,《工业品外观设计国际注册海牙协定》(*Hague Agreement Concerning the International Registration of Industrial Designs*)通过,该协定对工业品外观设计的国际注册作出规定,有效地建立起一个使工业品外观设计以最少的手续在多个国家或地区取得保护的国际体系——海牙体

---

① 参见吴汉东:《知识产权国际保护制度的变革与发展》,载《法学研究》,2005年第3期,第126-140页。

② 上述关于《保护工业产权巴黎公约》的介绍源自世界知识产权组织官方网站,https://www.wipo.int/treaties/zh/ip/paris/(2020-10-04日最后访问)。

③ 关于《保护文学艺术作品伯尔尼公约》的介绍源自世界知识产权组织官方网站,https://www.wipo.int/treaties/zh/ip/berne/(2020-10-04最后访问)。

④ 关于《制止商品来源虚假或欺骗性标记马德里协定》的介绍源自世界知识产权组织官方网站,https://www.wipo.int/treaties/zh/ip/madrid/(2020-10-04最后访问)。

系,该协定经过 7 次修改和补充,目前使用的是 1999 年修订的版本,有 74 个缔约方/签署国。① 至此,传统知识产权领域的工业产权、版权和商标权都有了相应的国际公约。

(二)国际知识产权保护范围扩充阶段

随着科技的发展和经济的进一步全球化,有关知识产权的国际公约在保护范围上逐渐扩大,如,1961 年通过的《保护表演者、音像制品制作者和广播组织罗马公约》将表演者的表演、录音制品制作者的录音制品和广播组织的广播节目纳入保护;1971 年通过的《保护录音制品制作者禁止未经许可复制其录音制品公约》将录音制品纳入保护;1981 年的《保护奥林匹克会徽内罗毕条约》将奥林匹克会徽纳入保护;1989 年的《关于集成电路知识产权的华盛顿条约》对集成电路布图设计(拓扑图)提供保护;1996 年的《世界知识产权组织版权条约》(WCT)属于《保护文学艺术作品伯尔尼公约》所称的特别协议,涉及数字环境中对作品和作品作者的保护,将计算机程序和数据或其他资料汇编纳入保护等;1996 年的《世界知识产权组织表演和录音制品条约》(WPTT)涉及数字环境中对表演者和录音制品制作者的权益的保护,2012 年的《视听表演北京条约》(简称《北京条约》),把《保护表演者、音像制品制作者和广播组织罗马公约》(1961年)中对歌唱家、音乐家、舞蹈家及演员的保护针对数字时代进行了现代化更新。此前,《世界知识产权组织表演和录音制品条约》(WPPT)更新了对表演者和录音制品制作者的保护,但《北京条约》针对数字时代的更新构成了进一步的补充。②

上述国际知识产权公约只是随着科技和社会发展出现的必然结果,充分体现了科技和社会发展的需求。这一阶段并不会就此停止,未来随着科技创新的进一步深入发展,知识产权的范围也必然会随之扩大。

(三)国际知识产权保护的纵深发展阶段

国际知识产权保护的纵深发展表现为两个方面:一方面是知识产权国际保护与国际贸易的相结合。1993 年《与贸易有关的知识产权协议》(*Agreement on Trade Related a spects of Intellectual Property Rights*, TRIPS)的达成,在此协议之前的知识产权国际公约只是单纯规定知识产权领域的内容,此协议首次将知识产权问题列入国际贸易领域,并规定了国际贸易中知识产权保护的最低标准以及

---

① 关于《工业品外观设计国际注册海牙协定》的介绍源自世界知识产权组织官方网站,https://www.wipo.int/treaties/zh/registration/hague/(2020-10-04 最后访问)。

② 这一阶段知识产权国际公约的信息介绍来源于世界知识产权组织官方网站,https://www.wipo.int/treaties/zh/index.html(2020-10-05 最后访问)。

相应的强制措施,成为具有一定执行力的国际公约,促进了国际领域知识产权保护的协同保护。另一方面是知识产权国际保护的进一步协同。2000 年的《专利法条约》(PLT)的宗旨是,协调并简化国家和地区专利申请和专利的形式程序,从而使这些程序更加方便用户使用;1994 年的《商标法条约》(TLT)采用简化和协调商标注册程序的若干方面,从而减少在多个法律管辖区申请商标和管理商标注册复杂性的方法实现统一和简化国家和地区商标注册程序的宗旨;2006 年的《新加坡条约》以 1994 年《商标法条约》(TLT)为基础,但适用范围更广,而且还处理通信技术领域的一些较新进展,该条约的目标是为协调商标注册的行政程序,创建一个现代化的动态国际框架;等等。这一阶段的知识产权国际条约从理论转向现实,致力于提高不同国家和地区在专利、商标申请和注册上一致性,简化程序,提高国际知识产权保护的协同性①。

在国际知识产权法律制度的发展过程中,第一阶段和第二阶段的发展并没有明显的时间界限,更多时候是交互进行的,对这两个阶段的划分更多是以知识产权国际公约的内容为基础进行的,这两个阶段的发展也不会就此止步,相信随着国际科技创新的发展和经济全球化的深入;第二阶段与第三阶段的发展会更加紧密和协调。国际知识产权法律制度的发展在科技社会的发展中发挥了重要的促进作用,但由于国际知识产权法律制度多是由发达国家提议起草,规则多由知识产权发达国家制定,其不可避免地倾向于保护这些国家的利益而牺牲欠发达国家、发展中国家的利益。"以《TRIPS 协定》为核心的当代国际知识产权制度对知识产权实体权利进行猛烈扩张,并纳入国际贸易制度予以保护,严重偏离公共利益原则"②,致使知识产权权利人的私权和社会公众的公共利益之间平衡的机制被打破,形成了知识产权保护对人权的消极影响,这一问题也在司法实践中得到了重视,"自从 2008 年 Verlagsgruppe News GmbH 案之后,欧洲人权法院对知识产权判例的态度开始从权利保护转向权利限制,体现了该法院未来将不再单纯地从财产权的角度保护著作权,而是试图兼顾私权、人权和公共利益三者之间的平衡"③。

①　这一阶段知识产权国际公约的信息介绍来源于世界知识产权组织官方网站,https://www.wipo.int/treaties/zh/index.html(2020-10-05 最后访问)。

②　参见严永和、甘雪玲:《知识产权法公共利益原则的历史传统与当代命运》,载《知识产权》,2012 年第 9 期,第 12-21 页。

③　参见向凌:《欧洲人权法院对知识产权保护的兴起与转向——从 Anheuser-Busch 案到 Verlagsgruppe News GmbH 案的司法考察》,载《学术界》,2014 年第 2 期,第 219-225 页。

三、我国知识产权法律制度的发展

知识产权是一项舶来的法律制度,是内地对"intellectual property"的通行翻译,这一英语表述在其他地区可能有不同的称呼,如台湾地区称为"智慧财产权"。在我国对知识产权的早期研究中,有部分学者通过对英文单词含义的分析曾提出"知识产权"这一翻译不能准确概括"intellectual property"的含义、范围和特征,建议将其翻译为"智力成果权"。实际上,我国1949年以来一直采用智力成果权来表达这一概念,直到1986年颁布《中华人民共和国民法通则》(以下简称《民法通则》),才正式确立了知识产权这一用语,此后我国相关政策和理论研究均以"知识产权"作为统一表述。经过长期的使用,这一词语已形成特定的含义和范围,为公众所知悉接受,再加上近年来随着计算机和信息技术的快速发展,人权意识在知识产权领域的觉醒,数据库、传统资源、动植物新品种等不属于传统的"创造性智力劳动成果"范畴的成果被纳入知识产权保护范围,但国际上关于知识产权的表述仍为"intellectual property",并没有随之进行修改,这也侧面说明无论是"intellectual property"还是"知识产权"早已超出其自身固有的文字含义而成为特定权利的专有名词,正如有学者所讲:"今天'知识产权'这一术语已经在我国广泛使用,而且为越来越多的人了解其实际涵义,就没有必要再作更改了。"①"'知识产权'一词已成为国际通行的法律术语。尽管其制度系统在不断更新与发展,但这一称谓既已约定俗成,改变称谓似无必要。"②

如前所述,知识产权作为一种现代法律制度在世界范围内产生是百余年的事情,它的产生与科技、商品经济和工业的发展密切相关。我国的近代知识产权制度发展历程受西方社会影响,是清朝闭关锁国被西方列强打开国门后国内主张"师夷长技以制夷"的有识之士对西方法律制度的学习和引进实践,也是清政府希望通过变法使列强放弃治外法权的努力成果。国内有关对现代知识产权法律制度较早的学习实践是1859年太平天国领导人之一的洪仁玕在《资政新篇》中首次提出了建立专利制度的建议,他认为对发明实行专利保护是赶上西方发达国家的必备条件;1881年我国出现首例"钦赐专利";1882年清朝光绪皇帝批准民族资产阶级代表人郑观应提出的上海机器织布局采用的机器织布技术10年的专利;1898年光绪在著名的"戊戌变法"中颁布了《振兴工艺给奖章程》,这

---

① 参见郑成思:《知识产权法》,四川人民出版社,1988年,第1页。
② 参见卢纯昕:《知识产权客体的概念之争与理论澄清——兼论知识产权的"入典"模式》,载《政法学刊》,2017年第1期,第5-12页。

是我国历史上的第一部专利法,但这部法律随着变法的失败而荒废,并未付诸实践,此后清政府又制定了《商标注册试办章程》(1904年)和《大清著作权律》(1910年)等法令,但这些法令都未真正得到实施①;1912年辛亥革命后的民国政府颁布过一项《奖励工艺品暂行章程》,这是我国历史上实际付诸施行的第一部专利法,但其保护范围非常有限②;1923年,当时的农商部颁布了《暂行工艺品奖励章程》,将发明或改进制造方法也涵盖在内;1932年,国民党政府颁布了我国历史上首个比较完善的专利权制度——《奖励工业技术暂行条例》,1944年又颁布了我国历史上首个具有现代法律意义的专利权法规——《中华民国专利法》。③ 从整体上看,我国知识产权法律制度的发展与繁荣是从新中国成立后开始的。

从我国知识产权法律制度的发展历程来看,新中国成立后我国知识产权法律制度随着社会经济、科技和文化的发展经历了三个阶段,第一阶段是新中国成立后至改革开放前的自我探索阶段(1949—1978),第二阶段是改革开放后的适应建设阶段(1979—2007),第三阶段是建设知识产权强国的自我完善阶段(2008年至今)。

(一)自我探索的第一阶段(1949—1978)

新中国成立后,政府废除了国民党政府颁布的所有法律制度,同时借鉴苏联的法律制度,探索制定了一系列社会主义法律制度。知识产权方面,政府曾制定了一系列的知识产权行政规章,比如1950年政务院批准施行的《商标注册暂行条例》《保障发明权和专利权暂行条例》;1950年政务院出版总署第一届全国出版会议通过的《关于改进和发展出版工作的决议》(以下简称《决议》),《决议》强调尊重和保护作者的经济和精神利益④;1963年颁布的《商标管理条例》和《发明奖励条例》等。但这些都属于行政规章,并不是严格意义上的知识产权法律。这一时期的知识产权法律并未形成体系,且在当时计划经济背景下,商标、专利、著作权这些知识产权有着深刻的公有烙印,与当时世界上普遍的知识产权私有观念明显相反。"很多民法学家还认为我国是社会主义国家,人们的脑力

---

① 参见夏辰旭:《中国知识产权法律制度的历史发展与变革》,载《人民论坛》,2013年第14期,第128-129页。

② 参见郑成思:《知识产权法》,四川人民出版社,1988年,第24页。

③ 参见朱泽龙:《我国知识产权相关法律的历史沿革》,载《祖国》,2018年第19期,第150、166页。

④ 参见曹文泽、王迁:《中国知识产权法制四十年:历程、特征与展望》,载《法学》,2018年第11期,第3-16页。

劳动成果同党和国家的培养、支持和提供的物质条件密切相关,它不再是个人的私有财产。"①因此这一时期我国的知识产权立法强调的是使用商标的商品质量、鼓励单位工作人员积极创造发明和出版秩序的维持,并不具有保护知识产权权利人的实权保障属性。

(二)适应建设的第二阶段(1979—2007)

随着我国实施改革开放,在计划经济向社会主义市场经济转变,我国与美国因知识产权问题发生贸易争端的背景下,政府开始重视知识产权法律制度的建设。1980年我国加入世界知识产权组织(WIPO)后陆续颁布了《商标法》《专利法》《技术合同法》《著作权法》和《计算机软件保护条例》等知识产权法律制度。② 此后随着社会科技经济的发展,我国相继参加了主要的国际知识产权保护条约:1985年加入了《保护工业产权巴黎公约》,1989年加入《商标注册马德里协定》,1992年加入《保护文学艺术作品伯尔尼公约》和《世界版权公约》。我国基本形成了既有中国特色,又有与国际对接的知识产权法律体系。

此后,随着经济全球化的发展和我国加快改革开放的需要,我国知识产权法律体系朝着加入WTO的方向努力,以TRIPS协议作为我国知识产权法律体系修改的方向:1992年对《专利法》进行了修订,删除了1985年《专利法》中对"食品、饮料和调味品"以及"药品和用化学方法获得的物质"不授予专利权的规定;将发明专利权的保护期限由15年提高到20年,并赋予专利权人进口权,同时还调整了强制许可的条件和范围;1993年通过《反不正当竞争法》,首次将商业秘密列为法律保护对象;2001年对《商标法》进行了修改,增加了对地理标志的保护,增加了驰名商标的保护范围,完善了商标注册和撤销程序,将司法程序作为商标确权的最终程序;2001年修改《著作权法》,将信息网络传播权纳入著作权保护范畴,将杂技艺术作品、建筑作品以及汇编作品纳入法律保护范围,规范了广播电台、电视台的录音录像制品播放制度,废除了电影、电视和录像制品中版权一概归属制片者的规定。这一系列法律制度的修改,为我国加入WTO、适应TRIPS协议奠定了良好的基础,虽然"客观上有国际压力的存在,但总体上是为了适应建立社会主义市场经济体制的需要。通过修法,我国的知识产权保护进一步向国际标准靠近,为建立社会主义市场经济体制奠定了坚实的法律基

---

① 参见聂天贶编:《知识产权法教程》,重庆大学出版社,1987年,第2页。

② 参见王国利:《改革开放三十年我国知识产权法律保护制度的立法实践》,载《青海社会科学》,2008年第4期,第42-45页。

础"①。

(三)自我驱动完善的第三阶段(2008年至今)

2007年10月15日胡锦涛在党的十七大报告中明确提出"实施知识产权战略",2008年4月9日温家宝总理主持召开国务院常务会议,审议并原则通过《国家知识产权战略纲要》,2008年6月5日国务院发布《国家知识产权战略纲要》。我国开始实施知识产权强国战略,在知识产权法律制度的建设方面进入自我驱动完善的第三阶段。在这一阶段,完善知识产权制度、促进知识产权创造和运用、加强知识产权保护、防止知识产权滥用、培育知识产权文化成为5项重点工作。知识产权法律制度围绕上述工作重点进行了相应的修订完善:2008年修改《专利法》,将授予发明专利的"相对新颖性标准"提高为"绝对新颖性标准"并增加外观设计专利权人许诺销售权,增加了诉前证据保全制度,加大了对违法行为的处罚力度;2013年修改《商标法》,禁止抢注明知他人已使用在先的商标,规定了商标侵权的惩罚性赔偿,加重了侵权人的举证责任;2020年通过的《民法典》中明确将商业秘密列为知识产权保护对象,并将惩罚性赔偿作为知识产权侵权的民事责任承担方式;等等。这一阶段,知识产权法律制度的提升完善目前仍处于进行时。

从我国知识产权法律制度的发展历史来看,我国知识产权法律制度虽然起步晚,但经过40余年改革开放建设,经济和科技的高速发展为知识产权法律制度的发展奠定了良好的基础,我国的知识产权法律制度从被迫接受、消化吸收到主动提升完善知识产权立法和执法水平,深刻地体现了经济基础和上层建筑之间的相互推动、相互促进作用,目前我国已形成保护水平较高、保护体系比较完备的知识产权法律保护制度②,为我国知识产权强国建设提供了良好的法律保障。

---

① 参见曹文泽、王迁:《中国知识产权法制四十年:历程、特征与展望》,载《法学》,2018年第11期,第3-16页。

② "对包括我国在内的122个国家和地区的知识产权保护的立法水平进行定量测度,并构建知识产权执法力度指数,进而得出各国知识产权的实际保护水平。在此基础上,以人均国民收入为解释变量对知识产权保护水平进行回归分析。结果表明,中国知识产权立法保护水平近二十年来提升显著,已达国际较高水平。"该结论出自詹映:《我国知识产权保护水平的实证研究——国际比较与适度性评判》,载《科学学研究》,2013年第9期,第1347-1354页。对我国知识产权立法水平的评价持类似观点的还有沈国兵、刘佳:《TRIPS协定下中国知识产权保护水平和实际保护强度》,载《财贸经济》,2009年第11期,第66-71、60、136-137页。

第二节　知识产权的概念、性质与特征

"知识产权"这一词语是随着社会发展而产生的,它的含义、范围也随着社会发展而不断变化、丰富。作为知识产权法律制度的基石概念,知识产权的概念和范围直接影响着知识产权法律制度的保护范围。

知识产权最早产生于商品经济发达的西方社会,最初表现为单项法律制度,后形成相应的知识产权体系;最初只限于内国法,后随着国际贸易的发展产生了多项知识产权国际公约,在国际范围内形成了稳定的知识产权体系。在这样的背景下,知识产权的共性在世界范围内产生了较为通行的广义概念,知识产权的地域性产生了各国根据自身实际发展立法确认的狭义的知识产权概念。本书对狭义知识产权的界定基于国内法,不同于理论界通常认为的狭义的知识产权即传统的工业产权和著作权①,因为在国际公约和国内立法的实践中,工业产权和版权的范围也是随着社会发展在不断丰富变化,这种情况下将其作为狭义的知识产权界定失之偏颇。

一、知识产权概念的开放性

(一)广义的知识产权

广义的知识产权,可以包括一切人类智力创作的成果,目前多以《建立世界知识产权组织公约》和《与贸易有关的知识产权协定》(TRIPS)作为界定广义知识产权的依据。"知识产权的对象是人的心智、人的智力的创造,知识财产是与情报有关的财产,这种情报能够同时包含在全世界任何地方无限数量复制件的有形物体中。这种财产并不是指这些复制件,而是指这些复制件中所包含的情报。知识产权可以分为'工业产权'和'版权'"②。

1967年7月14日在斯德哥尔摩签订的《建立世界知识产权组织公约》中对知识产权进行了定义。"知识产权"包括有关下列项目的权利:①文学、艺术和

---

① 广义的知识产权包括一切人类智力创造成果上的权利,狭义的知识产权则分为工业产权和版权。工业产权包括专利权、商标权、与智力创造成果有关的反不正当竞争权等;版权(我国亦称"著作权")包括作者权和传播者权(即"邻接权"或"有关权")。作者权和传播者权中的表演者权既包括财产权利又包括精神权利。参见郑成思、朱谢群:《信息与知识产权的基本概念》,载《科技与法律》,2004年第2期,第39-45页。

② 参见世界知识产权组织编,高卢麟等译:《知识产权法教程》,专利文献出版社,1990年,第2页。

科学作品;②表演艺术家的表演及唱片和广播节目;③人类一切活动领域内的发明;④科学发现;⑤工业品外观设计;⑥商标、服务标记以及商业名称和标志;⑦制止不正当竞争;以及在工业、科学、文学或艺术领域内由于智力活动而产生的一切其他权利。

《与贸易有关的知识产权协定》规定的知识产权包括以下范围:①版权和相关权利;②商标;③地理标识;④工业设计;⑤专利;⑥集成电路布图设计(拓扑图);⑦对未披露信息的保护;⑧对协议许可中反竞争行为的控制。

上述两个公约中对知识产权的范围界定都采用了列举的方式,从内容上来看大致相同,时间在后的 TRIPS 协议在一定程度上对《建立世界知识产权组织公约》的知识产权范围进行了修正和扩大,取消了"科学发现",将地理标志、集成电路布图设计(拓扑图)单列为知识产权,增加了对未披露信息的保护。上述两个公约的成员国中完全依照公约规定范围来进行国内立法的并不多,但作为成员国最为广泛的两个国家公约,其对知识产权的界定引导、影响成员国国内知识产权立法,因此上述范围仍具有积极意义。

(二)狭义的知识产权

从理论上看,知识产权作为上层建筑,是特定地域范围内经济、社会、科技、文化等基础的产物,必然具有明显的地域性;从立法实践来看,知识产权作为一种法定权利,是依据各国国内法产生的,也必然带着地域性特征。我国国内对知识产权概念的界定就是在国际公约的广义概念基础上基于我国知识产权的地域性特征而产生的狭义概念。

从我国的法律体系来看,知识产权并非法律用语,这一词语最初起源于国内对"intellectual property"的翻译,后成为我国官方对涉及版权、专利权、商标权等智力创造成果权利的统称。在国内没有立法界定知识产权的情况下,理论界对知识产权的概念存在一些争议。从我国目前的知识产权理论研究来看,对知识产权概念的界定主要有两种途径:一是对知识产权具体保护客体进行概括归类的方法进行界定,二是通过探寻知识产权保护客体的本质来界定知识产权概念。对知识产权的客体,理论界存在"对象与客体"是否相区分的不同意见。知识产权的客体与对象是否相区别源于传统民法对民事权利客体或民事法律关系客体的争议。民法理论上对民事法律关系的客体存在两种观点:一种认为客体是具体的物、行为和人的生命、身体、自由、名誉等,一种认为客体是法律所调整的社会关系。知识产权理论界部分学者认为应当区分知识产权的对象和客体,这一观点的代表人物是刘春田。他认为,知识产权的对象是"知识"本身,是指创造性的智力成果和工商业标记,它们是知识产权法律关系发生的前提和基础;知识产权客体是指基于对知识产权对象的控制、利用和支配行为而产生的利益关系或社会关系。对象是具体的、感性的、客观的范畴,是第一性的;客体是抽象的、理性的范畴,是利益关系即社会关系,是第二性的。对象与法律关系的客体是两种不同的事物。这种观点不同于民法学界通常并不区分权利对象和权利客体的观点,与刑法学界区分犯罪对象和犯罪客体的理论有着一致性①。目前,知识产权界通常采用民法学界的观点,认为知识产权对象和知识产权客体意义相同,可替代使用。在此基础上梳理知识产权的概念,该概念随着社会的发展而变化,呈现出多样化和抽象化的特点。具体来看,知识产权概念的发展可以分为三个阶段。

(1)知识产权是对智力创造的成果依法享有的权利。这一观点是早期比较通行的观点,强调了两个要点:一是知识产权是依法享有的;二是知识产权的对象是智力创造的成果。这一观点的代表人是郑成思先生,其主编的《知识产权法教程》将知识产权定义为:"知识产权指的是人们可以就其智力创造的成果所依法享有的专有权利"②。郑成思先生在面对部分学者主张智力创造的成果无法涵盖商标、商号等标记性成果的质疑时,认为标记性成果中包含了经营者为了使标记性成果显著区别于其他标记的创造性劳动,应属于智力创造的成果③。

(2)知识产权是智力成果的创造人依法享有的权利和生产经营活动中标记所有人依法享有的权利。这一观点在第一种观点的基础上将知识产权的对象从单一的智力成果扩大到包括生产经营活动中的标记,将商标、商号等标记性成果从智力创造成果中单列出来成为一类知识产权。这一观点的代表人是刘春田,在其主编的《知识产权法教程》中知识产权的定义是:"知识产权是智力成果的创造人或工商业标记的所有人依法享有的权利的总称"④。此后有学者扩充了这一概念,将知识产权界定为"知识产权是民事主体所享有的支配创造性智力成果、商业标志以及其他具有商业价值的信息并排斥他人干涉的权利"⑤。此一概念将知识产权的对象扩展为三类:智力创造成果、标记性权利和具有商业价值信息的权利。其依据是随着科技的发展,不属于创造性智力成果和标记性权利的各种有商业价值的信息也逐步纳入知识产权的保护范围,如商业秘密、数

---

① 参见陶鑫良、袁真富:《知识产权法总论》,知识产权出版社,2005 年,第98-99。

② 参见郑成思:《知识产权法教程》,法律出版社,1993 年。

③ 参见郑成思:《再论知识产权的概念》,载《知识产权》,1997 年第 1 期,第 13-22,33页。

④ 参见刘春田主编:《知识产权法》,法律出版社,1999 年,第 3 页。

⑤ 参见张玉敏:《知识产权的概念和法律特征》,载《现代法学》,2001 年第 5 期,第103-110 页。

据库等。因此主张这一观点的学者认为原来的知识产权已经不能涵盖新增加的知识产权，而"具有商业价值的信息"是对知识产权无形性特征的精准表述，既可以包括现有的创造性智力成果、商业标志和无创造性的数据库，也可以涵盖社会发展过程中新出现的知识产权，是比较全面、适当的概念。与此相似的观点还有"知识产权是基于创造性智力成果和商业化标记及其他信息依法产生的权利的统称"①。

（3）知识产权是权利人对符号、信息、知识产品依法享有的权利。此类观点认为，以往知识产权概念中对知识产权对象的界定过于具体化，没有体现概念本身抽象的本质特征。"一个法学上的定义，必须准确揭示出定义对象的本质特征，以区别于其他类似的事物"②，但对知识产权对象的抽象化概括中，理论界出现了不同观点。有学者认为，知识产权的对象是符号组合，知识产权是符号财产权③；郑成思老师在后期的著作中主张知识产权客体的本质是信息，知识产权包含在信息产权之中④。认为知识产权是权利人对知识产品依法享有的权利是目前主张比较多的观点。最早提出这一观点的是吴汉东老师，他在1988年的著作中提到"知识产权的客体，即是知识形态的精神产品，简称为知识产品，它具有科学技术、发明创造以及文学艺术创作等多种表现形式"⑤。此后有多位学者在著作中将知识产权定义为权利人对知识产品依法享有的权利，如周俊强在其论文中明确指出知识只有通过一定的物质载体去外化、去固定才能成为知识产权的客体——知识产品，没有完成外化和输出的知识就不能成为法律所保护的财

---

① 参见王洪友主编：《知识产权理论与实务》，知识产权出版社，2016年，第4页。
② 参见王洪友主编：《知识产权理论与实务》，知识产权出版社，2016年，第4页。
③ 参见李琛：《论知识产权法的体系化》，北京大学出版社，2005年，第118-124页。转引自蔡祖国著：《知识产权保护与信息自由的冲突与协调》，知识产权出版社，2016年，第9页。
④ 参见郑成思：《论知识产权的概念》，载《中国社会科学院研究生院学报》，1996年1月，第1期，第19-29页。郑成思：《信息、知识产权与中国知识产权战略若干问题》，载国家知识产权战略制定工作领导小组办公室：《挑战与应对——国家知识产权战略论论文集》，知识产权出版社，2007年。转引自张勤：《知识产权基本原理》，知识产权出版社，2012年，第98页。张勤也同样主张知识产权是一种信息产权，认为"用信息产权来统称一切现在已经或将来有可能被纳入知识产权的内容是最科学的"。
⑤ 参见吴汉东：《关于知识产权若干理论问题的思考》，载《中南政法学院学报》，1988年第1期，第15-20页。

产,知识产权的客体是"知识产品"而非"知识"①;郭明瑞在其著作中将知识产权定义为"知识产权是指民事主体对其知识产品享有的专有权利"②。还有学者认为,"知识产品是人们在科学、技术、文化等知识形态领域中所创造的智力产品,是知识产权法律体系中要保护的对象,是一个集合的概念"③。

从知识产权法律制度和知识产权概念的发展历史来看,知识产权的保护范围、客体是随着科技发展而不断扩充的,上述知识产权的不同概念在其出现的阶段对知识产权的界定都是比较合适的,但都随着知识产权制度的发展出现了局限性,因而第一类、第二类将知识产权客体具体化分类的概念界定方法存在包容性不足的问题;第三类知识产权的概念试图将复杂的知识产权客体抽象为某一具有共同性的介质来界定知识产权的思路是正确的,在一定阶段也是合适的,但知识产品这一概括客体目前来看,仍是不具有充分包容性的。例如,近年来知识产权界对"传统资源权"的关注。"传统资源权利"的含义很广,包括许多国际上承认的权利,如传统知识、民间传说、文化遗产、生物基因资源、自然和文化景观等,这些资源在传统观念上是公有的,但随着知识产权对著作权、专利权的保护,近年来,传统资源被私人用来开发新作品、新产品、新品种进而申请知识产权保护,反过来限制了土著对这些资源的使用,损害了土著的利益④。对此,世界知识产权组织(WIPO)和联合国教科文组织(UNESCO)自 20 世纪 60 年代以来做出多种努力,共同为发展中国家制定了《突尼斯版权示范法》、《保护民间文学表达形式、防止不正当利用及其他侵害行为国内法示范法条》(以下简称《示范法条》)等示范性法律为世界各国保护传统文化进行指引,"包括传统文化在内的传统知识保护,使得国际社会对知识财产保护的视角从智力成果本身发展到智力源泉本身"⑤,传统资源(包含传统文化)纳入知识产权保护,使知识产权的客体范围进一步扩大,传统资源中自然生物资源的天然存在性突破了知识产品的产品属性。

因此,随着社会发展和科技提升变化的知识产权客体是一个相对开放的体

---

① 参见周俊强:《知识、知识产品、知识产权——知识产权法基本概念的法理解读》,载《法制与社会发展》,2004 年第 4 期,第 43-49 页。

② 参见郭明瑞:《民法总则通义》,商务印书馆,2018 年,第 192 页。

③ 参见高丽娜、张卫东、监娜:《知识产权教学原则及方法》,东北师范大学出版社,2018年,第 2 页。

④ 参见郑万青:《种子战争背景下的传统资源权——介绍一种超越知识产权的新概念》,载《中国发明与专利》,2008 年第 2 期,第 62-64 页。

⑤ 参见吴汉东:《论传统文化的法律保护——以非物质文化遗产和传统文化表现形式为对象》,载《中国法学》,2010 年第 1 期,第 50-62 页。

系,试图将知识产权现有及以后可能纳入保护范围的各项具体权利的客体抽象为一类,在目前而言是无法做到的。[①] 但从实际研究和知识产权保护来看,仍需要有相应的概念作为目前界定知识产权保护范围的支撑,因此本书认为,作为一个开放性概念的知识产权,从现有的知识产权法律制度出发,立足于知识产权法律保护的角度采用第二种知识产权概念是比较合适的,即知识产权是对创造性智力成果、商业标记和其他信息依法享有的权利的总称。

二、知识产权的私权性质

对于权利性质的界定,一般有公权与私权之分。公权、私权的划分标准与公法、私法的划分相联系,通常认为公法确认的权利为公权,私法规定的权利为私权。[②] 公法与私法的区分最早源于西方古罗马法学家乌尔比安,他在其公元3世纪的著作《学说汇纂》中指出:"公法是关于罗马帝国的规定,私法则是关于个人利益的规定"[③]。公法与私法、公权与私权的划分在罗马法时期得到了较为充分的发展,但在随后的西方中世纪神学统治时期,私权被忽略,公权被以神学名义扩大化;在资产阶级取得胜利后,在"天赋人权"、"自由、平等、博爱"等启蒙思想的影响下,私权得到大力扩展,政府退到守夜人角色,公权也随之缩小;在人类社会进入风险社会以后,政府承担的社会管理职责扩大,公权随之扩张,私权受到一定限制。从上述公权、私权的发展过程可以看出,公权与私权之间的划分并非绝对的,而是随着社会发展变化而相应的调整各自的范围,明确体现了作为上层建筑的法律制度适应社会经济发展变化的灵活性。

从知识产权的产生历史来看,知识产权从特权发展到一般权利,是通过保护知识产权创造人享有的知识产权经济利益从而激发促进社会技术创新的积极性,推动社会发展。知识产权的内容侧重在知识产权人享有的权利内容和权利范围,且这种权利主要是对社会其他主体而言享有的对世权,因此多国的法律制度将知识产权作为私权主要予以民事保护,TRIPS 协议中也明确将知识产权界定为私权,但近年来随着知识产权国家战略的实施和国家对知识产权保护的重视,部分学者认为知识产权的"私权公权化"了,从目前的文献来看,大部分学者在承认公权对知识产权加强管理和保护的基础上,认为知识产权仍属于私权。

---

① 参见方江宁主编:《知识产权法基础理论》,知识产权出版社,2014 年,第 288 页。

② 参见《法学辞典》编辑委员会:《法学辞典(增订版)》,上海辞书出版社,1984 年,第 142 页。

③ 参见江平、米健:《罗马法基础》,中国政法大学出版社,1991 年,第 9 页。转引自殷继国:《反垄断执法和解制度国家干预契约化之滥觞》,中国法制出版社,2013 年,第 30 页。

（一）知识产权兼具私权和公权属性

这一观点的代表是冯晓青、刘淑华在 2004 年发表的论文《试论知识产权的私权属性及其公权化趋向》，这是我国理论界对知识产权公权性质讨论的开始。在这篇论文中，作者主张"知识经济时代的知识产权正由传统意义上的私权蜕变为一种私权公权化的权利，知识产权兼具有私权属性和公权属性，二者对立又统一。其中，私权属性是矛盾的主要方面，公权属性是矛盾的次要方面"[①]。这一观点随后得到部分学者支持。李永明、吕益林在《论知识产权之公权性质——对"知识产权属于私权"的补充》一文中认为，受"公""私"融合和个人本位向社会本位发展的影响，国家公权力对知识产权的干预不断强化，知识产权制度逐渐呈现出社会化和公法化的发展趋势，传统"知识产权属于私权"的观点难以自圆其说[②]。有学者从知识产权的公益性目的角度出发，认为专将知识产权视为私权存在概念上的缺陷，应将最大程度激励创新的公益目的作为知识产权权利的构成部分[③]。也有学者从知识产权在部分国家上升为国家战略且 TRIPS协议中在明确知识产权私权属性同时规定了知识产权促进社会发展的公益目的来主张知识产权已超出纯粹私权的属性，应具有一定的公权属性[④]。

（二）私权是知识产权的唯一性质

在上述主张知识产权兼具私权与公权属性的观点下，有部分学者对上述观点进行了分析否定并明确私权是知识产权的唯一属性。代表观点是吴汉东2005 年发表的《关于知识产权私权属性的再认识——兼评"知识产权公权化"理论》，该文从法哲学、实然法角度明确知识产权虽然由法律规定和行政主体确认，但其产生根源在于其本身是一种自然权利，法定和确认只是对自然权利的反应和确认，现代各国的知识产权体系立足点在知识产权的私权属性，且制度中已包含个人利益与社会利益的平衡，将知识产权由国家确认、法律对知识产权的限

---

①　参见冯晓青、刘淑华：《试论知识产权的私权属性及其公权化趋向》，载《中国法学》，2004 年第 1 期，第 6–70 页。

②　参见李永明、吕益林：《论知识产权之公权性质——对"知识产权属于私权"的补充》，载《浙江大学学报（人文社会科学版）》，2004 年第 4 期，第 61–68 年。

③　参见邓志红、余翔：《再论知识产权的性质——一种权利结构的视角》，载《知识产权》，2018 年第 2 期，第 3–12 页。

④　参见范在峰：《知识产权私权性质的变化及其与技术创新政策的协调机制探析》，载《河北法学》，2003 年第 5 期，第 40–43 页。

制等情形归结为"私权的公权化",进而得出"知识产权也是公权的观点是没有道理的"①。这一观点与程皓的观点相似,程皓在撰写的关于商标权的著作中明确指出:权利的产生方式并不决定其基本属性,国家对商标制度的干预和权利范围的限制其实一直存在,并不能因此得出私权公权化的结论②。也有学者认为,知识产权制度中的公权力因素只是为了更好地优化知识产权运行状态,知识产权本质上仍属于私权③。

从上述观点的对比中可以看出,主张知识产权兼具私权、公权属性的观点主要依据在于公权力在知识产权产生、确认、发展、保护等环节均发挥了作用,甚至是独有的作用,例如我国目前的商标权、专利权需要经过知识产权行政主管部门注册、登记、批准等手续才产生;在当事人之间发生知识产权纠纷时,知识产权主管部门对知识产权进行权利确认;我国自 2008 年开始实施知识产权国家战略,将促进知识产权发展上升到国家战略高度;我国知识产权的行政保护是知识产权保护的重要手段。笔者认为,上述国家公权力对知识产权的调整并不意味着知识产权公权化:从知识产权产生和发展的历史来看,知识产权的产生源自权利人的智慧创造劳动,法律对知识产权的确认是对这种事实的确认而非创制权利,且从目前各国的法律规定来看,在符合知识产权产生条件的情况下,国家公权力须对知识产权予以确认,否则权利人可以通过行政复议、行政诉讼等程序来主张确认自己的权利,因此国家公权力在知识产权的产生环节不具有实质上的否认权力,这从侧面再次说明知识产权的自然私权属性;在当事人之间发生知识产权纠纷后,国家公权力对权利的确认和对侵犯行为采取一定的处罚措施是国家公权力保护私权的职能体现,并非知识产权独享,而是所有私权例如所有权所共享的,并不能因此认定是知识产权公权属性的体现;在知识产权发展方面,国家制定知识产权战略目的在于通过创造良好的社会创新氛围激发自然人、法人和其他组织创造知识产权的积极性,在这个过程中,国家公权力无论是从政策支持还是完善体系的角度都只能发挥创造良好环境、条件的辅助促进作用,知识产权的创造仍是由个体来完成的,从这个意义上说,知识产权作为私权得到了公权力的促进支持,但不能改变知识产权私权的属性。认为由于公权力对知识产权

---

① 参见吴汉东:《关于知识产权私权属性的再认识——兼评"知识产权公权化"理论》,载《社会科学》,2005 年第 10 期,第 58-64 页。

② 参见程皓:《历史视域下的中国商标权双轨保护制度研究》,四川大学出版社,2017年,第 166 页。

③ 参见季冬梅:《论知识产权的法律性质与学科属性》,载《私法》,2019 年第 1 期,第106-130 页。

介入范围的扩大而使知识产权兼具私权、公权属性的观点是片面的,这一观点只截取了知识产权发展的一段,将私权与公权力的关系过分绝对化隔离,忽视了公权力对私权的保护和限制是一直以来客观存在的事实。正如有学者所说:"绝对属于个人利益的权利是不存在的,他人和国家利益的约束永远为权利设置了一道界限,没有界限便不存在权利,界限的内外格局总体才为权利本身"①。

三、知识产权的特征

(一)有关知识产权特征的观点

理论界关于知识产权的特征早期有较多论述集中在知识产权特征的范围,后期集中在社会发展变化对知识产权特征的影响。现将有关知识产权特征的观点介绍如下:

1. 三特征说

知识产权特征有专有性、期限性、地域性三个特征,主张这一观点的学者有余鑫如、崔勤之②、阙如生等③。

2. 四特征说

主张知识产权四特征的学者对于四特征的具体内容有不同理解。郑成思先生认为,知识产权的四特征包括无形性、专有性、地域性、时间性④。这一主张与王利民1998年在中国财政经济出版社出版的《知识产权法教程》中的观点一致⑤;另有学者认为知识产权的四特征分别是:无形性、法定性、人身与财产双重性、专有性⑥。四特征说是目前学界的通说。

在上述三特征和四特征学说的基础上,有部分学者对上述特征进行加减,提

---

① 参见刘剑文、杨汉平主编:《私有财产法律保护》,法律出版社,2000年,第117页。
② 参见余鑫如、崔勤之:《略论知识产权的性质与特征》,载《法学评论》,1986年第3期,第31–34页。
③ 参见阙如生等主编:《知识产权法教程》,南京:南京大学出版社,1993年,第7页。
④ 参见郑成思等撰:《知识产权法教程》,法律出版社,1993年,第5页。郑成思先生在不同时期的著作中关于知识产权特征的主张稍有变化。1985年在甘肃人民出版社出版的《知识资产权法若干问题》中主张知识产权法三个方面的共有特征是专有性、地域性;1988年四川人民出版社出版的《知识产权法》一书中主张知识产权的特征除"无形性"外,"至少还具有下面五个特点:专有性、地域性、法定时间性、公开性、可复制(可固定)性"。本书引用的四特征说是郑先生1993年法律出版社出版的《知识产权法教程》中的主张,以时间为顺序,将1993年的观点作为郑先生的代表观点。
⑤ 参见王利民主编:《知识产权法教程》,中国财政经济出版社,1998年,第2页。
⑥ 参见程开源主编:《知识产权法》,南开大学出版社,1993年,第4页。

出了五特征说①等观点,但本质上,上述观点都承认知识产权的特征包括无形性、专有性、时间性、地域性这四个基本特征。吴汉东老师在对上述知识产权的基本特征进行分析后认为,上述四项特征并非所有知识产权都具备的特征,只有客体的非物质性才是所有知识产权共有的法律特征②;许春明则认为虽然科技信息等的发展使得知识产权的传统特征"专有性、时间性、地域性"受到了冲击,但并未动摇这三种特征"作为知识产权区别于其他财产权利的特别显著的征象和标志的地位"③。

在理论界通说认可上述知识产权特征的情况下,也有部分学者持否定意见。如有学者认为,传统知识产权(著作权、专利权、商标权)具有的无形性、可复制性、时间性、地域性、支配性、专有性、信息性等属于知识产权的法律性质而非法律特征,他们不能够将知识产权和其他民事权利区别开,不能作为知识产权的法律特征④。也有学者从知识产权特征应当是所有知识产权都具备的角度出发,认为目前理论界探讨的"无形性、专有性、时间性、可复制性、对世权、支配权、财产权和人身权双重属性以及依法审查确认"这些特征"要么不是知识产权所特有的特征,要么只是部分知识产权所具有的特征,都不能作为知识产权的特征"⑤。上述否认传统知识产权特征的学者在否认的同时并未提出明确的肯定的知识产权特征。

(二)知识产权特征的界定及积极意义

特征作为"事物可供识别的特殊的征象或标志",应当具有区分此事物与彼事物的功能。知识产权的特征并非一成不变的。作为区分知识产权与其他权利的特征,必然会受到不断发展的知识产权的影响而发生变化。

从知识产权法律制度的发展来看,知识产权的法律制度体系在不断扩大。从保护的种类范围来看,保护种类在不断增加,如商业秘密、动植物新品种、数据库、拓扑图等知识产权种类的加入;从地理范围上看,知识产权的保护从国内延

---

① "知识产权具有无体性、专有性、双重性、期限性与地域性等法律特征",出自陆向军、刘露《比较知识产权法》,合肥工业大学出版社,2017年,第3页。

② 参见吴汉东:《关于知识产权本体、主体与客体的重新认识——以财产所有权为比较研究对象》,载《法学评论》,2000年第5期,第3—13页。

③ 参见许春明:《知识产权基本特征在网络环境下的嬗变》,载《中国发明与专利》,2008年第3期,第77—78页。

④ 参见杨和义:《论知识产权的法律特征》,载《知识产权》,2004年第1期,第20—24页。

⑤ 金多才:《论知识产权的概念和特征》,载《河南省政法管理干部学院学报》,2004年第6期,第56—60页。

伸到了国际,从物理世界延伸到了网络世界。这种知识产权的全面扩张对知识产权的特征带来两方面的影响:一方面这种扩张突破了传统的知识产权特征如时间性、专有性、地域性的涵盖范围,使得理论界对传统知识产权特征是否仍可以称为知识产权特征提出了质疑;但另一方面,这种扩张使得将所有知识产权予以抽象来获取共同特征的可能性大大降低,导致部分学者在否认传统知识产权特征的情况下却无法提出新的有力的知识产权特征主张①。

笔者认为,在现有的环境下,知识产权传统特征对知识产权与其他权利的区分功能确实有所削弱,但其仍具有区分知识产权的积极意义:首先,上述知识产权的传统特征在知识产权的传统领域如著作权、商标权、专利权领域仍有显著的区分意义;其次,从哲学的角度来看,一般和例外总是相伴而生,不能因为知识产权中的"例外"而否认知识产权传统特征作为"一般"的存在合理性,否则会走向绝对主义;最后,从知识产权理论研究和法律实践来看,仍需要知识产权传统特征作为界定范围的标准,在新的普遍可接受的知识产权特征产生之前,知识产权传统特征仍具有存在意义。在此基础上,笔者认同吴汉东教授的观点,即客体的无形性是所有知识产权共有的基础性特征,但这一特征过于基础和单薄,不能为知识产权区分其他权利提供更明确的划分依据,因此,在此基础特征的基础上,时间性、地域性、专有性作为知识产权特征仍具有积极意义。

第三节　知识产权刑法保护概述

知识产权法律制度的建立是为了通过保护权利人对智力创造成果、商业性标记及其他信息的权利来保护权利人的创新积极性从而推动社会的创新,这一点在国际公约和相关国家的国内知识产权法律制度都有体现。但仅有权利确认并不能保障立法目的的实现,著名法学家罗斯科·庞德指出:"在已经赋予或认可了权利(权力)、自由和优先权的情况下,一个法律体系下一步必须为落实它们提供行之有效的措施"②。知识产权刑法保护是指通过将严重的侵犯知识产权行为规定为犯罪并处以相应刑罚的方式来实现对知识产权权利人合法权益、知识产权发展秩序保护目的的法律保护方式。从世界范围内的知识产权保护实践来看,知识产权保护模式有两种:一种是大多数国家采用的单一司法保护模

---

①　如前文中否认知识产权传统特征的杨和义、金多才。

②　参见〔美〕罗斯科·庞德:《法理学》(第三卷),廖德宇译,法律出版社2007年版,第258页。转引自贾小龙:《知识产权侵权与停止侵害》,知识产权出版社,2014年,第47页。

式,即由司法机关依法对知识产权侵权诉讼审理后判决侵权行为人承担相应法律责任的模式;另一种是采用行政保护与司法保护并行模式,即在司法保护模式存在的同时,行政机关依职权或依当事人申请依法对知识产权侵权案件作出处理的模式。两种保护模式的范围之间存在重叠和衔接。我国采用行政保护与司法保护并行的双轨制,其中知识产权行政保护是指知识产权行政管理部门依职权或依当事人申请,根据知识产权法律解决知识产权纠纷,查处知识产权违法行为的行政管理行为,包括知识产权行政确认、行政裁决及行政执法。知识产权行政保护是具有中国特色的知识产权保护制度①,体现了政府公权利对于知识产权这种私权保护的主动介入②;知识产权司法保护是指司法机关依据相应的知识产权民法、行政法、刑法对知识产权相关诉讼进行处理来保护知识产权人的合法权益、维护知识产权发展秩序的制度,包括知识产权民事诉讼保护、行政诉讼保护与刑事诉讼保护。本书集中在知识产权刑事保护中的实体部分,即知识产权犯罪与刑罚部分,一般不涉及知识产权刑事诉讼中的程序问题,因此以"知识产权刑法保护研究"命名。

一、域外主要国家的知识产权刑法保护发展

随着知识产权国际化的发展,各国知识产权保护在保护范围、保护方式上逐渐呈现出一致化的现象。英国是世界上较早对知识产权进行刑法保护的国家。英国在 1938 年的商标法的规定有侵犯注册商标专用权的行为,但并未将此类行为规定为犯罪,而是在该法 59 条和 60 条分别将侵犯商标注册簿③和伪称商标已注册的行为规定为犯罪,这两类与商标有关的犯罪仅针对破坏注册商标管理的行为,明显区别于现在将侵犯注册商标行为规定为犯罪的立法理念。英国1994 年的商标法将刑法保护的范围扩大至在英国注册的商品商标、服务商标、集体商标、系列商标、证明商标等。美国自 1790 年批准第 1 项联邦版权法以来,知识产权保护主要是通过民事途径来完成的,保护知识产权的刑事立法从1897 年开始,直到 1982 年才由轻罪变更为重罪。美国对知识产权的刑法保护

---

① 参见杨雄文:《知识产权总论》,华南理工大学出版社,2019 年,第 200 页。

② 参见杨翰辉:《美欧知识产权保护措施比较研究及启示》,载贺化主编:《中国知识产权年鉴》,知识产权出版社,2006 年,第 80 页。

③ 商标注册簿是英国商标管理部门——专利局对注册商标进行管理的重要手段,它记录了注册商标及其所有人的名称、地址和情况,转让和转移通知,各注册使用人的名称、地址和情况,注册商标的弃权,使用的条件和限制以及其他有关注册商标事项。转引自赵秉志主编:《侵犯知识产权犯罪研究》,中国方正出版社,1999 年,第 4 页。

也起源于商标领域①。目前,美国的刑事惩罚主要使用于仿冒商标、盗版和盗窃商业秘密等,没有关于侵犯专利权犯罪的规定②。

著作权的刑法保护开始于 20 世纪 80 年代,作为《伯尔尼公约》缔约国之一的德国一直比较重视著作权的保护,其 1837 年颁布的《保护科学和艺术作品的所有权人反对复制或仿制法》是德国现代著作权法的开端,但该法只规定了著作权的民事保护,未涉及对著作权的刑法保护,直到 1985 年的《联邦德国著作权及有关保护权的法律》才增设了刑事责任条款。1990 年 7 月《德国反盗版法》对著作权的刑法保护又进行了完善,提高了著作权犯罪的最高法定刑,不再把这种犯罪当作轻罪处理。

从上述知识产权刑法保护在各国的发展历程来看,在 20 世纪 80 年代,知识产权刑法保护经历了从无到有、从轻罪到重罪的过程,刑法调整范围也从单一的假冒侵权行为扩大到仿冒、盗版和盗窃商业秘密等多种侵权行为,保护对象从商标扩展到著作权、商业秘密等多样化的知识产权。

二、知识产权刑法保护的国际发展

随着知识产权在国际竞争中发挥着越来越重要的作用,知识产权刑法保护在国际条约中得到重视和发展,一方面促进了条约成员国知识产权刑法保护的发展,另一方面在国际范围内形成了良好的知识产权刑法保护氛围。

(一)TRIPS 协议的知识产权刑法保护

随着经济全球化的发展,国际贸易中的侵犯知识产权现象也日趋严重,世界知识产权组织管理的多项知识产权国际公约缺乏解决上述问题的有效举措,知识产权发达国家为了遏制国际贸易中的知识产权侵权行为、保护自身合法权益而不断主张在知识产权国际公约中加大对知识产权侵权行为的刑法打击力度,这一主张在 1995 年生效的 TRIPS 协议中得到实现,该协议明确要求 WTO 成员至少在以商业规模蓄意地假冒商标或剽窃著作权的案件中适用刑事诉讼程序和刑事处罚,这是 TRIPS 协议对知识产权刑法保护的最低标准要求。除此之外,缔约方也可以根据自身情况将刑法调整范围扩大至其他知识产权侵权行为。

---

① 美国 1946 年颁布的《兰哈姆法》对商标权侵权只规定了民事赔偿责任,没有规定刑事责任;1984 生效的《商标假冒条例》中规定在商品和服务交易中,使用与注册主簿上注册的商标相同或不能区别的欺骗性的商标的,属于假冒商标,美国政府和各州政府可对商标的完全假冒提起刑事诉讼。

② 参见王志广:《中国知识产权刑事保护研究(理论卷)》,中国人民公安大学出版社,2007 年,第 163 页。

和世界知识产权组织管理的众多公约相比,TRIPS 协议在知识产权保护措施的落实和争端解决机制的强制性上实现了对以往相关国际公约的重大突破。①

(二)后 TRIPS 时期的知识产权刑法保护

随着时代发展,TRIPS 协议中的知识产权刑法保护标准被部分知识产权发达国家认为过低,要求进一步提升保护标准,由此开启了国际知识产权刑法保护的后 TRIPS 时期。

发展国家要求提高国际知识产权刑法保护水平的主张并未得到发展中国家和欠发达国家的回应,在这种情况下,2015 年 10 月 5 日,《跨太平洋伙伴关系协定》(Trans-Pacific Partnership Agreement)(下称"TPP")在历经五年磋商后正式宣告通过,该协议囊括了全球近 40% 经济比重,包括了美国、日本、澳大利亚、加拿大等 12 国,该协议是美国主导下签订的,虽然美国在 2017 年 1 月通过时任美国总统唐纳德·特朗普在白宫签署行政命令正式退出了跨太平洋伙伴关系协定(TPP),但该协议在知识产权国际刑法保护中仍具有研究意义。

TPP 协议将邻接权纳入知识产权刑法保护的范围,主张取消"以营利为目的"的犯罪成立条件,扩大知识产权犯罪成立标准,将部分知识产权侵权预备行为列为刑事犯罪,明确适用刑罚的知识产权侵权行为,增加提起刑事诉讼的主体范围。相比 TRIPS 协议,上述规定提升了知识产权刑法保护的范围和力度②。TPP 协议明确规定了适用刑事惩罚的七类具体情形,有利于推行知识产权在国际范围内的刑法保护;协议对于相应有权机构追诉权的规定将授予协议成员在知识产权刑法保护领域上更主动更多元的选择权,更有利于严密知识产权刑法保护法网③。

从 TRIPS 协议到 TPP 协议,知识产权刑法保护已成为国际贸易双边、多边

① 参见曹志平:《TRIPS 与知识产权国际保护新体系》,载《知识产权》,1998 年第 4 期,第 3-5 页。

② TPP 协议在"刑事程序和惩罚条款"要求成员国对"商业规模的其他邻接权侵权"作出刑事程序及刑事惩罚的规定,这一规定明显体现了发达国家扩大知识产权刑事保护范围的意志;TPP 协议规定知识产权犯罪不需要"以营利为目的"这个主观方面要件,同时,司法机关有权将"对健康和安全的威胁和影响"纳入行为危害性的考量,增加知识产权犯罪成立标准;TPP 协议规定"对于未经许可以商业规模有意进口或国内使用同一或足以混淆的注册标识或包装的,协议成员应采取刑事程序及刑事惩罚",这一规定将知识产权侵权预备行为纳入刑法调整范围;TPP 协议规定"相应有权机构无需其他私人团体或知识产权权利人的正式起诉状,就可主动提起法律诉讼",扩大了知识产权诉讼主体范围。

③ 参见郑旭江:《知识产权刑法保护的变化因素与立法反思——以 TPP 协议的通过为线索》,载《河北法学》,2016 年第 6 期,第 161-169 页。

谈判中的必要内容,在知识产权保护体系中发挥着越来越重要的作用。

三、我国的知识产权刑法保护发展

自 20 世纪 80 年代至今,我国知识产权法律制度经过四十余年的发展,知识产权刑法保护成效显著。①

从时间上看,1979 年刑法典是我国知识产权刑法立法的开始,相比于世界范围内的知识产权刑法立法保护进程并不算晚;从内容上看,我国知识产权刑法保护立法经过不断发展,目前已超过 TRIPS 协议规定的水平。我国知识刑法保护发展以知识产权刑事立法为主线,以 1997 年刑法典为分界点,划分为初始阶段(1979—1996)、建设发展阶段(1997 年至今)。

(一)知识产权刑法保护初始阶段(1979—1996)

我国对知识产权的刑法立法保护始于新中国第一部刑法典——1979 年刑法典,这是新中国成立后的首部刑法典,该部刑法典在第 127 条规定了假冒注册商标罪②,这是新中国关于知识产权刑法保护的首次立法实践。

随着知识产权的发展,全国人大及其常委会分别在 1993 年和 1994 年通过单行刑法③的方式扩大了刑法对知识产权的保护范围。④《惩治侵犯著作权犯罪的决定》是我国第一部专门对著作权进行刑法保护的单行刑事法律。该决定将

---

①　参见《2020 年中国知识产权保护状况》。2020 年,中国知识产权保护成效得到各国创新主体和国际社会的广泛认可,知识产权保护社会满意度首次超过 80 分,达到 80.5 分。

②　1979 年刑法典第 127 条规定的假冒注册商标罪:"违反商标管理法规,工商企业假冒其他企业已经注册的商标的,对直接责任人员,处三年以下有期徒刑、拘役或者罚金。"

③　1993 年 2 月 22 日通过的《全国人民代表大会常务委员会关于惩治假冒注册商标犯罪的补充规定》(简称《惩治假冒注册商标犯罪的补充规定》)和 1994 年 7 月 5 日通过的《全国人民代表大会常务委员会关于惩治侵犯著作权的犯罪的决定》(简称《惩治侵犯著作权犯罪的决定》)。单行刑法是立法机关仅就某一种或某几种犯罪及其刑事责任专门规定的刑事法律,是对现行刑法典的补充和修改。见中国社会科学院法学研究所法律辞典编委会编:《法律辞典》,法律出版社,2003 年,第 200 页。

④　1993 年的《惩治假冒注册商标犯罪的补充规定》在 1979 年刑法典规定的假冒注册商标罪的基础扩大补充了以下内容:一是扩大假冒注册商标罪的犯罪。将"销售假冒注册商标的商品""伪造、擅自制造他人注册商标标识或者销售伪造、擅自制造的注册商标标识"补充列入假冒注册商标罪的范畴。二是提高假冒注册商标罪的法定刑幅度。在"三年以下有期徒刑、拘役或者罚金"的单一法定刑幅度基础上增加一档"三年以上七年以下有期徒刑,并处罚金",同时将罚金的适用方式由单处修改为"单处或并处"。三是扩大了假冒注册商标罪的刑事责任主体。补充规定对实施假冒注册商标犯罪的企事业单位判处罚金,将承担刑事责任的主体由"直接责任人员"补充明确为"直接负责的主管人员和其他直接责任人员"。

严重侵犯著作权行为和严重销售侵权复制品的行为规定为犯罪,至此著作权在立法层面也纳入了刑法的保护范围。

附属刑法①也是这一时期知识产权刑法保护立法体系中的重要组成部分。1982 年的首部《商标法》将擅自制造或销售他人注册商标标识的行为纳入商标犯罪,1993 年首次修改的《商标法》中规定的商标犯罪行为方式已与现行刑法基本一致②。1984 年 3 月 12 日通过的《中华人民共和国专利法》(以下简称《专利法(1984)》)明确将假冒专利情节严重的行为比照假冒注册商标罪追究刑事责任,将专利纳入刑法的保护范围。

司法解释③也是这一时期知识产权刑法保护立法体系中的重要组成部分④。最高人民法院和最高人民检察院分别在 1985 年、1988 年分别颁布了《最高人民法院关于个人非法制造、销售他人注册商标标识而构成犯罪的应按假冒商标罪惩处的批复》《最高人民检察院关于个人非法制造、销售他人注册商标标识而构成犯罪的能否按假冒商标罪惩处的批复》《关于假冒商标案件两个问题的批复》等司法解释,将假冒注册商标罪的主体明确为包括了个人、个体工商户、企业、事业单位,形成了较为全面的整体覆盖范围。专利犯罪方面,最高人民法院在 1985 年 2 月 16 日发布的《最高人民法院关于开展专利审判工作的几个问题的通知》中规定了不同的涉及专利犯罪行为的适用罪名,为涉专利犯罪的司法审

---

① 附属刑法是指立法机关在民事、经济、行政等规定权利义务关系的非刑事法律、法规中附带规定的有关犯罪和刑事责任的条款。见中国社会科学院法学研究所法律辞典编委会编:《法律辞典》,法律出版社,2003 年,第 427 页。

② 1982 年 8 月 23 日通过的《中华人民共和国商标法》(以下简称《商标法(1982)》)将"擅自制造或销售他人注册商标标识"的行为纳入假冒注册商标罪的范围;1993 年 2 月 22 日修改的《商标法(1993)》将"假冒他人注册商标,伪造、擅自制造他人注册商标标识或者销售伪造、擅自制造的注册商标标识,销售明知是假冒注册商标的商品"列入假冒注册商标罪的范围,进一步扩大了刑法对注册商标的保护范围。

③ 司法解释是根据法律授权,由最高司法机关在司法工作中就如何具体应用法律问题所做出的具有普遍法律效力的阐释和说明。参见胡伟新、吴光侠、冯文生、袁春湘:《中国司法解释制度的发展与完善》,载《法律适用》,2014 年第 12 期,第 29—33 页。

④ 1981 年 6 月 10 日第五届全国人民代表大会常务委员会第十九次会议通过的《全国人民代表大会常务委员会关于加强法律解释工作的决议》(以下简称《关于加强法律解释工作的决议》)第二条规定:"凡属于法院审判工作中具体应用法律、法令的问题,由最高人民法院进行解释。凡属于检察院检察工作中具体应用法律、法令的问题,由最高人民检察院进行解释。"这一规定授权我国最高司法机关——最高人民法院和最高人民检察院在司法实践中解释法律的权力,奠定了我国司法解释的体系。

判处理提供了指导。著作权犯罪方面,1995 年 1 月 16 日,《最高人民法院关于适用〈全国人民代表大会常务委员会关于惩治侵犯著作权的犯罪的决定〉若干问题的解释》进一步明确了侵犯著作权罪和销售侵权复制品罪成立的法定条件和加重刑的适用条件,明确了二罪竞合时的处理原则,为司法实践中准确认定和处理著作权犯罪提供了明确的依据。

司法方面,从相关的文献来看,1992 年至 1994 年全国各级检察机关受理假冒注册商标等侵犯知识产权刑事案件数量为 11 725 件,是 1980 年至 1991 年 12 年期间的 2.7 倍,这一期间侵犯商标权和著作权的案件多发,最高人民检察院在公报中明确了要依法严肃查处知识产权犯罪[①]。刑事司法审判中,我国开始知识产权专门法庭的试点工作,1994 年在上海市浦东新区法院成立知识产权审判庭并在 1996 年开始知识产权民事、刑事、行政案件三审合一的实践[②]。

综上,这一时期的知识产权刑法保护立法形式多样化,不仅有刑法典,同时还有单行刑法、附属刑法和司法解释。同时这一时期"罪刑法定原则"尚未明确列入刑法典,立法实践中也尚未明确区分立法权限,司法解释在这种情况下发挥了积极的补充完善知识产权刑法立法的作用。同时,知识产权刑事案件数量从 1992 年起大幅增加,刑法保护知识产权的作用逐渐得到重视。

(二)知识产权刑法保护快速发展阶段(1997—2021)

这一阶段中,1997 年刑法典是我国知识产权刑法保护立法的主体,在此基础上,立法机关在 2020 年 12 月颁布了《刑法修正案(十一)》,是 1997 年刑法典后刑法对知识产权犯罪首次修改和补充,此外,截至 2022 年 9 月,最高司法机关围绕着 1997 年刑法典有关知识产权犯罪的规定也出台了一系列司法解释,为知识产权刑事司法提供操作依据,是这一阶段知识产权刑法立法的重要组成部分。

1997 年 3 月 14 日修订通过的《中华人民共和国刑法》(以下简称 1997 年刑法典)是在我国改革开放近二十年的背景下制定的,该法典在第 3 章"破坏社会主义市场经济秩序罪"中单独列第 7 节"侵犯知识产权罪",将前一阶段中有关知识产权犯罪的单行刑法、附属刑法、司法解释均予以吸收,增加了侵犯商业秘密罪的规定,形成了较为完备的知识产权刑法立法保护体系。2001 年,我国加入世界贸易组织,签署了 TRIPS 协议,该协议第 61 条明确规定了成员国须对蓄意以商业规模假冒商标或盗版的行为采取刑事规制,这一协议促进了我国知识

①　上述数据来源于《最高人民检察院关于依法严肃查处侵犯知识产权犯罪案件的通知》,载《中华人民共和国最高人民检察院公报》,1995 年第 2 期,第 30–31 页。

②　卢宇、王睿婧:《知识产权审判"三审合一"改革中的问题及其完善——以江西为例》,载《江西社会科学》,2015 年第 2 期,第 181–186 页。

产权刑法立法和司法的发展,提升了知识产权刑法保护水平。

最高人民法院、最高人民检察院、公安部自 1997 年至 2021 年,共颁布 4 项有关知识产权犯罪的司法解释和规范性文件①。上述文件为相关知识产权犯罪认定提供了标准,发挥了积极作用。

《刑法修正案(十一)》第 17—24 条对假冒专利罪以外的其他知识产权犯罪均进行了修改,并增加了为境外窃取、刺探、收买、非法提供商业秘密罪,"体现了对科技创新主体合法权益的刑法保护"②。本次刑法修正案更好对接了近年来不断修改完善的著作权法、商标法、专利法、反不正当竞争法等知识产权法律制度③,为刑法保护作用的发挥奠定了良好基础。本次刑法修正案对知识产权犯罪的修订可以概括为两大方面:一是扩大刑法对知识产权的保护范围。《刑法修正案(十一)》扩大刑法对知识产权保护范围主要通过扩大犯罪对象、增加行为方式、降低犯罪成立标准、增加新罪名的方式实现,这些修改回应了理论界长期以来提出的知识产权刑法保护中门槛过高、调整范围过窄等问题④,"弥补了立法漏洞,对实践问题作出了针对性调整"⑤,适应了我国知识产权发展的刑法保护需要。二是加大刑法对侵犯知识产权犯罪的惩治力度。本次修正案通过降低知识产权犯罪成立标准,扩大知识产权犯罪成立范围,提高知识产权犯罪的

---

① 分别是 2004 年的 2004 年 11 月最高人民法院、最高人民检察院联合颁布的《关于侵犯知识产权刑事案件具体应用法律若干问题的解释》(法释〔2004〕19 号)(以下简称"《侵犯知识产权刑事案件司法解释(一)》")、2007 年 4 月,最高人民法院和最高人民检察院联合颁布的《关于办理侵犯知识产权刑事案件具体应用法律若干问题的解释(二)》(法释〔2007〕6号)(以下简称"《侵犯知识产权刑事案件司法解释(二)》")、2011 年 1 月最高人民法院、最高人民检察院和公安部联合颁布的《关于办理侵犯知识产权刑事案件适用法律若干问题的意见》(法发〔2011〕3 号)(以下简称"《侵犯知识产权刑事案件法律意见》")、2020 年 9 月最高人民法院、最高人民检察院联合颁布的《关于办理侵犯知识产权刑事案件具体应用法律若干问题的司法解释》(法释〔2020〕10 号)(以下简称《侵犯知识产权刑事案件司法解释(三)》")。

② 参见胡云腾、徐文文:《〈刑法修正案(十一)〉若干问题解读》,载《法治研究》,2021年第 2 期,第 55-65 页。

③ 参见周光权:《刑事立法进展与司法展望——〈刑法修正案(十一)〉总置评》,载《法学》,2021 年第 1 期,第 18-35 页。

④ 参见杨辉忠:《我国知识产权刑事立法之检讨》,载《政治与法律》,2008 年第 7 期,第27-30 页。

⑤ 参见李芳芳:《网络著作权犯罪刑罚威慑效能实证研究——以〈刑法修正案(十一)〉对侵犯著作权罪的修改为背景》,载《山东大学学报(哲学社会科学版)》,2021 年第 3 期,第64-71 页。

法定最低刑和最高刑等方式加大了对知识产权犯罪的惩治力度。

知识产权刑事司法在这一阶段也呈现出快速发展趋势。从 1997 年至 2009 年的十余年间,各级法院共审结知识产权刑事一审案件仅有 14509 件①,2012 年一年的涉知识产权犯罪案件审结数量就达 12 794 件②,此后每年的知识产权刑事案件数量在 5000 件左右,2021 年的侵犯知识产权犯罪一审审结案件数量为 6046 件,知识产权刑事案件数量整体呈现出上升趋势。

知识产权刑事司法在这一阶段的专业性增强。鉴于知识产权本身的特征,知识产权案件审理的专业性要求较高,我国司法界在 20 世纪 90 年代开始探索建立专门的知识产权审判庭,开展三审合一的实践并取得良好效果,此后国务院、最高司法机关通过颁布知识产权发展战略纲要、战略纲要实施意见、知识产权发展规划等方式推动知识产权专门审判机构设立和发展,推进三审合一审判机制的实施。③ 2014 年首次在北京、上海、广州设立专门的知识产权法院,到 2020 年,我国以最高人民法院为龙头,以北京、上海、广州、海南自贸港知识产权法院为示范,以 22 家地方法院知识产权法庭为重点,以高级、中级人民法院和部分基层人民法院知识产权审判庭为支撑的知识产权审判格局已经形成,最高人民法院同一年先后批复同意安徽、新疆、河南三省区高级人民法院的“三合一”实施方案,指导江西高院完善“三合一”工作实施方案④,我国知识产权专门法院建设和“三审合一”的逐步推进提升了这一阶段我国知识产权刑事司法的专业化水平。

---

① 最高人民法院自 2010 年开始每年发布的《中国法院知识产权司法保护状况》,现有 2009—2021 年的知识产权刑事司法数据,2009 年之前的知识产权刑事司法数据,没有具体的年份数据,仅在 2009 年知识产权司法保护年度报告中提到“从 1997 年至 2009 年,共审结知识产权刑事一审案件 14509 件”。

② “涉知识产权犯罪案件”数量是当年审结案件数量,是“侵犯知识产权犯罪”“生产、销售伪劣商品犯罪”“非法经营犯罪”3 项犯罪一审审结案件数量之和。我国自 2017 年起,官方统计数据中不再出现涉侵犯知识产权的生产、销售伪劣商品犯罪和非法经营犯罪的数据,仅有刑法第三章第七节规定的侵犯知识产权犯罪案件数据。

③ 2008 年《国家知识产权战略纲要》中明确提出探索设立“三审合一”的专门知识产权法庭;2009 年《最高人民法院关于贯彻实施国家知识产权战略若干问题的意见》、2011 年 10 月的《国家知识产权事业发展“十二五”规划》中提出要建立专门知识产权审判机构,推进“三审合一”;2015 年《中共中央国务院关于深化体制机制改革加快实施创新驱动发展战略的若干意见》中强调实行严格的知识产权保护制度,完善知识产权审判工作机制,推进知识产权民事、刑事、行政案件的“三审合一”。

④ 该段陈述来源于最高人民法院发布的《中国法院知识产权司法保护状况(2020)》。

综上,建设阶段的知识产权刑法立法形式相对统一,司法解释发挥了修改或补充知识产权犯罪的作用①。这一时期知识产权犯罪案件数量的增加,专门知识产权审判机构的健全、"三审合一"的推进都说明这一阶段知识产权刑事司法专业化水平的提升。

---

① 如2011年的《侵犯知识产权犯罪意见》中将侵犯网络传播权作为犯罪行为;2020年的《侵犯知识产权罪司法解释(三)》中将"采取非法复制、未经授权或者超越授权使用计算机信息系统等方式窃取商业秘密的"作为盗窃商业秘密的表现,将"贿赂、欺诈、电子侵入等方式"纳入"其他不正当手段"范畴,扩大侵犯商业秘密罪的行为方式。

第二章

知识产权刑法保护的基础理论

　　知识产权刑法保护的基础理论是构建知识产权刑法保护体系的基石,从目前学界的研究方向来看,对知识产权刑法保护的基础理论研究主要集中在三个方面:一是知识产权刑法保护的必要性和适度性,特别是适度性的界定;二是我国知识产权刑法保护的强度立场,学者们在强保护与弱保护之间选择立场并展开论述;三是知识产权刑法保护的价值立场,学者们在保护公共秩序(公权)与私人权利(私权)之间进行选择和论述。本章对上述基础理论进行了研究并提出以下观点:①从我国知识产权刑法保护实践出发,认为我国知识产权刑法保护应采取"原则性(符合 TRIPS 协议最低要求)+灵活性(结合本国国情调整)"的方式。②我国知识产权刑法保护应以知识产权发展秩序为保护价值立场,单纯的侵犯知识产权私权的行为不足以引发刑法的介入。对知识产权保护范围界定应以社会危害原则为指导,新型知识产权发展尚未形成规模,相对应的侵权行为造成的社会危害性有限,刑法应采取克制谨慎的保护态度。③我国目前的知识产权犯罪罪名体系已可满足刑法保护需要,未来知识产权刑法罪名体系可以从知识产权侵权行为的规模、对知识产权发展秩序的影响等多方面综合考虑其社会危害性来决定是否扩大罪名体系。

第一节　知识产权刑法保护之必要性与适度性

一、知识产权刑法保护之必要性

知识产权作为私权,最早是通过民事法律来予以保护的,后随着知识经济的发展,知识产权在社会发展中发挥着越来越重要的作用,侵犯知识产权的行为也随之在数量和范围上呈现出大幅度增加的趋势。为应对知识产权侵权行为不断上涨之势,加强对知识产权的保护,世界各国开始逐步将侵犯知识产权的行为规定为犯罪并予以刑罚惩罚,以此来形成对知识产权侵权行为的威慑,1995年的TRIPS协议中明确成员国须对商业规模的知识产权侵权行为采取刑事措施,知识产权刑法保护在世界范围内普及。

在存在知识产权民法保护、行政法保护的情况下,作为法律体系最后保障法的刑法是否有介入知识产权保护的必要? 从目前的学界研究来看,学者们普遍持认同观点。有学者从知识产权侵害的容易性和隐蔽性出发,认为单纯民法、行政法手段不足以有效保护知识产权,刑法应予以介入,同时刑法介入知识产权保护也是我国履行 TRIPS 协议的要求①。有学者从知识产权刑法保护的特征出发,认为在知识经济时代,刑法保护的刑罚手段、刑法保护的后盾保障作用相比其他知识产权保护途径来说是必要且重要的②。也有学者从知识产权国际保护、知识产权犯罪高发、知识产权易受侵犯性、刑法的最后保障性角度阐述了刑法介入知识产权保护的必要性③。笔者认同上述观点并简要阐述理由。

(一)知识产权刑法保护是知识产权国际保护的趋势

刑法普遍介入知识产权保护的 20 世纪 70 年代是知识经济高速发展时

---

① 参见刘科:《中国知识产权刑法保护国际化研究》,中国人民公安大学出版社,2009年,第5页。

② 参见李涛、严励:《知识产权刑法保护必要性浅思》。载云南师范大学与政法学院组编:《哲学与政治法律理论研究》,云南民族出版社,2009年,第262页。

③ 参见刘宪权、张晗:《论知识产权刑法保护的必要性和适度性》。载中国政法大学编:《中国法学文档(第6辑)》,知识产权出版社,2009年,第187页。

期,知识产权民法保护和行政法保护无法有效保护知识产权,遏制日益增长的知识产权侵权行为,因此各国将其纳入刑法调整范围予以打击。同时,随着全球化发展,知识产权刑法保护被纳入知识产权国际保护法律体系中,1971 年 10 月 29 日于日内瓦缔结的《保护录音制品制作者防止未经许可复制其录音制品公约》率先确立"通过刑事制裁的方式加以保护"原则①,具有较大影响的是 TRIPS 协议和 TPP 协议。

（二）适应国际竞争的必然要求

我国在 2001 年加入世界贸易组织(WTO),我国经济逐步融入全球化进程。TRIPS 协议中要求 WTO 成员采取知识产权刑法保护的最低标准。我国市场经济在改革开放以后得到迅速发展,知识产权侵权案件的数量快速增加,1992 年到 1994 年 11 月,全国各级检察机关共受理假冒注册商标等侵犯知识产权案件 11 725 件,是 1980 年到 1992 年 12 年间总和的 2.7 倍②,1997 年刑法典将之前与知识产权犯罪有关的 1979 年刑法典条款、司法解释、立法解释的相关内容吸收,在第 3 章第 7 节专门规定了知识产权犯罪,这一立法在刑法介入知识产权的保护范围上已超过 TRIPS 协议要求的"应当对有意以商业规模假冒商标或对版权盗版情况的情况提供刑事程序及刑事惩罚"的标准。但与此同时,作为世界第一经济体和我国最大贸易国的美国多次将我国列入知识产权"重点观察国名单"和"306 监管国名单",在 2007 年将我国知识产权保护问题提交 WTO 争端解决机构,指控我国刑法关于知识产权犯罪的规定门槛过高;发达国家主导的 ACTA 多边协议、TPP 协定中对知识产权刑法保护均提出了更高的要求,虽然这两份协定是多边协定,但在一定程度上引导提升了国际知识产权刑法保护的标准和水平,对于积极参与全球化的中国来讲,知识产权刑法保护不仅必要,而且需要根据我国实际情况,调整提升刑法保护的范围和水平。

（三）我国知识产权战略发展的需求

我国在 2008 年开始实施知识产权战略,目标是建设知识产权强国。这一战略目标的实现必须要有完善的知识产权保护作为保障,知识产权刑法保护是知识产权保护体系中不可缺少的最后屏障。知识产权作为一种私权,在已有民事保护的情况下,是否有动用公权力进行行政保护、刑事保护的必要? 刑法作为动用国家公权力保护法定权益的公法,其对知识产权这种私权的保护,并非是个

---

① 参见贺付琴:《域外知识产权刑法保护制度特点》,载《人民法院报》,2021 - 01 - 22 (8)。

② 参见张明、廖勇:《知识产权及其刑法保护研究》,电子科技大学出版社,2006 年,第 300 页。

例。从我国刑法的章节体系规定来看,我国刑法对私权的保护分为两种:一种是将单纯的严重侵害私权行为规定为犯罪,如刑法分则第四章"侵犯公民人身权利"和分则第五章"侵犯财产罪";另一种是将严重侵犯私权进而侵犯公共秩序的行为规定为犯罪,如刑法分则第三章"破坏社会主义市场经济秩序罪",知识产权犯罪即规定在这一章中,其犯罪同类客体是知识产权发展秩序。

对于第一种同类客体是私权的犯罪来讲,此类犯罪行为涉及的生命、健康、自由、财产均是个人生存和发展的基本要素,民法作为调整平等主体之间人身关系和财产关系的法律规范,其调整的范围限于契约或其他侵权行为造成的人身损失和财产损失,此类损失通过侵权人承担民事责任可以使权利人得到补偿和抚慰,但针对严重造成他人人身、财产严重损失的行为,例如恶意侵害他人人身、财产权利且造成严重后果的,单靠民法的经济赔偿法律责任,受害人并不能得到充分抚慰,且以经济赔偿为主的民事责任不能对严重侵权的行为人形成有效的威慑来保证社会公众的安全感,因此,需要通过行政法、刑法来动用公权力进一步保障受害人权益、惩罚行为人,进而对潜在的行为人形成一定的威慑来保证整个社会的良性运行。

对于第二种同类客体是一定社会管理秩序的犯罪来讲,这类私权的运行不仅关系着权利人本身的合法权益,也影响着某方面社会秩序的良好运转,因此单靠民法对权利人本身权益的补偿和恢复无法实现维持某方面良性社会秩序运转的目的,需要行政法、刑法的介入,通过对违法犯罪行为的调查、追究行政责任和刑事责任来惩罚违法犯罪行为人,进而达到良好的社会预防效果,保证相应社会秩序的良性运转。知识产权虽然作为一种私权,但在知识经济时代,知识产权竞争力是一国国力、竞争力的核心要素,良好的知识产权创造、运用、运营、保护秩序有助于促进知识产权的发展进而提升一国的竞争力,因此良好的知识产权秩序是行政法、刑法保护的价值所在。

此外,知识产权客体的无形性使其具有高度可复制性和侵权后的不易察觉性,这些都使得实施知识产权侵权行为具有高发性和侵权成本低的特点,这种情况下单纯依靠民事保护中权利人的诉讼和举证责任很难形成有效保护,"从经济学的视角看,知识产权的刑法保护是侵权行为低风险性和高收益性的要求"[①],知识产权刑事保护中公权力的介入调查、追究法律责任等权力的实施为知识产权保护打造了更为完善的保护体系。

---

① 参见彭少辉:《经济刑法视域中的知识产权犯罪——关于价值判断与规范分析》,载《中共南京市委党校学报》,2013 年第 2 期,第 44—50 页。

二、知识产权刑法保护的适度性

(一)适度性是知识产权刑法保护的应有之义

在肯定知识产权刑法保护必要性的同时,有学者认为知识产权是私权,刑法是应当以保护公共利益为核心的公法,刑法对知识产权保护的程度应进行讨论。[①] 有学者强调知识产权刑法保护应坚持适度性原则的依据是:知识产权刑法保护要兼顾个人利益和社会公共利益、刑法的谦抑性、刑法过度介入知识产权保护有负面影响、世界上多数国家知识产权犯罪刑罚轻刑化的趋势[②]。有学者认为,强调知识产权刑法保护适度性原则是知识产权法律保护适度性的共性要求、是刑法谦抑性原则的要求[③]。

从上述观点可以看出,理论界对知识产权刑法保护应坚持适度性原则的观点是比较一致的,但在坚持适度性原则的论证部分稍有不同。笔者认为,知识产权刑法保护适度性原则是刑法本身的应有之义,并非知识产权刑法保护的特殊原则。刑法作为社会关系法律保障体系的最后一道屏障,其调整对象是违反刑法规定的、应受刑罚惩罚的具有社会危害性的行为,从这一调整范围来看,刑法针对的具有社会危害性的行为需要达到一定标准才能纳入刑法的调整范围,这从本质上说明了适度性是刑法保护社会关系时的共性原则,而不仅仅是在知识产权犯罪领域才具有这一特征。同时,从我国民法、行政法、刑法三位一体的社会关系保护体系来看,刑法保护是民法、行政法保护之后的二次保护,刑法保护须达到一定条件才予以启动,这也体现了刑法保护的适度性;在前两种保护方式足以实现保护权利的目的时,刑法保护只是一种静态的规范;只有当前两种保护方式不足以保护权利时,刑法保护才由静态的法律规范进入对社会关系进行评价处理的动态法律关系。

刑法谦抑性原则是各位学者论证知识产权刑法保护适度性的主要依据,此原则是刑法保护社会关系的共性原则,侧面说明了适度性是刑法保护的固有特性。主张知识产权刑法保护要兼顾个人利益和公共利益,因此要强调刑法保护适度性原则的观点忽视了知识产权制度本身建立在个人利益和社会利益平衡的

---

① 参见漆昌国:《论知识产权刑法保护的适度性》,载《理论与改革》,2010 年第 3 期,第132-135 页。

② 参见刘宪权、张晗:《论知识产权刑法保护的必要性和适度性》,载《犯罪研究》,2006年第 4 期,第 2-8、15 页。

③ 参见王志祥、何恒攀:《论知识产权刑法保护的适度性》,载《山东警察学院学报》,2010 年第 1 期,第 10-15 页。

基础上,忽视了知识产权刑法保护的二次性:知识产权民法保护、行政法保护作为刑法保护的前置规定,在知识产权产生、确认等环节已设置了各项制度来平衡知识产权个人利益和公共利益,例如合理利用制度、强制许可制度、转让审批制度等,因此作为最后保障法的刑法只是对严重违反知识产权民法、行政法的行为规定了刑事法律责任,不涉及对知识产权保护个人利益和公共利益的再一次平衡。

有部分学者认为刑法的核心是保护公共利益的,用来保护作为私权的知识产权,可能存在过分保护私权而损害公共利益,因此要坚持刑法适度性原则[①]。笔者认为这一观点对刑法保护范围的理解过于狭隘:从刑法的调整范围来看,刑法是民法、行政法的保障法,包含了民法、行政法的调整范围,是调整范围最广的部门法,并不局限于对公共利益的保护;从我国刑法的内容结构来看,对个体生命健康权、财产权的保护是刑法的重要章节;从公权和私权的关系来看,法律规定的私权已天然包含了个人利益和公共利益的平衡,刑法对合法私权的保护并不导致对公共利益的侵害。因此,以刑法是保护公共利益为理由主张对知识产权这种私权进行适度性保护的观点是缺乏合理性的。

(二)"国际义务+国内国情"的适度标准

如前文所述,有关知识产权刑法保护具有必要性、应当坚持适度性的观点是比较统一的,但在如何界定适度标准,法学界学者存在不同的观点。

1.特定情形标准说

该观点主张知识产权的刑法保护应保持谨慎态度,刑法作为最后保障法,在民法、行政法可以保护知识产权的情况下,"不宜直接介入知识产权保护",只有在以直接危害社会公共利益的方式侵犯知识产权、侵权行为让社会普遍感受到威胁、侵权行为极端蔑视国家权威的三种情况下才属于刑法调整的对象[②]。

2.TRIPS协议及其他国际条约标准说

这一观点对应的现实是我国加入WTO以后应履行TRIPS协议规定的知识产权刑法保护义务,因此有学者主张以TRIPS协议规定的最低刑法保护标准作为我国知识产权刑法保护的标准,在此基础上再根据我国实际情况加以适当调

---

① 参见漆昌国:《论知识产权刑法保护的适度性》,载《理论与改革》,2010年第3期,第132-135页。

② 参见陈忠林、陈可倩:《关于知识产权刑法保护的几个问题》,载《中国刑事法杂志》,2007年第3期,第14-18页。

整,这样既履行了国际条约的义务,又适应了本国国情①。这一观点在我国加入WTO 后的几年内是理论界的主流观点,如陈爽在 2003 年发表的论文中指出:中国现有的知识产权法律保护制度与 TRIPS 协议规定的保护标准之间尚有差距,我国知识产权法律制度的完善应以 TRIPS 协议为标准进行②。另有其他学者在这一时期的研究,均是以 TRIPS 协议为对照标准来对我国包括知识产权刑法保护在内的知识产权保护法律体系提出完善建议③。

有部分学者在关注 TRIPS 协议的同时,也对其他可能影响我国知识产权刑法保护标准的相关条约协议进行了研究。例如梁桂青、陈永平 2005 年发表的论文中指出:即使在我国加入 WTO 的情况下,仍不能避免美国援用特别 301 条款对我国采取单方面贸易制裁的可能性,因此我国的知识产权保护标准要正确处理好与 TRIPS 协议、美国 301 条款和 WIPO 相关条约的关系④。马治国、王文 2011 年发表的论文中对 ACTA(《反假冒贸易协定》)对我国知识产权刑事法律保护的影响进行了研究,认为知识产权刑事法律保护标准高于 TRIPS 协议的ACTA 会对我国国际贸易产生消极影响,我国的知识产权刑事法律保护的标准应借鉴 ACTA 的标准,降低知识产权刑事犯罪的标准,扩大知识产权犯罪圈⑤。

3. 遵守国际公约义务条件下适合我国国情的适度性标准

有学者认为,知识产权刑法保护的适度性是一个发展的概念,适度性是指在不违背国际义务的前提下,最大限度做到符合国情、国力、和民情,确定具有中国特色,符合中国国情的知识产权保护标准,在国情、民情不断发展变化的背景下,知识产权刑法保护的适度性标准应界定为履行国际义务为前提,适应国情民情的发展的灵活性标准⑥。与此观点相似的还有刘华、周莹 2009 年提出的利用

---

① 参见刘宪权、张晗:《论知识产权刑法保护的必要性和适度性》,载《犯罪研究》,2006年第 4 期,第 2−8、15 页。

② 参见陈爽:《TRIPS 协议与我国知识产权法律保护机制的建立与完善》,载《社会科学辑刊》,2003 年第 3 期,第 51−54 页。

③ 参见王新宇、周宇:《TRIPS 协议对我国知识产权刑事保护的影响》,载《江苏公安专科学校学报》,2002 年第 1 期,第 70−76 页;黄瑶、李燕妙:《TRIPS 协议的实施与我国知识产权司法保护》,载《河北法学》,2010 年第 6 期,第 68−77 页。

④ 参见梁桂青、陈永平:《TRIPS 协议与中国知识产权国际保护——从美国特别 301 条款谈起》,载《中山大学学报论丛》,2005 年第 3 期,第 412−417 页。

⑤ 参见马治国、王文:《论我国知识产权的刑事法律保护——以 TRIPS 协议与 ACTA 为视域》,载《苏州大学学报(哲学社会科学版)》,2011 年第 5 期,第 102−106 页。

⑥ 参见马治国、王文:《论我国知识产权的刑事法律保护——以 TRIPS 协议与 ACTA 为视域》,载《苏州大学学报(哲学社会科学版)》,2011 年第 5 期,第 102−106 页。

国际知识产权保护规则中存在的弹性与空间,结合我国知识产权保护的发展现状和政策环境,以维护国家现实利益为目标来制定实施适度合理的知识产权保护政策。[①] 也有学者通过对 2007 年美国就中国的知识产权保护及执法措施向WTO 提起的诉讼进行分析后提出,在我国适用超出 TRIPS 协议规定的知识产权保护标准不仅可能迫使我国采取不适合本国发展水平的知识产权保护政策,也丧失了 TRIPS 协议为发展中国家规定的顺应国内法律制度和发展水平差异的重大灵活性,不利于我国知识产权制度的长远发展[②]。

上述法学界三种知识产权刑法保护适度性标准中,第一种标准界定知识产权刑法保护适度性标准的观点所提出的三种刑法可以介入知识产权保护的情况本身过于抽象,不能满足作为参考标准的明确性、清晰性要求,不适合作为界定知识产权刑法保护适度性的标准。第二种标准单纯将 TRIPS 协议规定的知识产权刑法保护最低标准作为我国刑法介入知识产权保护的标准的观点具有时效性,这一标准在我国加入 WTO 初期是比较合适的,但随着我国知识产权保护制度的完善和提升[③],这一观点对我国目前乃至未来的知识产权刑法保护已不具有积极指导意义。第三种标准认为,知识产权刑法保护适度性的原则要求是满足我国参加的国际条约规定的最低标准要求,在此基础上根据我国的国情结合国际知识产权保护规则中的弹性空间来完善我国的知识产权刑法保护制度,促进我国知识产权的发展。这一标准既有原则性,又有灵活性,作为我国知识产权刑法保护适度性原则具有极好的参考性和指导性。我国目前的知识产权刑法保护立法水平整体上适应社会发展,但随着我国知识产权事业的发展和国际关系格局的发展,双边或多边协议逐渐发挥着调整国与国之间或区域之间法律关系的作用,因此,可以将此标准修改为"我国参加的国际条约或签订的国际协议中约定的最低保护标准为原则,根据我国国情采取相应的知识产权刑法保护标

---

① 参见刘华、周莹:《TRIPS 协议弹性下发展中国家的知识产权政策选择》,载《知识产权》,2009 年第 2 期,第 57-65 页。

② 参见余敏友、廖丽:《评美国向 WTO 诉中国"影响知识产权保护和实施的措施案"》,载《国际贸易》,2009 年第 9 期,第 59-66 页。

③ 部分学者对我国整体知识产权保护水平进行研究后认为我国的知识产权保护水平目前已超过 TRIPS 协议的最低标准要求。参见李颖怡主编:《知识产权法(第 4 版)》,中山大学出版社,2013 年,第 316 页;"加入 WTO 后,我国知识产权立法在达到 TRIPS 协定基本标准的情况下不断完善,立法强度已达到发达国家水平……TRIPS 协定下我国知识产权的实际保护强度随时间的推移逐步加强",参见党国英:《TRIPS 协定下中国知识产权保护水平测度》,载《技术经济与管理研究》2014 年 11 月,第 11 期,第 43-46 页。

准",简称为"国际义务+国内国情"标准。这一标准中国际义务是必须达到的硬性标准,国内国情是灵活性标准,可以根据我国知识产权发展状况进行适当调整,从整体上看这一标准具有更强的适用性。

(三)我国知识产权刑法保护的加强与谦抑性

TRIPS 协议第 5 节"刑事程序"中第 61 条[①]将各成员国采用刑事程序保护知识产权的最低义务界定为"具有商业规模的蓄意假冒商标或盗版案件",其他蓄意并具有商业规模的侵犯知识产权案件由成员国自行决定是否适用刑事程序进行处理。我国 1997 年刑法中规定了侵犯注册商标权、著作权、专利权、商业秘密等知识产权的 7 个罪名,"不仅实现了 TRIPS 协议的最低标准,而且将专利与商业秘密纳入刑法保护范围,较好地满足了本土保护的实际需要"[②]。我国知识产权刑法保护随着我国社会经济发展水平的提升呈现出逐步加强趋势并坚持了谦抑性原则。

1. 我国知识产权刑法保护的加强

我国侵犯知识产权犯罪的立法发展呈现出加强保护的趋势。我国刑法对知识产权的保护始自 1979 年刑法的假冒注册商标罪,此后立法机关通过单行刑法、附属刑法等形式增加侵犯著作权罪、假冒专利罪和侵犯商业秘密罪,逐渐丰富完善知识产权犯罪体系;1997 年刑法吸收前述有关知识产权犯罪的规定,在第三章中单列第七节"侵犯知识产权犯罪",规定了 7 项侵犯知识产权犯罪罪名,形成我国知识产权刑法保护的罪名体系;2020 年,《刑法修正案(十一)》对侵犯知识产权罪一节进行了专门修订,整体上降低了知识产权犯罪门槛、提高了知识产权犯罪法定刑幅度,增加了为境外窃取、刺探、收买、非法提供商业秘密罪,进一步丰富了我国侵犯知识产权犯罪罪名体系。

---

① 　TRIPS 协议第 61 条:"各成员应规定至少将适用于具有商业规模的蓄意假冒商标或盗版案件的刑事程序和处罚。可使用的救济应包括足以起到威慑作用的监禁和/或罚金,并应与适用于同等严重性的犯罪所受到的处罚水平一致。在适当的情况下,可使用的救济还应包括扣押、没收和销毁侵权货物和主要用于侵权活动的任何材料和工具。各成员可规定适用于其他知识产权侵权案件的刑事程序和处罚,特别是蓄意并具有商业规模的侵权案件"。TRIPS 协议全文(2017 年 1 月 23 日修正,中文),中华人民共和国商务部官方网站,2017-03-22,http://sms. mofcom. gov. cn/article/wtofile/201703/20170302538505. shtml(2022-05-23 最后访问)

② 　参见吴瑞:《TRIPS 视阈下的中国知识产权刑法保护及其发展方向》,载《净月学刊》,2016 年第 1 期。第 101-105 页。

2. 我国知识产权刑法保护的谦抑性

我国知识产权保护采用民法、行政法、刑法三位一体的保护路径,知识产权刑法保护的谦抑性主要从立法、司法两方面体现出来。

立法方面,我国知识产权刑法保护对象范围和调整的行为方式范围显著小于知识产权民法、行政法的保护范围。例如我国假冒注册商标罪中不保护集体商标、证明商标,也不保护未经注册的驰名商标;假冒注册商标犯罪行为仅包括在同一种商品上使用与注册商标相同商标。我国理论界对加强知识产权刑法保护的观点较多,例如有学者主张扩大刑法对新型知识产权的保护①;有学者从主观要件和客观行为等方面论述,认为现有刑法保护范围过窄②。2021 年 3 月开始实施的《刑法修正案(十一)》中对知识产权犯罪的修改并未采用上述扩大保护对象和行为方式范围,降低犯罪成立门槛的观点,仅在部分罪名中稍稍扩大了保护对象和行为方式,如,将假冒注册商标罪的刑事保护对象从商品注册商标扩大到服务注册商标,但未包含集体商标、证明商标和驰名商标,行为方式上仍仅限于在同一类商品、服务上使用与注册商标相同的商标,达到情节严重程度的,才予以刑事处理;在侵犯著作权罪中增加了"信息网络传播权"作为保护对象,把故意避开或破坏作品保护技术措施的行为方式纳入调整范围。除上述修改和整体上提高了知识产权犯罪的法定刑幅度外,《刑法修正案(十一)》并未全面扩大知识产权刑法保护的对象和范围,侧面印证了我国坚持知识产权刑法保护谦抑性的刑事政策。

司法方面,知识产权民事诉讼和行政执法案件的数量远高于知识产权刑事案件数量。在国家知识产权局发布的《2021 年中国知识产权保护状况》中③,2021 年全国地方各级人民法院共新收知识产权民事一审案件 550 263 件,全国市场监管部门共查处商标违法案件 3.95 万件,而全国地方各级人民法院共新收侵犯知识产权刑事一审案件仅有 6276 件。上述知识产权民事诉讼案件数量和部分知识产权行政执法案件数量显著高于知识产权刑事一审案件数量,说明民法、行政法是知识产权保护的前置,刑事司法保护是知识产权保护的最后保障,体现了知识产权刑法保护的谦抑性。

---

① 参见徐岱、谢忠峰:《知识产权犯罪刑事立法的域外经验与我国的路径选择》,载《山东社会科学》,2014 年 10 月,第 105-109 页。

② 参见余高能:《对我国侵犯知识产权犯罪刑事立法系统性的考量》,载《知识产权》,2013 年 12 月,第 61-65 页。

③ 国家知识产权局:《2021 年中国知识产权保护状况》,2022-04-26 发布,https://www.cnipa.gov.cn/art/2022/4/26/art_91_175203.html(2022-09-19 最后访问)。

第二节 知识产权刑法保护的价值立场及范围

一、知识产权发展秩序是知识产权刑法保护的价值立场

如前文所述,在世界各国采取促进本国知识产权发展的各种战略、措施,其目的虽然在于促进国家知识产权水平的整体发展,但战略、政策、措施的立足点都在鼓励个人、组织的创新积极性,简言之,知识产权制度的长远目标是促进社会知识产权整体水平的提高,具体目的是保护、激发个人、组织的知识产权创造、运用的积极性,具体目标是长远目标的基础,离开具体目标来谈长远目标是缘木求鱼。正如有学者所讲的:"知识产权制度固然也存在维护公共利益的价值目标和取向,但知识产权保护中实现公共利益仍然立足于对于知识产权这一私权的充分保护和维护。离开对私权的充分、有效的保护去谈论维护公共利益问题,会造成本末倒置的后果"①。

(一)关于知识产权刑法保护价值立场的观点

我国刑法保护范围覆盖了商标权、著作权、专利权和商业秘密。知识产权作为一种私权,刑法对其进行保护的价值立场是纯粹的个人利益保护还是超出个人利益的公共利益保护? 理论界有不同的观点。

1. 私权优先,兼具公权

这一观点从刑法保护价值立场的转变为着眼点,在承认我国实然的知识产权刑法保护立场是公共利益优先的情况下,认为我国的知识产权刑法保护价值立场应从公共利益优先转向私权优先。有学者认为:"侵犯知识产权犯罪的两个客体应该以本人权利为主位,而国家的管理制度为次位"②。邵小平在2011年《著作权刑事保护研究》的博士论文中明确指出:"在著作权的刑事保护中,对私权和公共利益的保护都是不可或缺的,也是相辅相成的,但在市场经济观念深入发展的今天,在价值选择上注重权利优先,突出或把私权的保护放在主要位置,将会更利于对著作权的有效保护"③。有学者持同样的观点,认为"我国知识

---

① 参见冯晓青:《知识产权的私权属性及其制度完善——民法典实施背景下我国知识产权制度的变革与发展》,载《甘肃政法大学学报》,2020年第5期,第147-156页。
② 参见齐爱民、潘勤毅:《知识产权刑法保护客体的价值序位》,载《知识产权》,2005年第3期,第44-47页。
③ 参见邵小平:《著作权刑事保护研究》,博士学位论文,华东政法大学,2011年。

产权刑事政策重心应由维护社会经济秩序转向对知识产权权利人的保护"①。

2.保护主义为主、自由主义为辅的价值兼顾说

这一观点认为刑法对知识产权的保护应采用保护主义的立场,同时兼顾自由主义;以维护市场竞争秩序为主,保障私人财产权利为辅。这一观点的代表学者是田宏杰,其在 2003 年发表的论文中主张知识产权刑法在保护边界的划分上,应"立足于保护主义的立场,同时济之以自由主义的补充"②;其 2010 年发表的论文中进一步明确"维护正当的竞争秩序,兼顾知识产权权利人的财产权益,既是我国设立侵犯知识产权犯罪的价值选择,也是 TRIPS 协议等保护知识产权国际条约的价值追求"③。其 2021 年发表的文章中也延续了这一观点,认为我国知识产权刑法保护的实然价值立场是维护市场竞争秩序为主,保障私人财产权利为辅④。持相同观点的还有刘宪权、张晗,两位学者 2006 年发表的论文中同样主张我国知识产权刑法保护应立足于保护主义的立场,在强调刑法保护必要性的同时辅之以自由主义的补充⑤。

(二)知识产权刑法以知识产权发展秩序为保护价值

1.知识产权保护体系中的刑法保护价值

知识产权作为一种私权,在我国由民法典、知识产权单行法予以规定并在法律上赋予权利人相应的权利,并明确规定侵犯知识产权人的权利应承担的民事法律责任和行政法律责任。除此之外,刑法同时规定了侵犯知识产权犯罪,对侵犯知识产权的行为构成犯罪的情况下规定了相应的刑事责任。除上述平等主体之间发生的知识产权侵权纠纷外,知识产权权利人、关系人与知识产权行政管理部门之间也存在就知识产权是否成立、知识产权归属、知识产权行政执法行为是否合法等知识产权行政管理机关与相对人之间的行政纠纷,这部分纠纷同样关系着知识产权权利人的合法权益,通过行政诉讼途径解决,是知识产权司法保护的一种,这部分知识产权行政诉讼不列入本书讨论范围,本书的行政法保护限于行政执法保护。

---

① 参见贺志军:《我国知识产权刑事政策初探》,载《国家检察官学院学报》,2009 年第 2 期,第 107-112 页。

② 参见田宏杰:《论我国知识产权的刑事法律保护》,载《中国法学》,2003 年第 3 期,第 141-152 页。

③ 参见田宏杰:《侵犯知识产权犯罪的几个疑难问题探究》,载《法商研究》,2010 年第 2 期,第 110-116 页。

④ 参见田宏杰:《强化知识产权保护的又一里程碑》,载《检察日报》,2021-01-06(3)。

⑤ 参见刘宪权、张晗:《论知识产权刑法保护的必要性和适度性》,载《犯罪研究》,2006 年第 4 期,第 2-8、15 页。

同样是面对平等主体之间的知识产权侵权行为,民事法律、行政法律、刑事法律规定了民事责任、行政责任、刑事责任,体现了不同的保护侧重点和价值立场。三类保护体系中,民事保护方式由权利人主动发起,权利人需要提供自身权利证明、侵权证明、侵权导致的损失证明等证据并在民事诉讼中获得相对的证明优势方能获得胜诉,实现对自身权利的保护,"民事司法保护在整个司法保护体系中居于基础地位"①。行政保护中,政府主管部门依职权或依权利人、第三人的举报对侵权人进行检查,确认侵权事实和证据后对侵权人采取行政处罚的方式来打击侵权人,保护知识产权权利人的合法权益。行政保护只涉及对侵权人的处罚,并不涉及对权利人损失的补偿;同时,行政保护只需要权利人提供初步的权利证明和侵权线索,其余案件证据由行政部门依职权取证。司法实践中,我国知识产权行政保护的案件数量一直居高不下,是运用最多的知识产权保护方式②。知识产权刑事保护中,侦查机关收到知识产权侵权线索(来自权利人、第三方的举报、行政机关的移交等)后初步确定符合刑事立案条件的情况下,对案件进行侦查、移送起诉,检察机关提起公诉,审判机关依法对侵权行为人定罪量刑从而达到打击知识产权犯罪,保护知识产权犯罪法益的目的。

从法律功能的角度来看,民法保护知识产权的价值立场在于保护、恢复、补偿权利人的权益,在权利人的私权可以通过民法得到保障的情况下,刑法作为后位法、保障法,其价值立场必然不同于民法保护,否则丧失其存在的意义。"刑法的任务是保护人类社会的共同生活秩序"③,从知识产权行政保护、刑法保护的内容来看,这两种公法保护侧重于通过对侵权违法行为人和犯罪人的否定来精神抚慰知识产权权利人,对潜在的知识产权侵权行为人形成威慑,以此来维持良好的知识产权发展秩序。知识产权人的私权保护由民法予以保障实现,超出知识产权人个人利益的良好知识产权发展秩序由行政保护和刑法保护来实

---

① 来自国家知识产权局《2014 年中国知识产权保护状况》,这是国家知识产权局首次在国家知识产权保护状况年度报告中增加知识产权司法保护部分的内容。https://www.cnipa.gov.cn/art/2005/4/27/art_91_26347.html(2021-03-13 最后访问)。

② 最高人民法院发布的《中国法院知识产权司法保护状况(2009)》中指出,从 1985 年至 2009 年,人民法院共审结知识产权民事一审案件 166 408 件。中国法院网,https://www.chinacourt.org/article/detail/2010/04/id/405054.shtml(2021-03-13 最后访问);相对应的是国家知识产权局发布的《2009 年中国知识产权保护状况》中,2009 年全国各级工商行政管理机关查处各类商标违法案件总计 51 044 件。国家知识产权局官方网站,https://www.cnipa.gov.cn/art/2014/8/12/art_91_26342.html(2021-03-13 最后访问)。

③ 参见[德]汉斯·海因里希·耶赛克、托马斯·魏根特:《德国刑法教科书》(上),徐久生译,中国法制出版社 2017 年版,第 1 页。

现,三者形成了一个相对完整的知识产权保护体系。良好的知识产权发展秩序是知识产权个人法益得以保障并进而促进知识产权发展的保障,是知识产权刑法作为最后保障法的价值所在。

2. 我国刑法中的知识产权保护价值

我国刑法第 2 条①即开宗明义地指出刑法的价值在于通过保护国家的安全、社会制度、财产,集体的财产,个人的人身、财产和其他权利来实现对社会秩序、经济秩序的维护,进而保障社会主义建设事业顺利进行。知识产权虽然是一种私权,但在世界范围内知识产权发展引领社会全面发展的大背景下,知识产权整体的发展已成为社会发展的公共利益,关系着一国在世界经济中的竞争力,作为保障促进知识产权良好发展的知识产权秩序是刑法保护知识产权的价值立场所在,即在知识产权发展与国家发展密切相关的大背景下,知识产权刑法保护的价值立场只能是保护主义,保护对象只能是良好的知识产权秩序。

二、知识产权刑法保护边界的前置性与独立性

(一)知识产权刑法保护边界的理论探讨

我国理论界有关知识产权刑法保护边界的研究较少。仅有的 1 篇研究是从刑法与民法、行政法等前置法的关系角度来界定,认为知识产权刑法保护的边界应落在民法、行政法的保护边界内,且属于民法、行政法无法有效调节的情况下刑法才予以介入②。除此外,刑法与前置法的关系在相关的研究中亦有涉及,如有学者认为前置法的判断是启用刑法的必要前提③;有学者明确只有当前置法不能有效保护法益时,采用动用刑法的必要和可能④。

我国理论界有关刑法边界的研究多侧重于对某一具体犯罪类型的成立范围

---

① 《刑法》第 2 条:中华人民共和国刑法的任务,是用刑罚同一切犯罪行为作斗争,以保卫国家安全,保卫人民民主专政的政权和社会主义制度,保护国有财产和劳动群众集体所有的财产,保护公民私人所有的财产,保护公民的人身权利、民主权利和其他权利,维护社会秩序、经济秩序,保障社会主义建设事业的顺利进行。

② 参见许前飞:《知识产权刑法保护的边界》,载《人民法院报》,2015-07-22(6)。

③ 参见薛美琴:《网络爬虫刑法规制的边界》,载《网络法律评论》,2020 年,第 227-248 页。

④ 参见田宏杰:《刑法法益:现代刑法的正当根基和规制边界》,载《社会科学文摘》,2021 年第 1 期,第 68-70 页。许前飞:《知识产权刑法保护的边界》,载《人民法院报》,2015-07-22。郑旭江:《知识产权刑法保护的变化因素与立法反思——以 TPP 协议的通过为线索》,载《河北法学》,2016 年第 6 期,第 161-169。时延安:《刑法调整违反经济规制行为的边界》,载《中国人民大学学报》,2017 年第 1 期,第 110-119 页。

和适用上进行研究,如从司法解释的角度研究网络犯罪边界的界定①,从司法实践具体犯罪认定要素研究言论自由与言论犯罪的边界②,从宏观的法治精神和微观的犯罪构成类型角度研究刑法反恐的边界③,等等。这些研究从实质上来看都是对某一类犯罪罪与非罪界定标准的研究,与本书研究对象关联性较小。

　　同时也有部分学者从整体上对刑法边界进行了研究,如有学者强调刑法法益是界定刑法边界的根基④;有学者强调法益原则和伤害原则不足以划分刑法的边界,还应加入功利主义原则进行判断⑤;另有学者从公共利益和刑法的最后手段性出发界定刑法的边界,认为公共利益受到侵害是刑法评判和干预经济行为的范围界定点,最后手段原则是刑法干预的程度边界⑥;也有学者认为侵害法益是动用刑法必要非充足条件,从属性原则与法益侵权原则同等重要⑦。在此类有关刑法边界的理论性探讨中,共同点在于都将刑法边界从内容和程度两方面界定,内容界定多采用法益侵害(损害公共利益)原则予以界定,程度方面采用功利主义原则、最后手段性或从属性原则来界定。田宏杰将刑法法益界定为在宪法指引的比例原则下分配至刑法法规和制裁体系中予以保护的具体社会环境中的利益,对刑法法益的界定中同样包含了法益侵害的范围和比例原则的程度两个要素。

(二)社会危害性原则是我国刑法边界的指导原则

1. 刑法边界的内涵

　　从理论界的研究来看,"刑法边界"在两个层面意义上被使用:一是个罪或类罪的适用范围来讲,如从罪与非罪角度出发对具体犯罪范围的刑法边界进行

---

① 参见舒登维:《网络犯罪刑法解释立场抉择及边界研究》,载《政法学刊》,2022 年第 1 期,第 19-28 页。

② 参见刘艳红:《网络时代言论自由的刑法边界》,载《中国社会科学》,2016 年第 1 期,第 134-152、204-205 页。

③ 参见姜敏:《刑法反恐立法的边界研究》,载《政法论坛》,2017 年第 5 期,第 79-93 页。

④ 参见田宏杰:《刑法法益:现代刑法的正当根基和规制边界》,载《社会科学文摘》,2021 年第 1 期,第 68-70 页。

⑤ 参见杨春然:《刑法的边界研究》,载《厦门大学法律评论》,2013 年第 1 期,第 151-210 页。

⑥ 参见刘华:《刑法干预经济行为的"边界原则"》,载《政治与法律》,1995 年第 2 期,第 26 页。

⑦ 参见孙国祥:《集体法益的刑法保护及其边界》,载《法学研究》,2018 年第 6 期,第 37-52 页。该文认为罗克辛(Roxin)主张的从属性原则是指动用刑法保护以其他法律无法有效保护法益为前提。

研究,从刑法规定解释角度的刑法边界进行研究;另一层面是从刑法规制正当性角度来讲,如刑法的边界是侵害刑法法益,或法益侵害达到一定程度等。有学者认为第一层面对刑法边界的使用是将刑法边界等同于罪名的适用范围或刑法条文的适用范围,是对"刑法边界"一词的随意使用①。该学者认为刑法边界是"基于公权和私权平衡而设定的国家行使刑事处罚权正当性限界",指出我国刑法理论界中界定刑法边界的社会危害性原则已实质集体转向"法益"原则。

笔者认为,刑法边界并非刑法理论中的专有名词,其目的并非对公权和私权的平衡,而是从法律功能意义上对刑法调整范围的划分。从现有的研究来看,刑法边界主要是用来界定刑法的调整范围,从整体意义上看,刑法边界是指行为应被刑法予以规制并进行刑罚处罚的正当性;从个罪意义上,刑法边界是指行为是否成立某种犯罪的认定标准。理论界上述从个罪到刑法整体层面上对刑法边界的使用都具有其合理性,两者之间也存在交叉重合,即对个罪的边界研究也是在整体边界界定原则的指导下进行的,整体刑法边界的研究也不能脱离个罪具体情况。对知识产权刑法保护边界的研究也要从刑法整体边界原则和知识产权类犯罪的个体边界相结合的路径进行。

2. 社会危害性原则

前文在对我国整体层面刑法边界研究的梳理中可以看出,法益原则已成为界定刑法边界的主流原则之一。最早引进德、日刑法理论中法益概念的学者是张明楷②,他从犯罪本质是法益侵害还是规范违反角度进行分析,认为规范违反说强调刑法与道德伦理的结合,而道德伦理的范围是不断变化且不清晰的,这样易导致犯罪认定的不确定性,不符合罪刑法定原则,而法益则强调刑法与道德伦理的分离,强调只有当具体法益受到侵害时方可认定犯罪,提倡用具体的法益替代抽象的犯罪客体③。用德、日刑法理论中的法益概念替换犯罪客体,得到了魏

① 参见田刚:《数据安全刑法保护扩张的合理边界》,载《法学论坛》,2021年第2期,第66-75页。

② 有学者认为最早引入法益概念的首推杨春洗、苗生明二位先生。参见孙燕山:《无法逐出注释刑法领域的社会危害性——社会危害性研究40年(1978—2018)的共识与再聚焦》,载《学术论坛》,2018年第5期,第20-27页。

③ 参见张明楷:《新刑法与法益侵害说》,载《法学研究》,2000年第1期,第19-32页。

东①、陈兴良②等多位学者的支持,法益侵害原则也逐渐取代社会危害性原则成为我国刑法理论中认定犯罪的基本原则。

上述学者在引入德、日刑法理论中法益概念替换犯罪客体概念时认为,法益概念的具体性、直接性优于犯罪客体的抽象性,能发挥指导犯罪认定和防止滥用刑罚的作用,具有保障法益与保障人权有机结合的优势。但随着刑法立法的发展,德、日刑法理论发现其法益概念无法解释无被害人犯罪案件、被害人同意的犯罪案件,因此 19 世纪末时以宾丁(Binding)为首的新德国刑法的实证主义奠基者重新提出比恩鲍姆的法益理论,法益概念被用来将刑法保护的范围由个体权利扩展至社会利益等共同法益以及国家自身③;2005 年德国著名刑法学者罗克辛(Roxin)对法益的标准也做了修正,认为法益包括"现实的存在和目标设定",将法益的范围从只限于现实状态向还应同时包括规范义务扩展④。通过对德国刑法理论中法益概念的历史回顾可以看出德国刑法中的法益概念近年来呈现出虚拟化和扩大化趋势,其概念和范围呈现出不确定性和灵活性,而一个漫无边际的法益概念是不能对刑法进行限制的。法益概念的日益扩大化和抽象化使法益侵害原则与我国传统刑法理论中的社会危害性原则日益靠近,"'社会危害性'这个概念所面临的空洞性和缺乏规范性等问题,在'法益'这个概念中也几乎同样存在"⑤。

社会危害性是犯罪的实质特征,刑事违法性是犯罪的形式特征。刑法边界是从实质意义上对刑法规定的犯罪及适用刑罚的正当性进行的研究,因此,部分学者主张的仅从法的形式性要素区分行政违法和刑事犯罪进而界定法定犯的观点不适用于刑法边界的认定⑥。只有社会危害性原则才能从实质意义上剖析刑

---

①　参见魏东:《论作为犯罪客体的法益及其理论问题》,载《政治与法律》,2003 年第 4 期,第 32-36 页。

②　参见陈兴良:《犯罪客体的去魅———一个学术史的考察》,载《政治与法律》,2009 年第 12 期,第 90-102 页。

③　参见马库斯·德克·达博、杨萌:《积极的一般预防与法益理论———一个美国人眼里的德国刑法学的两个重要成就》,载《刑事法评论》2007 年第 2 期,第 443-466 页。

④　参见(德)罗克辛著,王世洲译:《德国刑法学总论 第 1 卷 犯罪原理的基础构造》,法律出版社,2014 年,第 17 页。转引自贾健:《刑法法益理论的流变与实质》,载《理论导刊》,2015 年第 5 期,第 94-97 页。

⑤　参见刘仁文:《再返弗莱堡》,载《法制日报》,2017-12-27(09)。

⑥　参见台培森:《从属双阶层模式:法定犯违法判断模式的重构》,载《法学论坛》,2021 年第 6 期,第 83-94 页。陈兴良:《法定犯的性质和界定》,载《中外法学》,2020 年第 6 期,第 1464-1488 页。刘艳红:《法定犯与罪刑法定原则的坚守》,载《中国刑事法杂志》,2018 年第 6 期,第 60-76 页。

法规制的正当性,是刑法边界的整体指导原则①。社会危害性是对行为所有事实因素之正负价值的综合性评价及主客观统一②,社会危害性的判断,要综合行为人的主观方面和行为的客观危害性,其中客观危害性是社会危害性的主要判断依据。犯罪行为的社会危害性不仅体现在对具体犯罪对象的侵害,也表现在对犯罪对象所代表整体利益的侵害。同样的犯罪行为、犯罪对象在客观因素发生变化时侵害不同的法律保护利益。例如,同样是驾车撞人,发生交通事故后为逃避法律责任而撞人的行为损害的是个人生命,醉酒后驾车撞人损害的是社会公共安全,两者损害的法律利益及其所代表的社会关系不同,适用的罪名和法定刑均不同。在社会危害性评价多重性的前提下,德、日刑法中的法益仅集中在犯罪客体中的具体法益层面,对集体法益持谨慎态度,法益范围也在不断发展中逐渐模糊,不适宜作为界定整体刑法边界的原则。而在我国有着较为悠久历史的社会危害性原则"经过几十年的逐步调试和完善,形成社会危害性和刑事违法性并重的通说性理论体系"③,理论和司法实践中已形成相应的评价标准,作为整体刑法边界的指导原则是合适的。理论界对社会危害性原则评价体系"模糊性、政治性"的批判可以借鉴相关法益理论予以完善,"社会危害性论的理论范畴其实亦涵盖了法益侵害的主要内容,应当探究法益侵害内核在社会危害性论中的理论地位,进一步明晰社会危害性理论的核心内涵"④,在坚持社会危害性原则作为我国刑法边界的整体指导原则的同时,将其改造成为更具可行性和科学性的理论体系⑤。

(三)我国知识产权刑法保护边界的前置性与独立性

知识产权是随着社会发展而由法律确立的一种法定权利,民法是知识产权

---

① 也有部分学者主张法定犯的认定不应仅以行政违法性作为判断依据,而应以是否具有法益侵害作为法定犯成立的独立判断标准。这种对法定犯认定中的独立性要求与本文有相同之处,但对独立性的适用标准不同。参见聂立泽、张开锐:《法定犯司法适用问题研究》,载《贵州民族大学学报(哲学社会科学版)》,2020年第5期,第164–192页。刘艳红:《"法益性的欠缺"与法定犯的出罪——以行政要素的双重限缩解释为路径》,载《比较法研究》,2019年第1期,第86–103页。

② 参见冯亚东:《犯罪概念与犯罪客体之功能辨析——以司法客观过程为视角的分析》,载《中外法学》,2008年第4期,第580–589页。

③ 参见孙燕山:《无法逐出注释刑法领域的社会危害性——社会危害性研究40年(1978—2018)的共识与再聚焦》,载《学术论坛》,2018年第5期,第20–27页。

④ 参见侯刚、杜国伟:《社会危害性中法益侵害的刑法蕴意》,载《中国刑事法杂志》,2010年第10期,第9–15页。

⑤ 参见龙长海:《社会危害性理论在原社会主义法系国家的当代命运》,载《南京大学法律评论》,2016年第1期,第187–205页。

产生的法律依据,也是其受到的首道法律保护屏障,后随着知识产权在国家和社
会发展中重要性的凸显,行政法和刑法介入知识产权保护中,将侵犯知识产权的
行为分别规定为行政违法、刑事犯罪的方式来实现对知识产权的保护。知识产
权犯罪是刑法将严重侵犯知识产权的行为规定为犯罪并予以刑罚处罚的法定
犯,其成立以知识产权民法、行政法等前置法规定的知识产权范围、成立知识产
权侵权行为为前提,同时,侵犯何种知识产权、何种侵犯知识产权行为应予以刑
法规制是刑法在前置法基础上根据刑法边界基本原则——社会危害性原则进行
的独立判断。

1. 知识产权刑法保护边界的前置性

知识产权刑法保护的对象——知识产权,由知识产权民法予以确定,因
此,知识产权刑法保护中的知识产权主体、客体和权利种类应在民法规定范围
内。超出民法规定范围的"知识产权",缺乏合法性来源,不能成为刑法保护的
对象。如随着互联网发展而产生的"信息网络传播权",虽然在被我国民法确认
之前就已经与知识产权权利人密切相关,在世界其他国家已被确认为知识产权
的一种权利,但其未被我国民法确认前不能成为刑法的保护对象,刑法不能越过
民法来设定知识产权。

知识产权犯罪行为须是民法、行政法上的侵权行为。刑法作为拥有最为严
厉处罚手段的法律,举重以明轻,仅对具有严重社会危害性的知识产权侵权行为
予以规制,如果某一与知识产权有关的行为不属于民法、行政法上的侵权行
为,刑法亦不能对其进行规制,否则便丧失了刑法规制的合法性,突破了刑法的
最后保障法性质。

2. 知识产权刑法保护边界的独立性

在前置法确定的知识产权侵权行为范围内,刑法仅对其中具有严重社会危
害性的行为进行规制并予以刑罚处罚。知识产权犯罪的严重社会危害性从侵权
行为的主观方面和客观方面来进行综合判断。

社会危害性的主观方面判断,应以"故意"为标准。侵犯知识产权犯罪为故
意犯罪,行为人主观方面应为故意,即行为人明知自己的行为侵犯他人知识产权
且追求或放任其发生,且部分犯罪明确要求行为人"以营利为目的"。这一点区
别于知识产权民事侵权行为,我国《商标法》第57条规定的商标侵权行为中除
"故意为侵犯他人商标专用权行为提供便利条件,帮助他人实施侵犯商标专用
权行为的"中明确了"故意"这一主观要件外,其他商标侵权行为的主观方面均
无规定和要求,即只要未经商标权人许可,行为客观上符合民法规定的侵权行为
表现,即可认定成立知识产权侵权行为。《专利法》《著作权法》中也基本以未经
权利人许可而实施知识产权作为认定民事侵权的基本模式。具有"故意"的知

识产权侵权行为人客观上会采取积极扩张的知识产权侵权行为,其人身危险性和客观上对社会造成的损害会明显大于普通知识产权侵权行为,因此"故意"是判断知识产权侵权行为社会危害性的主观标准。

社会危害性的客观方面可以从危害结果大小、危害结果的普遍性等方面进行判断。危害结果的大小判断是一种综合性判断,既包括知识产权侵权行为相关的数额判断,如违法所得数额、非法经营数额等,也包括对知识产权发展秩序的整体破坏,如权利人市场占有率的大幅度下降、商业秘密被公开等导致的知识产权制度鼓励科技发展所形成的良好秩序被严重损害。危害结果的普遍性是社会危害性判断中容易被忽视的因素。知识产权侵权行为危害结果的大小可以从个案中的相关数额、相关情节进行判断,容易被社会大众所感知;而危害结果的普遍性是通过对各种知识产权侵权行为发生概率的总结而确定下来的,无法通过个案被社会公众感知,因而容易被忽略。但作为调整社会关系最后手段、以谦抑性为立足特点的刑法,除考虑知识产权侵权行为的危害结果大小外,还应考虑知识产权侵权行为的普遍性,在民法、行政法已提供相应保护的情况下,将发生概率小的知识产权侵权行为纳入刑法规制违反了刑法的谦抑性原则。如我国刑法对注册商标的保护未覆盖注册证明商标和注册集体商标的原因多在于这两种注册商标的数量小、侵权行为发生概率低,社会影响和危害性有限[1]。

综上,知识产权刑法保护的边界以知识产权民法、行政法等前置法为基础,以知识产权侵权行为的社会危害性为核心进行独立判断。知识产权刑法保护边界虽然以前置法为基础,但并不与民法、行政法相同的保护边界相同,其在质和量上均不同于知识产权民法、行政法的保护边界,具有独立的边界判断标准。

---

① 截至 2022 年 6 月底,我国有效注册商标已超 4000 万件,其中我国累计批准地理标志产品 2493 个,核准地理标志作为集体商标、证明商标注册仅为 6927 件。上述数据来源于新华社百度百家号的报道《我国有效注册商标已超 4000 万件》,2022 - 07 - 12,HTTPS://BAIJIAHAO. BAIDU. COM/S? ID = 1738153671440703728&WFR = SPIDER&FOR = PC(2022 - 10-22 最后访问)

第三章

我国知识产权刑法保护之立法与司法概述

　　本章对我国知识产权刑法保护从立法、司法两大层面进行研究。立法层面,从我国知识产权刑法保护立法模式、界定刑法保护范围的罪名体系及知识产权保护的行刑衔接立法问题等方面对我国知识产权刑法保护立法的现实及未来发展进行探究,主张集中式立法模式,部分新型知识产权客体可通过现有罪名体系予以保护,对通过增加罪名的方式保护新型知识产权客体持谨慎观望态度。强调知识产权刑法保护立法完善的重点是制定法律层面的行刑衔接规范性文件。司法层面,对我国知识产权刑事司法大数据进行总结、分析,指出我国知识产权刑事司法存在非专业性、不平衡性问题,建议建立专业的涉知识产权犯罪侦查机关、完善侵犯知识产权犯罪的定罪量刑标准、加强知识产权行刑衔接的移送监督、提升西部地区知识产权刑事司法水平等。该部分同时对我国知识产权刑事司法中常见难题——行刑衔接进行了探讨,明确应通过制定法律层面的行刑衔接法律文件,打通行刑衔接的信息平台,赋予检察机关对行刑衔接的立案监督权等措施来促进知识产权刑法保护实践中行刑衔接问题的解决。

第一节 我国知识产权刑法保护的立法进程

现代知识产权法律保护始于17世纪的西方,很长一段时间内,知识产权与经济利益挂靠,主要由民商事法律进行调整,直至20世纪80年代,随着知识经济的发展,知识产权的发展与国家社会经济发展联系日益密切,作为上层建筑的法律对知识产权保护不再仅限于民事范畴,将知识产权也逐步纳入刑法的保护范围,同时随着全球化的不断发展,知识产权刑法保护也成为相关的国际条约中知识产权保护的重要内容,1995年生效的TRIPS协议中首次明确规定了成员国应当为知识产权保护提供刑事程序及刑事惩罚,并规定了知识产权刑法保护的最低标准。我国知识产权刑法保护的立法实践进程始于1979年刑法典,相比于世界范围内的知识产权刑法立法保护进程并不算晚;从内容上看,我国知识产权刑法保护立法实践的水平经过不断发展,目前已超过TRIPS协议规定的水平。

一、我国知识产权刑法保护立法实践的初期阶段(1979—1996)

我国对知识产权的刑法立法保护始于新中国第一部刑法典——1979年刑法典,之后随着对外开放的深入和我国市场经济的发展,知识产权刑法保护的需求日益增加,全国人民代表大会及其常务委员会(以下简称全国人大及其常委会)、最高人民法院、最高人民检察院分别通过单行刑法、附属刑法和司法解释的方式扩充了知识产权刑法保护的范围。

(一)1979年刑法典

1979年7月1日第五届全国人民代表大会第二次会议通过的《中华人民共和国刑法》(以下简称1979年刑法典)是新中国成立后的首部刑法典,该部刑法典在第127条规定了假冒注册商标罪,具体内容为:违反商标管理法规,工商企业假冒其他企业已经注册的商标的,对直接责任人员,处三年以下有期徒刑、拘役或者罚金。这也是新中国关于知识产权刑法保护的首次立法实践,与当时的经济环境相对应,该罪的内容规定的也较为简单:假冒注册商标罪主体仅限于"工商企业",客观表现限于"假冒其他企业已经注册的商标"。这一简单规定随后被全国人大、最高人民法院通过刑事单行法、刑事附属法、司法解释等方式进行了补充和完善。

（二）单行刑法

单行刑法①是立法机关仅就某一种或某几种犯罪及其刑事责任专门规定的刑事法律，是对现行刑法典的补充和修改。全国人大及其常委会作为我国的立法机关，在1979—1996年间通过多次单行刑法的方式扩充刑法对知识产权的保护范围。

1.《关于惩治假冒注册商标犯罪的补充规定》（1993年）

1993年2月22日第七届全国人民代表大会常务委员会第三十次会议通过的《全国人民代表大会常务委员会关于惩治假冒注册商标犯罪的补充规定》（以下简称《关于惩治假冒注册商标犯罪的补充规定》），这一规定在1979年刑法典规定的假冒注册商标罪的基础上扩大补充了以下内容：①扩大假冒注册商标罪的犯罪行为方式。将"销售假冒注册商标的商品""伪造、擅自制造他人注册商标标识或者销售伪造、擅自制造的注册商标标识"补充列入假冒注册商标罪的范畴。②提高假冒注册商标罪的法定刑幅度。在"三年以下有期徒刑、拘役或者罚金"的单一法定刑幅度的基础上增加一档"三年以上七年以下有期徒刑，并处罚金"，同时将罚金的适用方式由单处修改为"单处或并处"。③扩大了假冒注册商标罪的刑事责任主体。补充规定对实施假冒注册商标犯罪的企事业单位判处罚金，将承担刑事责任的主体由"直接责任人员"补充明确为"直接负责的主管人员和其他直接责任人员"。这一单行刑法是对附属刑法中1982年通过的《商标法》和1993年修改的《商标法》中有关假冒注册商标罪内容的进一步确认和完善。

2.《关于惩治侵犯著作权的犯罪的决定》（1994年）

1994年7月5日第八届全国人民代表大会常务委员会第八次会议通过《全国人民代表大会常务委员会关于惩治侵犯著作权的犯罪的决定》（以下简称《关于惩治侵犯著作权的犯罪的决定》），这是我国第一部专门对著作权进行刑法保护的单行刑事法律。该决定将严重侵犯著作权行为和严重销售侵权复制品的行为规定为犯罪，至此著作权在立法层面也纳入了刑法的保护范围。

（三）附属刑法

附属刑法②是指立法机关在民事、经济、行政等规定权利义务关系的非刑事法律、法规中附带规定的有关犯罪和刑事责任的条款。在1979年刑法典规定了

① 中国社会科学院法学研究所法律辞典编委会编：《法律辞典》，法律出版社，2003年，第200页。

② 中国社会科学院法学研究所法律辞典编委会编：《法律辞典》，法律出版社，2003年，第427页。

假冒注册商标犯罪后,立法机关在随后制定的知识产权法律中扩大了假冒注册商标罪的范围,增加了假冒专利罪。

1.《商标法(1982)》

1982 年 8 月 23 日第五届全国人民代表大会常务委员会第二十四次会议通过的《中华人民共和国商标法》(以下简称《商标法(1982)》)第四十条规定:"假冒他人注册商标,包括擅自制造或者销售他人注册商标标识的,除赔偿被侵权人的损失,可以并处罚款外,对直接责任人员由司法机关依法追究刑事责任。"这一规定在 1979 年刑法典规定的假冒注册商标犯罪的基础上,将"擅自制造或销售他人注册商标标识"的行为纳入假冒注册商标罪的范围,扩大了刑法对注册商标的保护范围。

2.《专利法(1984)》

1984 年 3 月 12 日第六届全国人民代表大会常务委员会第四次会议通过的《中华人民共和国专利法》(以下简称《专利法(1984)》) 第六十三条规定:"假冒他人专利的,依照本法第六十条的规定处理;情节严重的,对直接责任人员比照刑法第一百二十七条的规定追究刑事责任。"这一规定在 1979 年刑法典没有规定假冒专利犯罪的基础上,明确将假冒专利情节严重的行为比照假冒注册商标罪追究刑事责任,将专利纳入刑法的保护范围,是当 1979 年刑法没有规定罪刑法定原则情况下对假冒注册商标罪的类推适用。

3.《商标法(1993)》

1993 年 2 月 22 日第七届全国人民代表大会常务委员会第三十次会议《关于修改〈中华人民共和国商标法〉的决定》对《商标法(1982)》进行了修改,修改后的《商标法(1993)》第四十条将"假冒他人注册商标,伪造、擅自制造他人注册商标标识或者销售伪造、擅自制造的注册商标标识,销售明知是假冒注册商标的商品"列入假冒注册商标罪的范围,进一步扩大了刑法对注册商标的保护范围。

(四)司法解释①

司法解释是根据法律授权,由最高司法机关在司法工作中就如何具体应用法律问题所作出的具有普遍法律效力的阐释和说明②。1981 年 6 月 10 日第五届全国人民代表大会常务委员会第十九次会议通过的《全国人民代表大会常务委员会关于加强法律解释工作的决议》(以下简称《关于加强法律解释工作的决

---

① 本书从法律适用角度,将司法解释放入立法部分予以阐述。

② 胡伟新、吴光侠、冯文生、袁春湘:《中国司法解释制度的发展与完善》,载《法律适用》,2014 第 12 期,第 29–33 页。

议》)中第二条规定:"凡属于法院审判工作中具体应用法律、法令的问题,由最高人民法院进行解释。凡属于检察院检察工作中具体应用法律、法令的问题,由最高人民检察院进行解释。"这一规定授权我国最高司法机关——最高人民法院和最高人民检察院在司法实践中解释法律的权力,奠定了我国司法解释的体系。1979 年刑法典规定了假冒注册商标罪后,最高人民法院和最高人民检察院在司法实践中针对侵犯知识产权的犯罪也通过相关司法解释进行了补充和完善。

1.《最高人民法院关于开展专利审判工作的几个问题的通知》(1985 年)

1985 年 2 月 16 日,《最高人民法院关于开展专利审判工作的几个问题的通知》中对专利犯罪的审判工作进行了规定:"假冒他人专利,情节严重的,对直接责任人员比照刑法第一百二十七条的规定,以假冒他人专利罪处罚;违反专利法第二十条规定,擅自向外国申请专利,泄露国家重要机密,情节严重的,依照刑法第一百八十六条的规定,以泄露国家重要机密罪处罚;专利局工作人员及有关国家工作人员徇私舞弊,情节严重构成犯罪的,比照刑法第一百八十八条的规定,以徇私枉法罪处罚。"这一司法解释明确了《专利法(1984)》中规定的涉及专利犯罪的罪名,为涉专利犯罪的司法审判处理提供了指导。

2. 个人非法制造、销售他人注册商标标识的相关司法解释

1985 年 5 月 9 日,《最高人民法院关于个人非法制造、销售他人注册商标标识而构成犯罪的应按假冒商标罪惩处的批复》中明确规定:"无论是企业、事业单位或者个体工商业者,假冒他人注册商标,包括非法制造或者销售他人注册商标标识的,均构成对商标专用权的侵犯。对实施上述行为,构成犯罪的,可以直接依照刑法第一百二十七条定罪判刑。"这一司法解释将 1979 年刑法中假冒注册商标罪的主体扩大到事业单位和个体工商业者。

1985 年 10 月 5 日,《最高人民检察院关于个人非法制造、销售他人注册商标标识而构成犯罪的能否按假冒商标罪惩处的批复》中明确规定:"没有营业执照的个人非法制造、销售他人注册商标标识,构成犯罪的,按投机倒把罪追究刑事责任。"此批复中将不具有营业执照的个人未纳入假冒注册商标罪的主体范围。

1988 年 2 月 26 日最高人民法院在《关于假冒商标案件两个问题的批复》中明确规定:"对于没有营业执照的个人违反商标法规,假冒他人注册商标,包括非法制造或者销售他人注册商标标识,构成犯罪的,今后也应按假冒商标罪论处。"至此,假冒注册商标罪的主体包括了个人、个体工商户、企业、事业单位,形成了较为全面的整体覆盖范围。

3. 适用《关于惩治侵犯著作权的犯罪的决定》的司法解释(1995 年)

1995 年 1 月 16 日,《最高人民法院关于适用〈全国人民代表大会常务委员会关于惩治侵犯著作权的犯罪的决定〉若干问题的解释》是为了正确适用《关于惩治侵犯著作权的犯罪的决定》而专门制定的司法解释,该司法解释进一步明确了侵犯著作权罪和销售侵权复制品罪成立的法定条件和加重刑的适用条件,明确了二罪竞合时的处理原则,为司法实践中准确认定和处理著作权犯罪提供了明确的依据。

1979—1996 年,是我国知识产权刑法保护立法实践的初始阶段,在这一阶段也是我国改革开放,市场经济和法治建设的初步发展阶段,与这一国情相适应,这一时期的知识产权刑法保护立法实践也呈现出如下独特的特点:①立法形式多样化。这一时期规定知识产权犯罪的法律文件形式多样化,不仅有刑法典,同时有单行刑法、附属刑法和司法解释。②司法权对立法权的补充。这一时期"罪刑法定原则"尚未明确列入刑法典,立法实践中也尚未明确区分立法权限,因此有关知识产权犯罪的司法解释将假冒注册商标罪的主体从"工商企业"扩大到"个人、个体工商户、企业、事业单位",涵盖了当时的全部市场主体范围,扩大了知识产权犯罪的主体范围,实际扩大了刑事立法对知识产权的保护范围,是司法权对立法权的补充,超越了司法解释"在司法实践中解释法律的权力"。

二、我国知识产权刑法保护立法实践的建设阶段(1997—2022)

这一阶段,1997 年刑法典是我国知识产权刑法保护立法实践的主体,在此基础上立法机关在 2020 年 12 月颁布的《刑法修正案(十一)》中也重点涉及了知识产权犯罪的修改和补充。此外,截至 2023 年 9 月,最高司法机关围绕着1997 年刑法典有关知识产权犯罪的规定也出台了一系列司法解释,细化明确知识产权犯罪的成立标准,为知识产权刑法保护的司法实践提供操作依据,是这一阶段知识产权刑法保护立法实践的重要组成部分。

(一)1997 年刑法典

1997 年 3 月 14 日第八届全国人民代表大会第五次会议修订通过了《中华人民共和国刑法》(以下简称 1997 年刑法典),该法典是在我国改革开放近二十年的背景下制定的,是在 1979 年刑法典的基础上,对照我国经济社会的发展情况,吸收各种单行刑法、附属刑法、司法解释,参照相关的国际条约制定的。法典共分为 10 章,共计 452 条,确立了我国刑事法律的框架。

1997 年刑法典在第 3 章"破坏社会主义市场经济秩序罪"中单独列第 7 节"侵犯知识产权罪",全面、系统地规定了侵犯商标犯罪、侵犯专利犯罪、侵犯著作权犯罪、侵犯商业秘密犯罪,将之前有关知识产权犯罪的单行刑法、附属刑法、司法解释均予以吸收,增加了侵犯商业秘密犯罪的规定,形成了较为完备的知识产权刑法保护立法体系,是知识产权刑法保护立法进程的一大进步。

（二）《刑法修正案（十一）》

2020 年 12 月 26 日第十三届全国人民代表大会常务委员会第二十四次会议通过的《刑法修正案（十一）》是 1997 年刑法典之后对知识产权犯罪的首次立法修订。《刑法修正案（十一）》共计 48 条,其中第 17—24 条共计 8 个条文涉及知识产权犯罪,对假冒注册商标罪,销售假冒注册商标的商品罪,非法制造、销售非法制造的注册商标标识罪,侵犯著作权罪,销售侵权复制品罪和侵犯商业秘密罪作了修改,增加了为境外窃取、刺探、收买、非法提供商业秘密罪,是《刑法修正案（十一）》的主要内容之一,也是本次修正案的一大亮点,"体现了对科技创新主体合法权益的刑法保护"①。本次刑法修正案对知识产权犯罪的修改也是为了更好对接近年来不断修改完善的《中华人民共和国著作权法》（以下简称《著作权法》）、《中华人民共和国商标法》（以下简称《商标法》）、《中华人民共和国专利法》（以下简称《专利法》）、《中华人民共和国反不正当竞争法》（以下简称《反不正当竞争法》）等知识产权法律制度②,更好地发挥刑法对知识产权的保护作用。本次刑法修正案对知识产权犯罪的修订可以概括为两大方面,即扩大刑法对知识产权的保护范围,加大刑法对侵犯知识产权犯罪的惩治力度。

1. 扩大刑法对知识产权的保护范围

《刑法修正案（十一）》扩大刑法对知识产权保护范围主要通过扩大犯罪对象、增加行为方式、降低犯罪成立标准、增加新罪名的方式实现,这些修改回应了理论界长期以来提出的知识产权刑法保护中门槛过高、调整范围过窄等问题③,"弥补了立法漏洞,对实践问题作出了针对性调整"④,适应了我国知识产权发展的刑法保护需要。

---

① 胡云腾、徐文文:《〈刑法修正案（十一）〉若干问题解读》,载《法治研究》,2021 年第 2 期第 55—65 页。

② 周光权:《刑事立法进展与司法展望——〈刑法修正案（十一）〉总置评》,载《法学》,2021 年第 1 期,第 18—35 页。

③ 杨辉忠:《我国知识产权刑事立法之检讨》,载《政治与法律》,2008 年第 7 期,第 27—30 页。

④ 李芳芳:《网络著作权犯罪刑罚威慑效能实证研究——以〈刑法修正案（十一）〉对侵犯著作权罪的修改为背景》,载《山东大学学报（哲学社会科学版）》,2021 第 3 期,第 64—71 页。

2.扩大知识产权犯罪对象

《刑法修正案(十一)》第17条将服务商标纳入假冒注册商标罪的保护范围,规定"未经注册商标所有人许可,在同一种商品、服务上使用与其注册商标相同的商标",情节严重的成立假冒注册商标罪,将假冒注册商标罪的保护对象从商品商标延伸到服务商标。

《刑法修正案(十一)》第20条对侵犯著作权犯罪的犯罪对象也进行了相应的扩大,这种扩大表现为:一方面将侵犯著作权罪的对象从"著作权"扩大为"著作权或者与著作权有关的权利";另一方面将作品的范围从原来的"文字作品、音乐、电影、电视、录像作品、计算机软件及其他作品的"修改为"文字作品、音乐、美术、视听作品、计算机软件及法律、行政法规规定的其他作品的",保持了刑法中作品范围与2020年修订的《中华人民共和国著作权法》(以下简称《著作权法(2020)》)的一致和对接。《刑法修正案(十一)》第22条对侵犯商业秘密罪的修改删除了1997年刑法典中对"商业秘密"的界定,因此在刑事司法实践中认定"商业秘密",需要援引前置法的规定。2019年4月23日第十三届全国人民代表大会常务委员会第十次会议通过了《关于修改〈中华人民共和国建筑法〉等八部法律的决定》,修改后的《反不正当竞争法(2019)》中将商业秘密界定为:"本法所称的商业秘密,是指不为公众所知悉、具有商业价值并经权利人采取相应保密措施的技术信息、经营信息等商业信息。"对比之前刑法中规定的商业秘密的定义——"本条所称商业秘密,是指不为公众所知悉,能为权利人带来经济利益,具有实用性并经权利人采取保密措施的技术信息和经营信息",对商业秘密的界定上将"能为权利人带来经济利益,具有实用性"修改为"具有商业价值","经权利人采取保密措施"修改为"经权利人采取相应保密措施","技术信息和经营信息"修改为"技术信息、经营信息等商业信息"。商业秘密的界定不再局限于"带来经济利益,具有实用性",而是广泛的具有"商业价值"即可;对权利人商业秘密的保密措施限定为"采取相应的保密措施"即可,减轻了权利人证明保密措施的责任;将商业秘密的本质界定为"技术信息、经营信息等商业信息",采用兜底性的"商业信息"规定,扩大了商业秘密的范畴,也为以后商业秘密的发展认定预留了空间。上述修改都间接扩大了侵犯商业秘密罪的成立范围。

3.扩大知识产权犯罪的行为方式

网络社会的发展,使得通过网络行为侵犯知识产权的行为也日益增多,《刑法修正案(十一)》第20条将"通过信息网络传播"作为侵犯著作权犯罪的行为方式之一;同时也将"故意避开或者破坏权利人为其作品、录音录像制品等采取的保护著作权或者与著作权有关的权利的技术措施的"增列为侵犯著作权罪的行为方式。

《刑法修正案(十一)》第 22 条扩大了侵犯商业秘密罪的行为方式,在行为类型中将利诱改为贿赂;增加了欺诈、电子侵入的行为方式;同时用"违反保密义务"替换原先的"违反约定","保密义务"既包括约定的保密义务也包括法定或根据诚实信用原则产生的保密义务,扩大了刑法对商业秘密侵权行为的调整范围,保证了在商业秘密权利人与侵权人之间不存在约定,但侵权人负有保密义务时仍应承担相应的侵权刑事责任。

4. 增加知识产权犯罪的成立标准

《刑法修正案(十一)》第 18 条将销售假冒注册商标商品罪的成立标准由"销售金额数额较大"修改为"违法所得数额较大或者有其他严重情节的",加重法定刑部分也进行了相应的修改,即将本罪成立的标准由单纯的销售金额数额犯修改为违法所得数额犯和情节犯。

《刑法修正案(十一)》第 21 条将销售侵权复制品罪的成立标准由"违法所得数额巨大"修改为"违法所得数额巨大或者有其他严重情节",同样将该罪的成立标准由单一的违法所得数额犯扩充为违法所得数额犯和情节犯。

《刑法修正案(十一)》第 22 条在侵犯商业秘密罪的成立标准上进行了修改,将原刑法第 219 条侵犯商业秘密罪中的"给商业秘密的权利人造成重大损失的""造成特别严重后果的"基本刑和加重刑的适用条件修改为"情节严重的""情节特别严重的",使侵犯商业秘密罪这一结果犯降格为情节犯,侵犯商业秘密罪的成立标准不再仅限于给商业秘密权利人造成重大损失,也包括了其他多种非财产的损失,扩大了犯罪成立的范围。

《刑法修正案(十一)》对上述犯罪成立标准的修改在总体上呈现出由单一的"结果犯"扩大为"数额犯+情节犯",这种修改在实质上降低了上述侵犯知识产权犯罪成立的证明难度,增加了成立知识产权犯罪的判断标准,扩大了刑法对知识产权的保护范围。同时,这种修改也使得"第七节侵犯知识产权犯罪的门槛都有关于情节的规定,罪名之间定罪量刑标准更为衔接和平衡"①。

5. 增加知识产权犯罪新罪名

《刑法修正案(十一)》第 23 条在刑法典第 219 条后增加一条,作为第 219 条之一:"为境外的机构、组织、人员窃取、刺探、收买、非法提供商业秘密的,处五年以下有期徒刑,并处或者单处罚金;情节严重的,处五年以上有期徒刑,并处

---

① 张义健:《〈刑法修正案(十一)〉的主要规定及对刑事立法的发展》,载《中国法律评论》,2021 年第 1 期,第 50–59 页。

罚金。"这一补充规定在 2021 年 2 月 26 日公布,2021 年 3 月 1 日起施行的《最高人民法院、最高人民检察院关于执行〈中华人民共和国刑法〉确定罪名的补充规定(七)》中被确定的罪名是"为境外窃取、刺探、收买、非法提供商业秘密罪"。该罪基本刑为"五年以下有期徒刑,并处或单处罚金",加重法定刑为"五年以上有期徒刑,并处罚金",两档刑期的最高刑均高于侵犯商业秘密罪。本次增加该罪名有助于"对传统侵犯商业秘密行为与为境外的机构、组织、人员侵犯商业秘密行为进行区分,弥补了我国刑法对为境外利益而侵犯商业秘密犯罪行为打击不足的缺憾。同时,通过对为境外窃取、刺探、收买、非法提供商业秘密罪设置较侵犯商业秘密罪更重的法定刑,实现对社会危害性严重程度不同的侵犯商业秘密行为进行有层次的惩治,凸显了我国刑法对国际商业间谍行为的严厉打击"①。

6. 加大对知识产权犯罪的惩治力度

《刑法修正案(十一)》涉及知识产权犯罪修改的另一大特点是整体提高了侵犯知识产权犯罪的法定刑幅度。这种提高一方面表现为将除假冒专利罪以外的其他侵犯知识产权犯罪的法定最低刑的刑种统一提高为有期徒刑,删除了"侵犯注册商标罪""销售假冒注册商标商品罪""侵犯著作权罪""销售侵权复制品罪""侵犯商业秘密罪"法定刑中的拘役刑种,删除了伪造、擅自制造他人注册商标标识或者销售伪造、擅自制造的注册商标标识罪法定刑中的拘役或管制;另一方面表现为提高了法定刑最高刑,将"假冒注册商标罪""销售假冒注册商标的商品罪""伪造、擅自制造他人注册商标标识或者销售伪造、擅自制造的注册商标标识罪""侵犯著作权罪""侵犯商业秘密罪"中的法定最高刑由七年有期徒刑提升到十年有期徒刑,将"销售侵权复制品罪"的法定最高刑由三年有期徒刑提高到五年有期徒刑,另外新增罪名"为窃取、刺探、收买、非法提供商业秘密罪"的加重法定刑幅度为"五年以上有期徒刑",成为侵犯知识产权犯罪一节中最高法定刑的罪名。

2019 年 11 月,中共中央办公厅、国务院办公厅出台的《关于强化知识产权保护的意见》进一步明确:"加强刑事司法保护,推进刑事法律和司法解释的修订完善。加大刑事打击力度,研究降低侵犯知识产权犯罪入罪标准,提高量刑处罚力度,修改罪状表述,推动解决涉案侵权物品处置等问题。"《刑法修正案(十一)》对侵犯知识产权犯罪一节的修改扩大了知识产权犯罪范围,降低知识产权

---

① 刘宪权、陆一敏:《〈刑法修正案(十一)〉的解读与反思》,载《苏州大学学报(哲学社会科学版)》,2021 年第 1 期,第 32—41 页。

犯罪门槛,加重知识产权犯罪法定刑,贯彻了上述意见精神,回应了理论和实务界长期以来对完善知识产权刑法立法的呼吁,"既是全面保护知识产权理念在刑法上的具体落实和体现,也是全面保护知识产权理念的进一步发展和升级。加大了知识产权刑法保护力度,符合加强知识产权保护,建设知识产权强国的社会发展需求"①。

(三)1997—2022 年的知识产权刑事司法解释

1.《侵犯知识产权罪司法解释(一)》(法释〔2004〕19 号)

1997 年刑法典对知识产权犯罪成立的规定是"数额犯+情节犯"模式,这一模式在司法实践中不具有可操作性,为更好适用知识产权犯罪规定,2004 年 11 月最高人民法院、最高人民检察院联合颁布的《关于侵犯知识产权刑事案件具体应用法律若干问题的解释》(法释〔2004〕19 号)(以下简称"《侵犯知识产权罪司法解释(一)》")。这是 1997 年刑法典颁布后关于知识产权犯罪的第一个司法解释,共 17 条,主要涉及以下内容:①明确了各侵犯知识产权犯罪中"情节严重""情节特别严重""数额较大""数额巨大"等具体定罪量刑标准;②解释了假冒注册商标罪中"相同的商标""销售金额""非法经营数额",列举了销售假冒注册商标商品罪中"明知"的表现,列举了假冒专利罪中"假冒他人专利"的表现;③规定了同时实施数个侵犯知识产权犯罪行为的处理原则——同时实施制作与销售同一侵权产品的按照一罪处理,制作与销售不同侵权产品的按照数罪并罚处理;④规定单位侵权知识产权犯罪的定罪量刑标准是个人犯罪的三倍;⑤规定了侵犯知识产权犯罪的共犯表现——明知是侵犯知识产权犯罪行为而提供资金、场所、运输、存储等帮助行为的,视为侵犯知识产权犯罪的共犯。这一司法解释的出台完善了刑法典中知识产权犯罪的规定,初步为司法实践中知识产权犯罪的定罪量刑提供了较为明确的依据。

2.《侵犯知识产权罪司法解释(二)》(法释〔2007〕6 号)

2007 年 4 月,最高人民法院和最高人民检察院联合颁布《关于办理侵犯知识产权刑事案件具体应用法律若干问题的解释(二)》(法释〔2007〕6 号)(以下简称"《侵犯知识产权罪司法解释(二)》"),该解释共计 7 条,主要内容有:①降低侵犯著作权罪的定罪量刑标准。将《侵犯知识产权罪解释(一)》中该罪"其他严重情节"的侵权复制品数量合计在"1000 张(份)以上"降到"500 张(份)以上",将"其他特别严重情节"的侵权复制品数量合计在"5000 张(份)以上"降到

---

① 刘湘廉:《我国知识产权刑法的最新修正及其适用》,载《重庆大学学报(社会科学版)》,2022 年第 2 期,第 1—15 页。

"2500 张（份）以上"，大大降低了侵犯著作权罪的成立标准和加重刑适用标准。②规定了侵犯知识产权犯罪中不适用"缓刑"的情形。规定"因侵犯知识产权被刑事处罚或者行政处罚后，再次侵犯知识产权构成犯罪的""不具有悔罪表现的""拒不交出违法所得的"以及与上述情形相类似的情况不得适用缓刑。③明确了侵犯知识产权犯罪中罚金刑的适用。罚金数额一般在违法所得的一倍以上五倍以下，或者按照非法经营数额的 50% 以上一倍以下确定。

相比《侵犯知识产权罪司法解释（一）》，《侵犯知识产权罪司法解释（二）》明显降低了侵犯著作权的定罪量刑标准，更侧重于侵犯知识产权犯罪的刑罚适用完善，特别是明确了罚金刑的适用标准，进一步加大了刑法对知识产权犯罪的打击力度，完善了刑罚对知识产权犯罪的惩罚作用。

3.《侵犯知识产权刑事案件法律意见》（法发〔2011〕3 号）

2011 年 1 月，最高人民法院、最高人民检察院和公安部联合颁布了《关于办理侵犯知识产权刑事案件适用法律若干问题的意见》（法发〔2011〕3 号）（以下简称"《侵犯知识产权刑事案件法律意见》"）。该意见从司法解释的严格定义上来讲，并非属于司法解释，但因其发文单位中有我国最高司法机关、检察机关，在司法实践中具有较大的影响力，按照司法解释介绍。该意见共计 16 条，主要内容有三大部分：第一部分主要是知识产权犯罪案件侦查阶段的相关解释。涉及公安机关在知识产权犯罪案件中的管辖权、知识产权行政执法中的证据在刑事程序中的使用、公安机关办理知识产权犯罪案件的抽样取证及委托鉴定程序、知识产权自诉案件的调查取证问题。第二部分是知识产权犯罪中个罪定罪量刑常见问题的解释。涉及对假冒注册商标罪中"同一种商品""与其注册商标相同的商标"的解释，涉及假冒注册商标罪、销售假冒注册商标的商品罪、销售他人非法制造的注册商标标识罪中非既遂情况下的定罪量刑标准确定，涉及侵权著作权罪中的"以营利为目的""未经著作权人许可""发行"的界定，涉及通过信息网络传播侵权作品行为的定罪处罚标准问题。第三部分是定罪量刑中共性的几个问题的解释。涉及多次实施侵犯知识产权行为累计计算的原则并明确刑事追诉时效为依据；为他人实施侵犯知识产权犯罪提供原材料、机械设备等构成知识产权犯罪共犯的范围界定；明确侵犯知识产权犯罪同时构成生产、销售伪劣商品犯罪竞合时的从重处罚原则。

相比于 2004 年和 2007 年知识产权犯罪司法解释，《侵犯知识产权刑事案件法律意见》具有以下特征：①发布主体和内容有所不同。从发布机关上来看，增加了公安部这一最高公安机关；内容上将属于刑事诉讼程序中的知识产权犯罪案件管辖权、行政执法证据与刑事诉讼证据的对接、公安机关在知识产权犯罪案件中的证据鉴定程序等纳入解释范围，扩充了以往仅限于定罪量刑内容的司法解释范围。②属于对知识产权犯罪案件司法实践中常见问题的深入解释。之前的有关知识产权犯罪定罪量刑的标准解释仅限于犯罪既遂状态,而本意见进一步明确了司法实践中有关知识产权犯罪非既遂状态下的定罪量刑标准。③积极对接著作权法的修改,明确"发行""未经著作权人同意"等概念,将网络传播权纳入刑法保护范围。

4.《侵犯知识产权犯罪司法解释(三)》(法释〔2020〕10 号)

2020 年 9 月最高人民法院、最高人民检察院联合颁布了《关于办理侵犯知识产权刑事案件具体应用法律若干问题的司法解释》(法释〔2020〕10 号)(以下简称《侵犯知识产权犯罪司法解释(三)》)。该解释共计 12 条,"主要规定了三方面的内容:一是规定了侵犯商业秘密罪的定罪量刑标准,根据不同行为的社会危害程度,规定不同的损失计算方式,以统一法律适用标准;二是进一步明确假冒注册商标罪'相同商标'、侵犯著作权罪'未经著作权人许可'、侵犯商业秘密罪'不正当手段'等的具体认定,以统一司法实践认识;三是明确侵犯知识产权犯罪刑罚适用及宽严相济刑事政策把握等问题,规定从重处罚、适用缓刑以及从轻处罚的情形,进一步规范量刑标准"①。《侵犯知识产权犯罪司法解释(三)》相比之前的知识产权犯罪司法解释,具有以下亮点:

(1)侧重细化完善侵犯商业秘密罪的定罪量刑标准。一是充分对接《反不正当竞争法》的修改,扩充侵犯商业秘密罪的行为手段,将"采取非法复制、未经授权或者超越授权使用计算机信息系统等方式窃取商业秘密的"作为盗窃商业秘密的表现,将"贿赂、欺诈、电子侵入等方式"纳入"其他不正当手段"范畴,适应了网络社会的发展,回应了社会大众对商业秘密保护的需求;二是降低并扩大侵犯商业秘密罪的成立标准,将"给商业秘密的权利人造成损失数额在 50 万元以上的"的定罪标准修改为"给商业秘密的权利人造成损失数额或者因侵犯商业秘密违法所得数额在 30 万元以上的",加重刑适用标准由"给商业秘密的权利人造成损失数额在 250 万元以上的"修改为"给商业秘密的权利人造成损失数额或者因侵犯商业秘密违法所得数额在 150 万元以上的",数额标准降低了40%,同时判断数额标准由单一的"给商业秘密权利人造成损失"扩充为"给商业秘密权利人造成损失或因侵犯商业秘密的违法所得",将"直接导致商业秘密的权利人因重大经营困难而破产、倒闭的"作为重大损失的一种。上述数额的

---

① "两高"相关部门负责人就《最高人民法院、最高人民检察院关于办理侵犯知识产权刑事案件具体应用法律若干问题的解释(三)》答记者问,最高人民检察院网上发布厅https://www.spp.gov.cn/spp/xwfbh/wsfbt/202009/t20200913_479686.shtml#3(2021-09-28 最后访问)。

降低和损失界定方式的扩大降低了侵犯商业秘密罪的成立标准,有利于加大打击侵犯商业秘密犯罪;三是对不同侵犯商业秘密的行为规定了不同的计算重大损失的方式,充分体现罪责刑相适应原则。

(2)扩大"酌情从重处罚,不适用缓刑"和"酌情从轻处罚"的情形。一是根据我国近年来的自然灾害、疫情等公共安全事件中的实践经验,将"在重大自然灾害、事故灾难、公共卫生事件期间,假冒抢险救灾、防疫物资等商品的注册商标的"的行为增加列入酌情从重处罚和不适用缓刑的情形;二是将侵犯商业秘密罪中"以不正当手段获取权利人的商业秘密后尚未披露、使用或者允许他人使用的"的情形增加列入酌情从轻处罚的情形,更进一步贯彻宽严相济的刑事政策。

(3)增加罚金规定。罚金作为侵犯知识产权犯罪中的刑罚种类,在之前的司法解释中仅规定了倍数罚金或比例罚金,忽略了无法查清"违法所得数额"和"非法经营数额"情况下罚金的适用规则,本次解释明确规定了在无法适用倍数罚金或比例罚金的情况下,侵犯知识产权犯罪的罚金适用数额范围,有利于罚金刑在知识产权犯罪中更好发挥作用。

第二节 我国知识产权刑法保护之立法模式与罪名体系

一、我国知识产权刑法保护的立法模式

从世界范围内看,知识产权刑法保护立法模式有集中型立法、分散型立法和结合型立法三种模式①。集中型立法是指仅在刑法典中规定知识产权犯罪与刑罚,如俄罗斯刑法②和我国 1997 年刑法;分散型立法是指在刑法典以外的单行刑法、附属刑法中规定知识产权犯罪与刑罚,英国、美国、德国、日本均采用该种

---

① 有学者将刑法典、单行刑法、附属刑法分别予以组合形成 5 种立法模式。笔者认为该种分类没有超出三种立法模式的范畴,且概括性稍弱,故不予采纳。参见刘宪权:《论知识产权的刑法保护》,载《知识产权法研究》,2004 年第 1 期,第 12~24 页。

② 刘洪岩:《中俄科技合作中的知识产权法律保障问题研究》,黑龙江大学出版社,2011年,第 211 页。

立法模式①;结合型立法是指除在刑法典中规定知识产权犯罪与刑罚外,在单行刑法、附属刑法中也可规定知识产权犯罪与刑罚,如法国②。

(一)对我国现行知识产权刑法立法模式的批判

从我国知识产权刑法保护立法的两个发展阶段中可以看出,我国知识产权刑法保护立法模式也经历了两种形式:自 1979 年刑法颁布后至 1997 年刑法颁布前采用结合型立法模式;1997 年刑法颁布后采用集中型立法模式,通过刑法修正案的方式更新知识产权犯罪与刑罚内容。我国自 1997 年刑法典颁布后,仅在 2020 年通过《刑法修正案(十一)》修改更新了知识产权犯罪与刑罚。理论界对我国知识产权刑法保护采用集中型立法模式多有批评,认为集中型立法模式难以兼顾刑法典的稳定性与知识产权快速发展的社会现实,且多建议采用刑法典与附属刑法并行的结合型立法模式③。另有学者主张知识产权刑法立法采用分散型立法模式,如李希慧、黄洪波认为"分散型立法模式应当是我国大陆知识产权刑法保护立法模式的未来选择"④;穆伯祥认为设置知识产权单行刑法可以解决刑法典的稳定性与知识产权快速发展的矛盾。⑤

在社会发展日新月异的大背景下,集中型知识产权刑法立法模式存在问题并不具有典型性,是我国刑事立法模式中的普遍性问题。多位学者对我国目前的集中型刑法立法模式提出意见,并建议建立刑法典、单行刑法、附属刑法并存的结合型立法模式,如张明楷认为"集中性、统一性的刑事立法模式并不现实,应当由刑法典、单行刑法、附属刑法、轻犯罪法分别规定不同性质的犯罪"⑥;黄京平、彭辅顺认为刑法修正案具有功能上的局限性,不能成为修正刑法的唯一模式,"有时仍然需要通过颁布单行刑法乃至于全面修订刑法典来弥补"⑦;童德

---

① 郑旭江:《论经济违法犯罪法律责任立法一体化》,博士学位论文,华东政法大学,2016 年第 95-98、104-106 页。

② 徐岱、谢忠峰:《知识产权犯罪刑事立法的域外经验与我国的路径选择》,载《山东社会科学》,2014 年第 5 期,第 105-109 页。

③ 田宏杰:《论我国知识产权的刑事法律保护》,载《中国法学》,2003 年第 3 期,第 143-154 页。刘科:《中国知识产权刑法立法模式的转变探讨》,载《刑法论丛》,2008 年第 2 期,第 290-304 页。何立荣:《中国刑法发展辩证研究》,中国政法大学出版社,2013 年,第 315 页。

④ 李希慧、黄洪波:《我国知识产权刑法保护立法模式的选择》,载《国家检察官学院学报》,2010 年第 6 期,第 84-89 页。

⑤ 穆伯祥:《知识产权刑法保护要论》,知识产权出版社,2016 年,第 232 页。

⑥ 张明楷:《刑事立法的发展方向》,载《中国法学》,2006 年第 4 期,第 18-37 页。

⑦ 黄京平、彭辅顺:《刑法修正案的若干思考》,载《政法论丛》,2004 年第 3 期,第 40-55 页。柳忠卫:《刑法立法模式的刑事政策考察》,载《现代法学》,2010 年第 3 期,第 48-55 页。

华认为"多样化应当成为未来刑法立法模式的选择,它要求以刑法典为中心,协调发展单行刑法和附属刑法"[1];等等。上述观点集中在刑法典与刑法修正案不能满足社会发展变化需要,因此需要多种刑法立法形式并存来解决这一问题。

(二)我国知识产权刑法集中式立法模式的合理性

笔者认为,我国现行的集中型立法模式无须改变。从刑法立法模式的整体考察来看,法律作为调整社会关系的行为规范,属于上层建筑范畴,其必然要适应社会发展变化而修改,法律的稳定性是相对的,适应性是绝对的,法律的适应性是法律生命力的源泉。[2] 我国刑法立法形式中的刑法典、刑法修正案、单行刑法、附属刑法从法律的性质上来看,均属于全国人大及其常委会制定的法律,制定程序、法律效力一致,因此采用何种立法形式来实现刑法的适应性不具有本质上的区别,也不具有孰优孰劣的区别,从根本上来讲是法律文化和法律习惯的需求。

从刑法典的稳定性与适应性角度分析,知识产权刑法立法的集中型立法模式无须改变。主张采用分散型或结合型知识产权刑法立法模式的学者认为,通过刑法修正案方式更新知识产权犯罪破坏了刑法典的稳定性,刑法典的稳定性需求来源于刑法典的权威性和可预期性。笔者认为,刑法典的权威性不仅来源于稳定性,更来源于灵活性。法律的生命力在于指导规范社会生活,过分强调刑法典的稳定性,不及时更新与社会生活相适应的刑法规范,会导致刑法典逐渐脱离社会生活进而丧失对社会生活的指导规范作用,成为一部形式上的法典,权威性便无从存在。刑法典的可预期性来源于罪刑法定原则,其目的是防止以事后刑法规范对社会公众进行刑事处罚,损害社会公众的合法权益。在知识产权快速发展的大背景下,侵犯知识产权的行为方式、行为对象、危害结果的表现形式等都发生了较大的变化,更新知识产权犯罪是必然的,无论采用何种法律形式来更新知识产权犯罪与刑罚都会产生公众对更新后知识产权犯罪的重新适应,不存在采用刑法修正案方式比其他法律形式更破坏刑法典可预期性进而破坏刑法典稳定性的可能性。

综上来看,知识产权犯罪的更新形式是知识产权刑法立法模式选择的关键所在,但各种更新形式之间并不存在孰优孰劣,刑法典的稳定性是相对的,适应性才是绝对的,它是刑法典生命力的来源,我国采用集中型知识产权刑法立法模

---

① 童德华:《当代中国刑法法典化批判》,载《法学评论》,2017 年第 4 期,第 78-87 页。

② 周少华:《适应性:变动社会中的法律命题》,载《法制与社会发展》,2010 年第 6 期,第 105-117 页。

式符合我国的法律文化和习惯,有助于公众形成统一、完整的犯罪体系认知,提升社会整体法治水平。

二、知识产权犯罪罪名体系的展望

罪名体系是知识产权刑法保护立法的核心内容。合理的知识产权犯罪罪名体系能够有效地打击、预防严重的知识产权侵权行为,充分发挥刑法对知识产权的保护作用,过大或过小的知识产权罪名体系则可能造成刑法对知识产权的过度干预或保护不到位。因此对我国知识产权犯罪罪名体系的研究对于完善知识产权刑法保护是十分必要的。

知识产权刑法保护通过将特定侵犯知识产权的行为规定为犯罪并予以刑罚处罚的方式来实现,知识产权犯罪的罪名体系直接划定了我国知识产权刑法的保护范围。我国知识产权犯罪有广义和狭义之分。广义的知识产权犯罪既包括刑法在第三章第七节专门规定的侵犯知识产权犯罪[1],也包括其他涉及知识产权的犯罪,如生产、销售假冒伪劣商品罪、非法经营罪[2]等。狭义的知识产权犯罪仅指我国刑法专门章节规定的侵犯知识产权犯罪。[3] 本书研究的知识产权犯罪是狭义的知识产权犯罪。

我国刑法在第三章第七节规定的侵犯知识产权犯罪的 8 个罪名涉及对注册商标、专利权、著作权、商业秘密的保护,基本覆盖了知识产权的主要保护类别。但与我国知识产权民法、行政法保护相比,刑法保护的知识产权种类、对象、权利种类等都明显小于民法、行政法。

(一)理论界对知识产权犯罪罪名体系的观点

在《刑法修正案(十一)》颁布前,理论界普遍认为知识产权刑法保护的范围

---

① 具体罪名有假冒注册商标罪,销售假冒注册商标的商品罪,非法制造、销售非法制造的注册商标标识罪,假冒专利罪,侵犯著作权罪,销售侵权复制品罪,侵犯商业秘密罪,为境外窃取、刺探、收买、非法提供商业秘密罪。

② 根据 2004—2008 年国家知识产权局当年发布的《中国知识产权保护状况》,2009—2016 年最高人民法院当年发布的《中国法院知识产权司法保护状况》,我国 2004—2016 年间涉知识产权犯罪案件总数中,涉知识产权的生产、销售伪劣商品罪和非法经营罪的案件合计数量占 56.34%。从 2017 年开始,两份报告中均无涉知识产权的生产、销售伪劣商品罪和非法经营罪的案件数量统计,仅有侵犯知识产权犯罪案件数据统计。

③ 目前刑法第三章第七节规定的侵犯知识产权犯罪有 8 个罪名。

过窄,犯罪成立门槛过高,刑罚力度不够。① 如有学者认为数字时代知识产权侵权行为表现更为多样化,"在未来的刑事立法上,应将新的侵害行为和种类包括到法律条文或司法解释中;在司法上,可采用刑民实质融合的审判模式,并应合理认定网络服务提供者的责任,从客观结果精准量化的认定路径转向综合后果考量的认定路径"②;有学者主张将反向假冒注册商标、在同一类商品上使用相似注册商标或在相似商品上使用相同或相似注册商标的商标侵权行为纳入刑法规制范围③;有学者主张将严重的专利侵权行为纳入刑法规制范围④。《刑法修正案(十一)》对侵犯知识产权犯罪的修改虽然扩大了刑法保护知识产权的范围,如将服务注册商标、著作权中的信息网络传播权、表演者的复制发行权、信息网络传播权等纳入刑法保护范围,将故意规避或破坏著作权保护技术措施等侵权行为纳入刑法规制范围,扩大非法获取商业秘密的行为手段的范围,使其与《反不正当竞争法》保持一致,增加为境外刺探、窃取、收买、非法提供商业秘密罪等,将犯罪成立标准由单一的数额犯修改为多元化的"情节犯+数额犯",整体提高侵犯知识产权犯罪的法定刑幅度,明显体现了"强化对知识产权保护的意旨"⑤。但对比修正案颁布之前理论界学者对知识产权刑法立法完善的期望,《刑法修正案(十一)》对侵犯知识产权犯罪的修改仍然是谨慎的、小幅度的修改,知识产权犯罪罪名体系是谨慎、有限的。

(二)我国现行知识产权犯罪罪名体系的合理性

我国目前已形成民法、行政法、刑法三法一体的知识产权制度体系和司法保护与行政执法并行的双轨制知识产权执法体系,近年来知识产权事业发展迅

---

① 韩轶、王鑫:《我国知识产权刑法保护的分析与立法完善》,载《政法论丛》,2007 年第 5 期,第 40-44 页。余高能:《对我国侵犯知识产权犯罪刑事立法系统性的考量》,载《知识产权》,2013 年第 12 期,第 61-65 页。

② 付晓雅:《数字时代知识产权刑法保护的挑战与回应》,载《当代法学》,2020 年第 2 期,第 67-74 页。

③ 雷山漫、林亚刚:《论知识产权刑法保护的基本原则》,载《法学杂志》,2013 年第 10 期,第 77-83 页。

④ 刘少谷:《刑法规制假冒专利行为的困境与对策》,载《中州学刊》,2019 年第 3 期,第 55-59 页。梅传强、盛浩:《〈专利法〉修正背景下专利犯罪的刑法规制调整》,载《重庆理工大学学报(社会科学)》,2020 年第 1 期,第 109-119 页。童德华、任静:《专利刑法保护的理念创新与立法完善》,载《电子知识产权》,2022 年第 3 期,第 52-64 页。

⑤ 黎宏:《〈刑法修正案(十一)〉若干要点解析——从预防刑法观的立场出发》,载《上海政法学院学报(法治论丛)》,2022 年第 2 期,第 1-25 页。

速,我国已成为名副其实的知识产权大国[①]:世界知识产权组织(WIPO)发布的
《2021 年全球创新指数》中,中国排名第 12 位,连续 9 年保持创新引领积极态
势;中国的国际专利申请量连续 3 年居全球第一位;中国欧盟商会《商业信心调
查 2021》中认为中国的知识产权执法力度足够或非常好的欧盟企业首次占到受
访企业的一半。这些发展成果充分说明了我国现有的知识产权保护制度适应并
推动了我国知识产权事业的快速发展。

从知识产权保护实践数据来看,随着经济发展和我国知识产权法律制度、执
法体系完善,社会主体知识产权保护意识增强,我国近年来的知识产权民事诉讼
案件数量剧增:2021 年全国地方法院共新收知识产权民事一审案件 550 263
件,是 2012 年的 87 419 件的 6 倍多。知识产权行政诉讼和刑事诉讼基本保持
稳定。[②] 与民事诉讼蓬勃发展相对应的是,行政执法的案件数量由 2012 年的 32
万余件减少到 2021 年的 6 万余件。我国知识产权司法保护在知识产权保护体
系中发挥着越来越重要的主导作用,"司法为主,行政为辅"的双轨制知识产权
保护体系已形成。知识产权保护社会满意度持续提高,2021 年满意度得分达到
80.61 分(百分制,不含港澳台地区),中国欧盟商会《商业信心调查 2021》显
示,中国的知识产权执法力度足够或非常好的欧盟企业首次占到受访企业的一
半,"中国知识产权制度走出了一条中国特色的现代化实践之路"[③]。

2021 年 3 月开始实施的《刑法修正案(十一)》对知识产权犯罪罪名体系进
行有限扩大范围、多样化犯罪成立标准、提高法定刑等修改,既是对我国长期以
来加强知识产权刑法保护需求的回应,同时也兼顾了我国加强知识产权民事诉
讼保护、知识产权行政执法与刑事司法并行的客观现实,秉持刑法谦抑性原
则,对实践中未形成一定规模的知识产权侵权行为不予规制,对新型知识产权客
体在立法上保持谨慎,在实践中可根据知识产权客体的多重性进行必要的保
护,如将数据作为商业秘密予以保护[④],将混合计算机软件的集成电路布图设计

---

① 吴汉东:《中国知识产权制度现代化的实践与发展》,载《中国法学》,2022 第 5 期,第
24-43 页。

② 数据来源于国家知识产权局发布的《2012 年中国知识产权保护状况》《2021 年中国
知识产权保护状况》,https://www.cnipa.gov.cn/col/col91/index.html(2022-09-29 访问)。
2012 年全国地方法院新收一审知识产权行政案件 2928 件,2021 年为 2852 件;2012 年全国地
方法院共审结侵犯知识产权侵权的刑事案件 7684 件,2021 年为 6046 件。

③ 吴汉东:《中国知识产权制度现代化的实践与发展》,载《中国法学》,2022 年第 5
期,第 24-43 页。

④ 余建华、江怡:《杭州一网络公司前高管侵犯商业秘密被判惩罚性赔偿》,载《人民法
院报》,2021-11-02(3)。

纳入著作权予以保护等。① 知识产权刑法保护的正当性来源于国际法义务、知识产权发展需求及民法、行政法不能实现保护效果三个方面②,而目前我国知识产权保护水平已达到甚至超过 TRIPS 协议规定的刑法保护水平,知识产权和科技创新蓬勃发展,知识产权民事诉讼在司法保护中发挥着基础主导作用,行政执法效率显著提高,知识产权犯罪罪名体系已满足知识产权发展的需要。

(三)我国知识产权犯罪罪名体系的展望

我国现有知识产权犯罪罪名体系的合理性并不否认知识产权犯罪罪名体系的发展。从社会危害性原则出发,展望我国知识产权犯罪罪名体系仍具有积极意义。

1. 侵犯注册商标类犯罪的罪名体系展望

从保护对象来看,证明商标、集体商标的总体数量少,侵犯此类注册商标的危害结果规模小,民法、行政法的规制已足以发挥作用,只有当集体注册商标和证明注册商标发展规模扩大,侵犯这两类注册商标的行为普遍性与侵犯商品、服务的注册商标的普遍性相当时才具有纳入此类犯罪保护对象的必要性,否则此两类注册商标的侵权行为的社会危害性达不到刑法调整的程度,暂时不具有刑法介入的必要性。未经注册的驰名商标在民法、行政法保护中需要先进行驰名商标的认定,且其规模也同样比较小③,我国知识产权刑事司法以追究刑事犯罪为主要任务,在驰名商标认定上不具有专业性。将未经注册的驰名商标纳入刑法保护范围,除前述社会危害普遍性问题外,还有罪名修改和驰名商标认定程序问题。因我国现行侵犯注册商标类犯罪的保护范围仅限于注册商标,因此将未经注册的驰名商标纳入刑法保护范围还需对罪名进行修改。我国目前的驰名商标认定是驰名商标侵权的必经环节,目前的知识产权刑事司法程序暂不具备这一功能,但随着"三审合一"的推行,这一问题会迎刃而解。从整体上看,集体注册商标、证明注册商标、未经注册的驰名商标纳入知识产权犯罪罪名体系予以保护,仍需较长一段时间。从侵犯注册商标的行为方式来看,现行刑法已将主要的注册商标侵权行为纳入调整范围。有学者主张将"反向假冒"行为纳入侵犯注

---

① 南京雨花台区法院(2021)苏 0114 刑初 148 号(一审),南京中院(2021)苏 01 刑终 716 号(二审)。

② 齐文远、黄洪波:《必要与可能:我国知识产权刑法保护的正当性——基于多重视角的考察》,载《南京工业大学学报(社会科学版)》,2008 年第 2 期,第 50—56 页。

③ 自 2019 年 11 月至 2021 年第一季度,国家知识产权局累计收到 344 件驰名商标认定请示,仅批复认定 69 件驰名商标。《〈关于加强查处商标违法案件中驰名商标保护相关工作的通知〉的理解与适用》,中国政府网,2021 – 05 – 13,HTTP://WWW. GOV. CN/ZHENGCE/2021–05/13/CONTENT_5606217. HTM(2022–10–23 最后访问)。

册商标罪的罪名体系中①,笔者认为反向假冒行为在注册商标侵权行为中属于少见少发的行为类型,其社会危害性有限,采用民法、行政法已足以予以规制,无须纳入侵犯注册商标类犯罪的罪名体系中。假冒注册商标罪属于故意犯罪,只有在同一类商品上使用与注册商标相同商标的客观行为可以倒推出行为人主观上明知侵犯注册商标而积极或放任侵权行为发生,在同一类商品上使用与注册商标相似的商标,或在相似商品上使用与注册商标相同或相似的商标均不能排除行为人主观上的过失,因此不宜纳入侵犯注册商标罪的调整范围。

2. 侵犯著作权类犯罪的罪名体系展望

理论界对侵犯著作权类犯罪罪名体系的完善意见较多,主要集中在此类犯罪主观方面的"以营利为目的"的取消和保护对象、客观方面应与著作权民法、行政法的规定一致②。笔者认为,我国知识产权实行行政执法与刑事司法并行的双轨保护机制,知识产权刑法保护的价值在于保护知识产权发展秩序,边界在于严重的社会危害性,不具有"以营利为目的"的著作权侵权行为缺乏主观恶性,不排除行为人主观上出于过失或者意外造成的著作权侵权,以民法、行政法调整已经足以发挥作用,用刑法调整此类行为会造成犯罪的扩大化,违反刑法的谦抑性原则。"以营利为目的"能够明确区分商业规模的侵犯著作权行为和非商业规模的侵犯著作权行为,既是判断行为人主观要件的标准,也是判断著作权侵权行为社会危害性的必备要素,因此不应予以取消。现行的侵犯著作权类犯罪仅对《著作权法》规定的 16 种作品中的 5 种作品予以保护,对《著作权法》规定的 16 种著作权及与著作权有关权利中的复制发行权、信息网络传播权、图书专有出版权、美术作品署名权等 4 种权利予以保护,罪名体系的范围显著小于民事侵权和行政违法的范围。在侵犯著作权类犯罪保护对象上,笔者认为在现有的文字作品、音乐、美术、视听作品、计算机软件保护对象基础上,应将工程设计图、产品设计图、地图、示意图等图形作品和模型作品纳入刑法保护罪名体系中。随着我国工业化进程的加快,此类图形作品和模型作品在工业发展和科技创新中发挥越来越重要的作用,侵犯此类图形作品和模型作品的案件增多,社会危害性增大,应通过扩大侵犯著作权罪名体系的方式纳入刑法调整范围。除此之外的其他作品,因其在社会发展中尚不具有普遍性,暂时不宜将其列入侵犯著作权罪名体系中。在行为方式方面,现行侵犯著作权犯罪仅将面向社会公众且常见、

---

① 余高能:《对我国侵犯知识产权犯罪刑事立法系统性的考量》,载《知识产权》,2013年第 12 期,第 61-65 页。

② 杨延超:《我国侵犯知识产权犯罪的立法完善》,载《法学论坛》,2007 年第 5 期,第 97-104。

多发的复制发行、信息网络传播、破坏著作权技术保护措施、销售侵权复制品等行为方式列入侵犯著作权类犯罪的罪名体系中,其他行为方式均未列入。笔者认为目前侵犯著作权犯罪罪名体系中的行为方式是合理的,此类行为方式具有公众性特征,社会危害结果大、社会危害面广,符合社会危害性原则,其他行为方式暂不具备上述特征,短期内不宜纳入侵犯著作权类犯罪的罪名体系中。同时,笔者认为侵犯著作权罪中的"制作、出售假冒他人署名的美术作品"这一行为方式因其发生概率小,社会危害性整体较小,应从侵犯著作权罪中予以删除。

3. 侵犯专利权类犯罪的罪名体系发展展望

笔者认为,专利在我国产业创新中发挥着引领主导作用,而任何专利都是在前人技术或产品的基础上创新形成的,这种创新路径不可避免地涉及对他人专利的解构、实施,因此将非法实施他人专利的行为纳入刑法规制会打击创新的积极性;同时非法实施他人专利仅涉及侵权人与专利权人之间的利益关系,未涉及社会公众,依靠民法、行政法足以调整此类侵权行为,专利侵权入罪化与我国现阶段的创新能力不匹配且有害无益①,刑法暂时无介入必要。

针对假冒专利罪中假冒专利对象的扩充,笔者认为假冒他人专利同时具有侵犯他人专利权和损害社会公众专利知情权的双重社会危害性,而假冒失效专利、将专利申请作为专利使用的假冒专利行为仅损害了社会公众的专利知情权,其社会危害性小于假冒他人专利,将这两种假冒专利行为与假冒他人专利行为同等予以刑法规制,违反罪责刑相适应原则,且这两种假冒专利行为在民法、行政法中已有相应处理,暂时无刑法介入的必要性。

未来随着我国知识产权强国的建成,我国专利权刑法保护的强度必然随之增加,借鉴世界上其他国家的立法,结合我国知识产权刑法保护模式,将具有严重社会危害性的专利侵权行为纳入刑法调整范围是必然趋势。

4. 侵犯商业秘密类犯罪的罪名体系展望

《刑法修正案(十一)》对侵犯商业秘密类犯罪的修改使得侵犯商业秘密类犯罪中的商业秘密概念、侵犯商业秘密罪中的行为方式与《反不正当竞争法》一致,增加了为境外窃取、刺探、收买、非法提供商业秘密罪,使得刑法对商业秘密的保护与民法、行政法的保护高度一致。在民法、行政法对商业秘密的保护未出现新的对象、新的行为方式的情况下,我国侵犯商业秘密类犯罪的罪名体系短期内不会发生改变。

---

① 贺志军:《非法实施专利行为的刑法检视及其应对》,载《刑法论丛》,2019年第1期,第302-326页。

5. 涉新型知识产权客体的罪名体系展望

近年来,随着科技发展和文化繁荣,相对于商标、作品、专利、商业秘密等传统知识产权客体,动植物新品种、集成电路布图设计等新型知识产权客体发展迅速。我国《民法典》第123条采用"列举+概括"方式列举了7种知识产权客体,除上述4种传统知识产权客体外,另外有地理标志、集成电路布图设计、植物新品种3种新型知识产权客体,另外规定"法律规定的其他客体"作为兜底条款。除上述新型知识产权客体外,近年来有学者主张将新商业模式[①]、传统文化成果[②]、生物遗传资源[③]等也应列入知识产权予以保护。

从立法上看,我国刑法除对注册商品商标和服务商标、专利、作品、商业秘密予以保护外,未对其他已纳入民法、行政法保护范围的地理标志、集成电路布图设计、动植物新品种予以保护,更未涉及尚在是否予以知识产权保护讨论中的创新商业模式、传统文化成果和生物遗传资源等。相对于立法对新型知识产权客体的谨慎态度,司法实践中已有以保护传统知识产权客体形式实现对新型知识产权客体保护的案例。在江苏省高级人民法院发布的《2021年江苏法院知识产权司法保护十大典型案例》[④]中,"破解他人芯片并大量生产销售侵权芯片构成侵犯著作权罪"[⑤]一案的点评中,明确该案是通过认定构成侵犯著作权罪对集成电路及固化于其中的计算机程序予以充分保护的典型案例,判决在刑法没有规定侵犯集成电路布图设计专有权构成犯罪的情况下,通过认定其构成侵犯著作权罪而对涉及芯片的违法犯罪行为予以刑罚惩治,具有法律适用的示范和指导价值。

我国刑法的最后保障性决定了它对新型知识产权的谨慎观望立场。笔者认

---

① 万勇:《新型知识产权的法律保护与国际规则建构》,载《中国政法大学学报》,2021年第3期,第94-104页。

② 熊建军:《一种新型知识产权:身份政事权研究》,载《河北法学》,2017年第3期,第52-63页。

③ 徐家力、赵威:《生物遗传资源与知识产权的属性冲突与契合》,载《社会科学辑刊》,2020年第5期,第98-105页。我国2021年3月1日生效实施的《刑法修正案(十一)》中增加了非法采集人类遗传资源、走私人类遗传资源材料罪,列入刑法第六章"妨害社会管理秩序罪"中第五节"危害公共卫生罪"中,未将人类遗传资源列入知识产权刑法的保护范围。

④ 江苏省高级人民法院:《2021年江苏省知识产权司法保护十大典型案例》,2022年4月25日发布,http://www.jsfy.gov.cn/article/91647.html(2022-09-27最后访问)。

⑤ 南京雨花台区法院(2021)苏0114刑初148号(一审),南京中院(2021)苏01刑终716号(二审)。

为,在新型知识产权客体本身具有多重知识产权属性的基础上,现有的知识产权刑法保护规范已可以将其部分涵盖在保护范围内,且加上我国知识产权行政执法的普遍性和前置性,通过扩大罪名体系的方式增加对新型知识产权的刑法保护暂无必要。

第三节　我国知识产权刑法保护之司法

我国知识产权刑法保护的立法始于 1979 年刑法规定的假冒注册商标罪,1997 年刑法修订后对各类知识产权提供全面的刑事司法保护,2004 年底最高人民法院和最高人民检察院联合发布《侵犯知识产权罪司法解释(一)》以后,人民法院受理和审结的涉及知识产权侵权的刑事案件明显增加。知识产权刑法保护司法实践是刑法保护立法与社会实践发展的充分结合,是知识产权刑法保护的实施环节,是知识产权司法保护的重要组成部分,在知识产权保护体系中发挥着最后保障作用。对知识产权刑事指导案例和司法数据进行梳理分析,有助于总结我国知识产权刑事司法实践的发展历程、特点、存在问题,明确知识产权刑事司法实践的发展方向和完善路径。

一、知识产权刑法保护的指导性案例研究

(一)我国指导性案例制度

最高人民检察院在 2010 年 7 月发布《最高人民检察院关于案例指导工作的规定》,最高人民法院在 2010 年 11 月发布《最高人民法院关于案例指导工作的规定》(法发〔2010〕51 号)(以下简称《最高法案例指导工作规定(2010)》),确立了我国的指导性案例制度。此后,最高人民检察院的《最高人民检察院关于案例指导工作的规定》分别在 2015 年 12 月、2019 年 4 月进行修订,现行的是 2019 年 4 月修订的《最高人民检察院关于案例指导工作的规定》(以下简称《最高检案例指导工作规定(2019)》),最高人民法院在 2015 年 6 月发布《〈最高人民法院关于案例指导工作的规定〉实施细则》(以下简称《最高法案例指导工作实施细则(2015)》),2020 年 7 月发布《最高人民法院关于统一法律适用加强类案检索的指导意见(试行)》(以下简称《最高法统一法律适用加强类案检索指导意见(试行)》),2020 年 9 月发布《最高人民法院关于完善统一法律适用标准工作机制的意见》(以下简称《最高法完善统一法律适用标准工作机制意见》),进一步完善指导性案例制度。从上述规定来看,指导性案例是指由最高人民法院、最高人民检察院依照法定程序发布的,各级人民法院、人民检察院办理类似案件

时应当参照进行释法说理,但不得作为直接依据的生效案例。指导性案例在我国目前的司法实践中发挥积极作用,是我国完善统一法律适用的重要路径,"案例指导制度既是良法生成的必要补充,也是良法实施的现实举措"①。

1. 指导性案例在司法实践应用中具有强制性

《最高法案例指导工作规定(2010)》第 7 条规定:"最高人民法院发布的指导性案例,各级人民法院审判类似案例时应当参照。"《最高法案例指导工作实施细则(2015)》第 9 条规定:"各级人民法院正在审理的案件,在基本案情和法律适用方面,与最高人民法院发布的指导性案例相类似的,应当参照相关指导性案例的裁判要点作出裁判。"《最高法统一法律适用加强类案检索指导意见(试行)》第 2 条规定:"拟提交专业(主审)法官会议或者审判委员会讨论的""缺乏明确裁判规则或者尚未形成统一裁判规则的""院长、庭长根据审判监督管理权限要求进行类案检索的""其他需要进行类案检索的"的四种情况下,法院"应当进行类案检索"。第 9 条规定:"检索到的类案为指导性案例的,人民法院应当参照作出裁判,但与新的法律、行政法规、司法解释相冲突或者为新的指导性案例所取代的除外。"最高人民检察院发布关于指导性案例的文件中也明确了指导性案例在司法实践中的强制应用。《最高检案例指导工作规定(2019)》第 15 条规定:"各级人民检察院应当参照指导性案例办理类似案件,可以引述相关指导性案例进行释法说理,但不得代替法律或者司法解释作为案件处理决定的直接依据。"

2. 指导性案例来源和作用明确

根据最高人民法院、最高人民检察院上述文件可以明确,指导性案例仅限最高人民法院和最高人民检察院依照法定程序审核发布的案件。指导性案例在司法实践中发挥的是参照作用、释法说理作用。在最高人民法院和最高人民检察院有关案例指导工作的文件中均强调指导性案例在类似案件中仅发挥释法说理作用、参照作用,不能作为处理案件的直接依据。而且从两个机关的发文来看,最高人民法院发布的指导性案例和最高人民检察院发布的指导性案例的强制性适用范围都仅限于自身的机关体系中,指导案例跨机关体系的效力是不明确的。在指导性案例的更新方面,在最高人民法院和最高人民检察院的案例指导工作文件中都明确,指导性案例不是一劳永逸的,所有发布的指导性案例在出现法定情形时都应予以撤销。

---

① 刘汉天、肖冰:《良法善治的推进——以案例指导制度的功能实现为视角》,载《南京社会科学》,2020 年第 11 期,第 85-92 页。

　　鉴于指导性案例的上述特征,在对我国知识产权刑法保护司法实践的案例研究中,必须首先梳理相关的指导性案例,因最高人民检察院的指导性案例主要适用于刑事诉讼中的审查批捕、审查起诉、提起公诉等诉讼阶段,本书的研究重点在于知识产权刑法保护实体问题,对指导性案例的研究集中在最高人民法院发布的指导性案例。

　　(二)知识产权犯罪指导性案例概况及适用

　　1. 知识产权犯罪指导性案例概况

　　最高人民法院自 2011 年 12 月 20 日发布第 1 号指导案例至 2021 年 9 月 18 日,共发布 165 号指导案例,其中有关侵犯知识产权犯罪的指导案例仅有 1 件,即指导案例 87 号:郭×升、郭×锋、孙×标假冒注册商标案[①]。

　　该案例基本情况为:被告人郭×升、郭×锋、孙×标在未经"SΛMSUNG"商标注册人授权许可的情况下,购进假冒"SΛMSUNG"注册商标的手机机头及配件,组装假冒"SΛMSUNG"注册商标的手机,并通过网店对外以"正品行货"销售,属于未经注册商标所有人许可在同一种商品上使用与其相同的商标的行为,非法经营数额达 2000 余万元,非法获利 200 余万元,属情节特别严重,其行为构成假冒注册商标罪。被告人郭×升、郭×锋、孙×标辩解称其网店销售记录存在刷信誉的情况,对公诉机关指控的非法经营数额、非法获利提出异议,但三被告人在公安机关的多次供述,以及公安机关查获的送货单、支付宝向被告人郭×锋银行账户付款记录、郭×锋银行账户对外付款记录、"三星数码专柜"淘宝记录、快递公司计算机系统记录、公安机关现场扣押的笔记等证据之间能够互相印证,综合公诉机关提供的证据,可以认定公诉机关关于三被告人共计销售假冒的三星 I8552 手机 20 000 余部,销售金额 2000 余万元,非法获利 200 余万元的指控能够成立,三被告人关于销售记录存在刷信誉行为的辩解无证据予以证实,不予采信。

　　该案例的裁判要点为:假冒注册商标犯罪的非法经营数额、违法所得数额,应当综合被告人供述、证人证言、被害人陈述、网络销售电子数据、被告人银行账户往来记录、送货单、快递公司计算机系统记录、被告人等所作记账等证据认定。被告人辩解称网络销售记录存在刷信誉的不真实交易,但无证据证实的,对其辩解不予采纳。

　　这一指导性案例表达了"被告人无证据证实其'刷单'辩解时不予采纳"的

---

　　① 最高人民法院指导案例发布情况见最高人民法院官方网站,http://www.court.gov.cn/shenpan-gengduo-77.html(2021-10-26 最后访问)。

裁判要旨①，明确在网络侵犯知识产权犯罪中，公诉机关在提供被告人供述、证人证言、被害人陈述、网络销售电子数据、被告人银行账户往来记录、送货单、快递公司计算机系统记录、被告人所做记账、进货记录等证据形成的完整证据链条来认定非法经营数额、违法所得数额时，如被告人主张存在刷单等不真实交易的，被告人承担对存在不真实交易的证明责任，如不能提供证据或线索予以证实的，法院不予采信。

2.87 号指导性案例的适用情况

在中国裁判文书网上按照"假冒注册商标罪"的案由、再全文搜索"刷单"，87 号指导性案例发布后的 2017—2022 年共计有 50 份相关的刑事判决书②。通过梳理，这 50 份判决书中对"刷单"事实及数额的处理分为三种情况：

（1）侦查阶段已确认刷单事实及数额。这类判决书共计 23 份，在 50 份判决书中占比 46%。从这类判决书内容来看，有关被告人非法经营数额、销售金额的计算中均已明确扣除相应的刷单金额。但对刷单金额的扣除，大部分判决书采用查明销售金额减去查明刷单金额的方式扣除，有判决书在被告人或辩护人主张存在刷单但难以确认刷单金额的情况下，抛开销售金额和刷单金额，直接依据查明确认的进货数额乘以销售单价来计算非法经营数额③；也有案件是根据刷单快递记录、被告人自行记录的刷单数额等相结合认定刷单比例后进行扣除④。这类案件说明 87 号指导性案例所确立的被告承担刷单事实及数额证明责任的规则在此类案件的刑事侦查阶段已发挥作用。

（2）审判阶段不予采信刷单事实及数额。这类判决书共计 21 份，占 50 份判决书的 42%。这些判决书中被告人或辩护人在庭审阶段提出网络交易中存在刷单等虚假交易情况，要求将这部分金额从销售金额中予以扣除，因被告人或辩护人未能提供证据、线索对自己的刷单主张进行佐证，法院在判决书中均明确不予采信。这些判决书对假冒注册商标罪案件中的非法经营数额的计算均认为在公诉机关已提供相应网络交易证据材料证明销售金额的情况下，主张存在刷单及扣除刷单金额的被告人及其辩护人承担证明自己主张的责任，"网络交易记录平台其记载的是交易情况，每一个网络店商都应当遵守网络交易的规则，如

① 姜瀛：《网络假冒注册商标犯罪中被告人"刷单"辩解的证明模式和证明标准——以第 87 号指导案例及相关案例为分析对象》，载《政治与法律》，2017 年第 9 期，第 34-44 页。

② 中国裁判文书网，https://wenshu. court. gov. cn/website/wenshu/181029CR4M5A62CH/index. html？（2023-01-03 最后访问）

③ （2018）浙 07 刑终 1205 号：上海××服饰有限公司、金×、费×芬等假冒注册商标罪二审刑事判决书。

④ （2021）浙 0402 刑初 363 号：王×刚、邹×涛等假冒注册商标罪一审刑事判决书。

实交易。在没有足够的证据推翻交易真实性的情况下,应当推定其是真实交易。有虚假交易存在的证明责任应该由辩方承担"①。若不能证明的,则承担证明不能的不利后果。这类判决书基本遵循了第87号指导性案例的裁判规则。

(3)审判阶段概括性采信刷单事实及数额。这类判决书共计有6份,在50份判决书中占比12%。这类判决书中被告人或辩护人主张存在刷单,并提供一定的线索,审判机关根据上述线索,综合案件其他证据情况,在不能明确具体刷单数额的情况下,从有利于被告人的角度出发,采信被告人或辩护人的刷单意见,扣除一定时期的销售额②或一定比例的销售额③,或者将销售额减至能够确认的数额④,或将能够确认为刷单的交易金额予以扣除⑤⑥。这部分判决书从裁决理由的表述来看,法院对被告人或辩护人有关存在刷单提供线索或证据的要求不同:部分案件在仅有被告人或辩护人说明,无其他证据佐证的情况下,法院根据有利于被告人原则,对刷单事实予以确认,并进行了相应的扣除。如在(2017)粤01刑终1296号中被告人仅进行了一般性的关于刷单的表述,法院予以采信并进行了相应的扣除;(2020)浙0411刑初342号中被告人和相关的证人证言均提到案件存在刷单情形,但无其他证据支持,这种情况下,法院根据被告人"真实交易为一半以上"的供述,将案件销售金额确定为至少25万元以上;(2018)湘0124刑初142号判决中未提及刷单的相关证据和说明,直接"剔除销售中15%的刷单量195 925.35元"来认定销售金额。另外部分案件是在被告人或辩护人说明刷单情况并进行了初步认定刷单存在的情况下,对刷单事实予以采信并扣除相应的销售数额,如(2018)粤0303刑初1111号案件中,法院认为被告人关于刷单的供述一直较为稳定并且与受害人的快递信息相互印证,法院对被告人刷单主张予以采信并扣除了相应的刷单金额;(2020)浙0411刑初13号案件中,法院根据被告人的主张结合其在刷单平台的交易记录确认了被告人存在刷单,但刷单记录和数额无法确认,最终按照有利于被告人的原则,采用了较低的销售金额。

---

① 该段引用自(2017)赣1102刑初567号:周×坤假冒注册商标一审刑事判决书。

② (2017)粤01刑终1296号:吕×卿××假冒注册商标二审刑事判决书。

③ (2018)湘0124刑初142号:肖×霞、肖×斯假冒注册商标一审刑事判决书。

④ (2020)浙0411刑初342号:安×、曾×伟、徐×波假冒注册商标罪一审刑事判决书。(2020)浙0411刑初13号:高×生、高×智犯假冒注册商标罪。

⑤ (2018)粤0303刑初1111号:李××假冒注册商标罪。

⑥ (2020)粤0310刑初282号:吴×彬、许×佳假冒注册商标一审刑事判决书。

(三)87 号指导性案例司法适用存在问题

指导性案例制度被赋予一种强烈的司法秩序感和对一致性的要求,旨在为同案同判、统一法律适用提供裁判方法与思维指导①。但从 87 号指导性案例在我国司法适用的情况来看,虽然 87 号指导性案例确立的被告承担刷单事实及刷单数额证明责任的规则在司法适用中整体上已被接受,但具体案件中不同法院对被告承担刷单证明责任的标准、刷单金额的确认存在不同的认识,导致同类案件的判决结果出现不同,破坏了指导性案例司法统一作用的发挥。

1.被告刷单事实的证明标准不同

在本书搜索到的 50 件案例中,部分判决书中法院不予采信和予以采信的证据标准存在较大差别。如(2020)沪 0104 刑初 798 号案件中被告主张"通过除顺丰外其他快递发货的都是刷单的",并提供"刷单明细表予以证明、另有 51000元的刷单平台的刷单充值交易截图",法院仍认为"无确切证据加以证实,本院不予采信"。而在(2017)粤 01 刑终 1296 号案件中,法院在仅有被告方言辞陈述,无其他证据佐证的情况下根据内心确认、有利于被告原则对刷单进行了确认和扣除;(2018)粤 0303 刑初 1111 号判决书中法院结合被告人供述和受害人的快递情况采信了被告人的主张;(2020)浙 0411 刑初 13 号中法院结合被告人供述和刷单平台的交易记录采信了被告人的主张。

上述不同案例中法院对被告承担的刷单事实及数额的证明责任所要求的证明标准存在明显不同。在予以采信的部分案例中,仅有被告和辩护人关于刷单的陈述,法院就予以采信并自行扣减相应刷单金额,无须被告提供其他证据佐证刷单事实和刷单数额;而在不予采信的案件中,被告除了口头陈述,同时提供了手写的刷单明细、刷单平台的刷单交易截图等证据加以佐证,但法院仍不予采信。上述不同案例中对被告承担证明责任所需要达到的证明标准采用不同的标准,造成了同类案件的不同裁判结果,严重损害了司法的统一性和权威性。

2.被告网络刷单数额的扣除标准不同

上述 2017—2022 年存在刷单的假冒注册商标犯罪案件中,法院在确认被告方存在刷单虚假交易的情况下,扣除刷单数额的方式也存在差别。

第一种:根据确认的刷单交易数据,计算并扣除刷单交易数额。这是上述案例中较多采用的一种方法,也是笔者认为合理的计算方式。如(2021)粤 1391刑初 35 号和(2018)晋 0802 刑初 350 号案件中,都扣除了具体的刷单金额;

---

① 杨铜铜:《立法目的司法运用的功能及其效果提升——以指导性案例为分析对象》,载《社会科学》,2022 年第 8 期,第 181–192 页。

（2018）粤 0303 刑初 1111 号案件中法院采信被告人的刷单供述后剔除刷单交易后的交易记录来计算销售金额。

第二种：在无法确认具体刷单交易和数额的情况下法院根据案件情况决定扣除数额或销售金额。在上述 50 件案件中，共有 4 件案件存在这样的情况，分别是：（2017）粤 01 刑终 1296 号中在仅有被告人存在刷单表述的情况下，法院"从有利于被告人的角度出发，本院采信其供述，认定 2016 年 3 月期间的交易属于刷单交易，将该部分交易金额从已经销售假冒产品的金额中予以剔除"[①]；（2020）浙 0411 刑初 342 号[②]中在仅有被告人和相关的证人证言均提到案件存在刷单，但无其他证据支持的情况下，法院认为"被告人安×就刷单金额的供述从归案时的 20 万元，到 40 万元、60 万元等不等，结合被告人曾××、徐××真实交易为一半以上的供述等，本案销售金额至少可认定 25 万元以上，故对被告人及辩护人就此所提辩解、辩护意见，酌予采纳"；（2018）湘 0124 刑初 142 号[③]判决中未提及刷单的相关证据和说明，在销售金额的认定中直接"剔除销售中 15% 的刷单量 195 925.35 元"，15% 的比例从何而来未作任何说明；（2020）浙 0411 刑初 13 号[④]中因"被告人高××在刷单平台的刷单记录已被删除，无法核实其在平台刷单的具体金额，根据存疑有利于被告人的原则，认定被告人高××实际销售价格在 45 万元以上"。

87 号指导性案例明确：在侦查机关、公诉机关根据网络交易记录、支付宝或微信转账记录等证据形成的完整证据链证明被告方假冒注册商标销售金额的情况下，被告方主张刷单交易及扣除相应刷单交易金额的，应承担相应的证明责任。司法实践中，在刷单交易隐蔽性特征下，刷单交易的相关证据只有被告方持有，被告方不能提供或提供不充分的，应自行承担举证不利的负面后果，这样才能督促被告方积极提供刷单数额的相关证据，以最大程度还原案件事实，实现刑事司法的目的。而第二种刷单扣除数额方式中的 4 件判决书中法院在被告方无法提供刷单数额证据的情况下就自行最大程度扣除刷单交易数额，最低程度确定销售金额，实际上鼓励了被告方不提供甚至销毁刷单数额的证据，不利于查明案件事实，不能实现刑事司法公平公正的目的。

---

① （2017）粤 01 刑终 1296 号刑事判决书：吕×、卿××假冒注册商标二审刑事判决书。

② （2020）浙 0411 刑初 342 号刑事判决书：安×、曾××、徐××假冒注册商标罪一审刑事判决书。

③ （2018）湘 0124 刑初 142 号刑事判决书：肖×霞、肖×斯假冒注册商标一审刑事判决书。

④ （2020）浙 0411 刑初 13 号刑事判决书：高×生、高×智犯假冒注册商标罪。

（四）知识产权指导性案例司法适用的完善

如前文所述,虽然 87 号指导性案例明确了知识产权犯罪中由被告承担刷单事实和数额的证明责任,但司法机关在刷单事实的证明标准和刷单数额的计算标准上存在不同的认知,导致同类案件的判决结果出现较大差别,87 号指导性案例引导司法统一的作用未能充分发挥出来。本书从完善指导性案例司法适用监督制度、刷单事实证明标准、刷单数额计算标准方面完善 87 号指导性案例的司法适用。

1. 建立指导性案例司法适用监督制度

从 87 号指导性案例的司法适用情况来看,指导性案例存在被片面适用、错误适用的情况,主要原因在于指导性案例的适用缺乏相应监督制度。

在我国现行确立的指导性案例"应当参照"适用的框架内,未参照适用或错误参照适用指导性案例不能作为错误适用"裁判依据"来启动二审。有学者建议将"应当参照"修改为"应当遵照"[①]来明确指导性案例的效力,这种做法实际上是将指导性案例上升为裁判依据,将其与法律、行政法规、司法解释并列,这种建议在我国成文法国家的背景下,将指导性案例与法律文件并列作为裁判依据,是对我国司法制度的重大重构,短期内实现难度较大。

笔者认为将错误适用指导性案例认定的刷单事实及数额作为事实认定错误来启动二审程序是较为可行的,但从实践来看,此类刑事诉讼案件中的各方都不具备以事实认定错误来启动二审程序的动机或权限:首先,从上述错误适用 87 号指导性案例的相关判决书来看,因判决结果有利于被告方,被告方启动二审的可能性较小;其次,87 号指导性案例属于最高人民法院颁布的指导性案例,对检察机关无相应的强制性效力,可能导致检察机关在错误适用指导性案例的情况下也不会提起抗诉;最后,我国刑事诉讼程序中受害人一方暂无直接启动二审的权限,且此类案件中的消费者受害群体比较分散,注册商标权利人可能缺乏相关的专业知识。

因此,建立指导性案例适用监督制度,需要一方面从检察机关入手,打破指导性案例在不同司法机关之间的适用藩篱,加强发布机关之间的沟通和协调,强调无论发布机关是谁,指导性案例对全部司法机关均有约束力,这样才能保障指导性案例的有效贯彻落实;另一方面要加强审判机关内部对指导性案例适用的监督,对涉及指导性案例适用的案件进行专门建档,定期总结讨论,及时发现问

---

① 陈婧、闫弘宇:《我国刑事指导性案例司法适用之困境与出路》,载《科学决策》,2022年第 10 期,第 138–147 页。

题,明确指导性案例的适用标准。

2. 明确被告方网络刷单事实及数额的证明标准

87 号指导性案例的裁判要点中明确了仅有刷单辩解,无证据证实的,对其辩解不予采纳的裁判规则。从目前的司法实践来看,笔者认为由被告方承担的网络刷单事实及数额的证明标准达到能够形成证据链即可。所谓的形成证据链是指在被告方提出刷单的辩解并提供相应线索或证据的情况下,法院能够在被告人供述、线索、证据与案件现有证据之间形成相互印证,即可认为被告方完成刷单的证明责任。这一证明标准要求被告方提供的言辞证据或线索必须有相应的实物证据加以佐证,仅有被告方供述,或被告方和案件其他当事人之间概括性的"存在刷单"言辞证据相互印证的,不能认为被告方达到相应的证明标准,对被告方存在刷单的主张不应予以采信,特别是在仅有概括性的存在刷单但对刷单具体交易时间段、交易额无法相互验证的情况下,单纯的言辞证据存在事先相互协商好的可能性,不应予以采信。

这一证明标准在司法实践中是可以达到的。从网络交易刷单的流程来看,被告人与刷单人、刷单平台之间存在交易记录、转账金额或交易沟通记录,在快递物流对快递物品查验要求日益严格的情况下,部分被告人与快递公司之间也存在发空包的沟通和交易记录,因此,被告人可以通过提供上述线索或证据来证明刷单交易的存在,这一证明标准的要求是合理且能够实现的。

综上,笔者认为在侵犯知识产权的网络交易中,被告方主张存在刷单等虚假交易的,由被告方承担证明刷单存在及刷单具体数额或具体数额计算方法的证明责任,如不能充分证明,则由被告方承担证明不利的消极后果,这也是 87 号指导性案例所揭示的裁判规则。但从对指导性案例颁布后同类案件的判决来看,"刷单"事实及数额证明责任由被告承担的裁判规则在司法实践中的适用存在严重不统一的现象,部分司法机关以"有利于被告人"原则代替被告证明责任,是对 87 号指导性案例的严重误读。我国建立指导性案例制度的目的在于促进司法统一,尽可能减少同案不同判的情形,针对司法实践中 87 号指导性案例适用存在的问题,不仅要通过补充类似指导性案例或发布典型案例的方式明确"刷单"事实及数额的证明标准,促进此类案件的司法统一;还须完善指导性案例司法适用的监督制度,以确保指导性案例所确立裁判规则的统一适用,充分发挥指导性案例促进司法统一的作用。

二、知识产权刑法保护的典型案例制度

在指导性案例之外,近年来我国司法实践对类案案例的指导作用也越加重视。最高人民法院 2020 年发布的《最高法统一法律适用加强类案检索指导意见

(试行)》《最高法完善统一法律适用标准工作机制意见》中明确:对于拟提交专业法官会议或者审判委员会讨论决定的案件、缺乏明确裁判规则或者尚未形成统一裁判规则的案件、院(庭)长根据审判监督管理权限要求进行类案检索的案件,应当进行类案检索。检索到的类案为指导性案例的,人民法院应当参照作出裁判,但与新的法律、行政法规、司法解释相冲突或者为新的指导性案例所取代的除外。检索到其他类案的,人民法院可以作为作出裁判的参考。有学者也认为"作为一般生效判决的非指导性案例也对司法裁判构成具有指导性的因素"①。《最高法统一法律适用加强类案检索指导意见(试行)》中规定的类案检索范围除最高人民法院发布的指导性案例外,还有最高人民法院发布的典型案例及裁判生效的案件、本省(自治区、直辖市)高级人民法院发布的参考性案例及裁判生效的案件、上一级人民法院及本院裁判生效的案件。

最高人民法院在 2008 年首次发布《最高人民法院知识产权案件年度报告(2008)》,在报告中精选了 23 件典型案例,"是最高人民法院历史上第一次对自身审理的典型案件的集中展示,是创新审判指导制度的一次全新尝试"②。此后,最高人民法院每年发布一批知识产权典型案例。与指导性案例只能由最高人民法院或最高人民检察院发布不同,对知识产权典型案例的发布机关并无指定要求,实践中,部分地方法院也定期发布知识产权典型案例,例如北京、上海、深圳等多市法院每年均发布知识产权典型案例。本书从研究的集中性和方便出发,仅对最高人民法院网站上发布的 2009—2022 年每年的知识产权司法保护10 大案例和 50 件典型案件进行收集、整理和分析。本书根据侵犯知识产权罪罪名来分类整理 2009—2022 年的 10 大知识产权案件和 50 件典型案件,共计 50例,其中假冒专利罪和销售侵权复制品罪两个罪名没有对应的案例,其他罪名的典型案例数量如下:假冒注册商标罪 15 例③,销售假冒注册商标的商品罪 5例,非法制造、销售非法制造的注册商标标识罪 1 例,侵犯著作权罪 20 例④,侵犯商业秘密罪 9 例。

---

① 杨知文:《非指导性案例的"指导性"与案例指导制度的发展》,载《清华法学》,2021年第 4 期,第 40-56 页。

② 该段表述出自《中国法院知识产权司法保护状况(2009 年)》,最高人民法院官方网站,http://www.court.gov.cn/zixun-xiangqing-776.html(2021-10-26 日最后访问)。

③ 15 例中有 6 例是假冒注册商标罪与销售假冒注册商标的商品罪或销售非法制造的注册商标标识罪的数罪。

④ 20 例中有 1 例是共同犯罪,部分犯罪主体成立侵犯著作权罪,部分犯罪主体成立非法制造、销售非法制造的注册商标标识罪。

（一）各类知识产权犯罪典型案例概况

1. 假冒注册商标罪典型案例概况

详见表3-1。

表3-1　2009—2022年最高人民法院发布的假冒注册商标罪典型案例①

序号	年份	案　　号	案　件
1	2010	北京市大兴区人民法院（2010）大刑初字第320号刑事判决书	刘××假冒注册商标罪案
2	2010	内蒙古自治区呼和浩特市中级人民法院（2010）呼刑知初字第2号刑事判决书	仇××、崔××等6被告假冒注册商标罪案
3	2011	湖北省高级人民法院（2011）鄂知刑终字第1号刑事附带民事判决书	熊×传、熊×梦假冒注册商标罪上诉案
4	2012	江苏省宜兴市人民法院（2012）宜知刑初字第9号刑事判决书	胡××假冒注册商标罪、销售假冒注册商标的商品罪案
5	2012	福建省福州市鼓楼区人民法院（2012）鼓刑初字第399号刑事判决书	陈××假冒注册商标罪案
6	2013	河南省高级人民法院（2013）豫法知刑终字第2号刑事裁定书	宗××等28人假冒注册商标罪案
7	2013	湖北省宜昌市中级人民法院（2013）鄂宜昌中知刑初字第1号刑事判决书	周××、蔡××假冒注册商标罪案
8	2014	广东省广州市中级人民法院（2014）穗中法知刑终字第21号刑事判决书	谢××等假冒注册商标罪案
9	2015	湖北省高级人民法院（2015）鄂知刑终字第1号刑事裁定书	被告人张×、邹×假冒注册商标罪，被告人王××销售非法制造的注册商标标识罪案

① 选自2009—2022年最高人民法院每年公布的知识产权司法保护10大案件和50件典型案件。

续表 3-1

序号	年份	案　号	案　件
10	2016	安徽省蚌埠市中级人民法院（2016）皖 03 刑终 194 号刑事裁定书	沈×等假冒注册商标罪、销售假冒注册商标的商品罪、销售非法制造的注册商标标识上诉案
11	2016	湖北省武汉市中级人民法院（2016）鄂 01 刑终 147 号刑事裁定书	邓××、程××等假冒注册商标罪、销售假冒注册商标的商品罪上诉案
12	2019	福建省厦门市中级人民法院（2018）闽 02 刑终 632 号刑事判决书	厦门德乐盟科技有限公司、厦门兴恒昌贸易有限公司、杨×凤、杨×淦假冒注册商标罪、销售假冒注册商标的商品罪案
13	2019	上海市高级人民法院（2019）沪刑终 106 号刑事裁定书	许××等假冒注册商标罪、王×销售假冒注册商标的商品罪案
14	2022	广东省深圳市中级人民法院（2022）粤 03 刑终 514 号刑事裁定书	罗××、马××等 8 人假冒注册商标罪案
15	2022	江苏省无锡市新吴区人民法院（2022）苏 0214 刑初 579 号刑事判决书	王×假冒注册商标罪案

　　通过对上述 15 例典型案件在中国法院网、中国裁判文书网、北大法宝网、百度搜索后,表 3-1 中第 7 号典型案例周××、蔡××假冒注册商标罪案[湖北省宜昌市中级人民法院(2013)鄂宜昌中知刑初字第 1 号刑事判决书],第 8 号谢××等假冒注册商标罪案[广东省广州市中级人民法院(2014)穗中法知刑终字第 21 号刑事判决书]、第 10 号沈×等假冒注册商标罪、销售假冒注册商标的商品罪、销售非法制造的注册商标标识上诉案[安徽省蚌埠市中级人民法院(2016)皖 03 刑终 194 号刑事裁定书],第 11 号邓××、程××等假冒注册商标罪、销售假冒注册商标的商品罪上诉案[湖北省武汉市中级人民法院(2016)鄂 01 刑终 147 号刑事裁定书],15 号王×假冒注册商标罪案[江苏省无锡市新吴区人民法院(2022)苏 0214 刑初 579 号刑事判决书]5 个案件无具体的判决书。通过对可以查询到的 10 例典型案例判决书、报道等信息的梳理,发现上述典型案例在假冒注册商标罪与其他侵犯知识产权犯罪的界定与处理、假冒注册商标罪与民事侵权的协调和处理、共同犯罪的认定与处理方面具有借鉴意义。

　　(1)注重数罪之间的区分与认定。共有 5 个典型案件涉及到知识产权犯罪数罪、此罪与彼罪的划分和认定。仇××、崔××等 6 被告假冒注册商标罪案①中，被告人的行为同时成立假冒注册商标罪和假冒专利罪，法院择一重罪以假冒注册商标罪处断。在胡××假冒注册商标罪、销售假冒注册商标的商品罪案②中法院适用《侵犯知识产权罪司法解释（一）》中第 13 条第 2 款的规定"假冒注册商标犯罪，又销售明知是他人的假冒注册商标的商品，构成犯罪的，应当实行数罪并罚"。在宗××等 28 人假冒注册商标罪③案件中，被告人宗××等人在实施假冒注册商标犯罪的同时，销售非法制造的注册商标标识成立犯罪，以假冒注册商标罪、销售非法制造的注册商标标识罪数罪并罚。在张×、邹×假冒注册商标罪，被告人王××销售非法制造的注册商标标识罪案④中，被告人王××向张×销售了假冒注册商标的标识，为张×实施假冒注册商标的犯罪提供了方便，此种情况下，王××的行为成立假冒注册商标罪的共犯还是单独成立销售非法制造的注册商标标识罪？ 该典型案例认为："行为人为他人假冒注册商标提供生产、制造侵权产品的主要原材料、辅助材料、半成品、生产技术、配方等帮助，或者是为其提供不包含注册商标的包装材料、标签标识，应以假冒注册商标罪的从犯论处；行为人为他人假冒注册商标提供的包装材料上印制有注册商标，或其提供的标签标识本身就是注册商标，应当认定为单独构成非法制造、销售非法制造的注册商标标识罪。"⑤王××成立销售非法制造的注册商标标识罪，而不按照假冒注册商标罪的共犯进行处理。在许××等假冒注册商标罪、王×销售假冒注册商标的商品罪案⑥中，被告人许××在实施假冒注册商标犯罪同时，实施销售假冒注册商标的商品犯罪，根据《侵犯知识产权罪司法解释（一）》第 13 条第 1 款的规定"实施

---

① 《最高人民法院发布五起知识产权典型案例》，搜狐滚动，2011-01-15，http://roll. sohu. com/20110115/n302164980. shtml（2021-10-26 最后访问）。

② 胡××假冒注册商标、销售假冒注册商标的商品案，北大法宝 V6 官网，https://www. pkulaw. com. libezproxy. must. edu. mo/pfnl/a25051f3312b07f3a7b87e356bda561470286d1 ff6df1762bdfb. html? keyword=% E3% 80% 942012% E3% 80% 95% E5% AE% 9C% E7% 9F% A5% E5% 88% 91% E5% 88% 9D% E5% AD% 97% E7% AC% AC9% E5% 8F% B7% 20（2021-10-26 最后访问）。

③ 宗××等 28 人假冒注册商标罪刑事案，中国法院网，2013-10-22，https://www. chinacourt. org/article/detail/2013/10/id/1110848. shtml（2021-10-26 最后访问）。

④ 本案为最高人民法院发布的 2015 年知识产权司法保护 10 大案例之一。

⑤ 参见童海超：《帮助他人假冒注册商标应当如何定罪?》，载《中国知识产权报》，2016-07-27（009）。

⑥ 《"两会"延伸：假冒"科颜氏"等注册商标被严惩》，澎湃网，2021-02-05，https:// www. thepaper. cn/newsDetail_forward_11243959（2021-10-26 日最后访问）。

假冒注册商标犯罪,又销售该假冒注册商标的商品,构成犯罪的,应当以假冒注册商标罪定罪处罚",这与胡××假冒注册商标罪、销售假冒注册商标的商品罪案形成了对比,同案被告人王×在明知许××提供的是假冒注册商标的商品时予以购买并进营销售,构成犯罪的,按照销售假冒注册商标的商品罪定罪处理,因其本人的销售行为独立于许×的假冒注册商标行为,是买假售假行为,独立构成犯罪,而不成立假冒注册商标罪的共犯。这5个案件是我国知识产权犯罪数罪、此罪与彼罪认定与处理的典型案例,为后续同类案件的处理提供了参考。

(2)注重知识产权刑民案件的协调处理。有2个可以查到的典型案例中涉及知识产权犯罪与民事侵权的处理。熊×传、熊×梦假冒注册商标罪上诉案[1]确认知识产权侵权民事法律责任可以通过刑事附带民事诉讼解决,法院同时明确非法经营数额是确定知识产权犯罪刑事责任的依据,而非民事赔偿责任的依据。在厦门德乐盟科技有限公司、厦门兴恒昌贸易有限公司、杨×凤、杨×淼假冒注册商标罪、销售假冒注册商标的商品罪案[2]中,被害人在刑事案件二审期间对被告人提起民事赔偿诉讼,由法院按照"三审合一"统一受理,明确民事案件中被告人对受害人的赔偿和受害人对被告人的谅解可以作为酌定从轻处罚情节。

(3)注重区分主从犯并予以不同刑罚。最高人民法院发布的假冒注册商标罪15例典型案例中,有12件是共同犯罪,法院分别根据各被告人在案件中的分工、发挥的作用和非法所得,判处了相应的刑罚,对后来的假冒注册商标罪共同犯罪有一定的参考意义。

(4)有一定数量的单位犯罪。在可以查阅的典型案例中有3个涉及单位犯罪。在宗××等28人假冒注册商标罪案件中,法院认为被告人宗××、黄××等人为进行违法犯罪活动而设立公司,并且以实施犯罪为主要活动,应以自然人犯罪而不是单位犯罪论处。在厦门德乐盟科技有限公司、厦门兴恒昌贸易有限公司、杨×凤、杨×淼假冒注册商标罪、销售假冒注册商标的商品罪案件中,法院认定厦门德乐盟科技有限公司、厦门兴恒昌贸易有限公司成立假冒注册商标罪的单位犯罪,对单位处以罚金,对单位负责人判处相应的刑罚。在罗××、马××等8人假冒

---

[1] 《人民法院报》,2012 - 09 - 06,http://rmfyb. chinacourt. org/paper/html/2012 - 09/06/content_50442. htm(2021-10-26 最后访问)。

[2] 厦门德乐盟科技有限公司等假冒注册商标罪、销售假冒注册商标的商品罪案,中国法院网,2020 - 04 - 21,https://www. chinacourt. org/article/detail/2020/04/id/5049664. shtml(2021-10-26 最后访问)。

注册商标罪案①中,法院认为案涉公司的主要生产经营活动即为生产、销售假冒注册商标的商品的犯罪活动,其行为不应以单位犯罪论处。

除上述典型案例体现出的有一定共性的典型意义外,部分案例在非法经营数额的认定上有借鉴意义,如胡君良假冒注册商标罪、销售假冒注册商标的商品罪案件中,在销售未遂的情况下,因无法确定实际销售价格,非法经营数额按照鉴定机构出具的市场中间价格来计算。

2.销售假冒注册商标的商品罪典型案例概况

详见表3-2。

表3-2　2009—2022 年最高人民法院发布的销售假冒注册商标的商品罪典型案例

序号	年份②	案 号	案 件
1	2009	上海市浦东新区人民法院(2009)浦刑初字第 1824 号刑事判决书	上海长正物资有限公司、谭×销售假冒注册商标的商品罪案
2	2010	北京市第二中级人民法院(2010)二中刑终字第 682 号刑事裁定书)	杨××销售假冒注册商标的商品罪案
3	2017	安徽省合肥高新技术产业开发区人民法院(2017)皖 0191 刑初 56 号刑事判决书	合肥市国耀电子有限公司、钟××销售假冒注册商标的商品罪案
4	2020	江苏省镇江经济开发区人民法院(2020)苏 1191 刑初 92 号刑事判决书	镇江华业汽车用品有限公司、丹阳市丰溢塑胶制品有限公司、蒋××等 6 人销售假冒注册商标的商品罪案
5	2020	安徽省芜湖经济技术开发区人民法院(2019)皖 0291 刑初 97 号刑事判决书	ABB 阿西亚·布朗·勃法瑞有限公司与张××、芜湖市迪顿电气贸易有限公司销售假冒注册商标的商品罪案

最高人民法院在2009—2022 年发布的知识产权司法保护 10 大案件和 50件典型案件中,共有 5 例销售假冒注册商标的商品罪典型案例,但通过相关网站

---

① 罗××等假冒注册商标案,【法宝引证码】CLI. C. 504581902,北大法宝网,https://www – pkulaw – com. libezproxy. must. edu. mo/pfnl/08df102e7c10f206874662dc8ed0d556f6a57e5a20dc616abdfb. html? way=originalDocument(2023–05–10 最后访问)。

② 选自 2009—2020 年最高人民法院每年公布的知识产权司法保护 10 大案件和 50 件典型案件。

搜索,仅在中国法院网搜到杨××销售假冒注册商标的商品罪案①的相关介绍。

该案基本情况:被告人杨××于2007年5月起,在北京市朝阳区秀水市场地下三层一仓库内,存放带有 LOUIS VUITTON、GUCCI、CHANEL 注册商标标识的男女式包,用于销售牟利。2009年8月9日,公安人员从该仓库内查获各种带有 LOUIS VUITTON、GUCCI、CHANEL 注册商标标识的男女式包8425个,货值金额为人民币766 990元。朝阳区人民法院认定,被告人杨××构成销售假冒注册商标的商品罪。鉴于其系犯罪未遂,且案发后具有认罪悔罪表现,依法对其从轻处罚,判处杨××有期徒刑三年零六个月,罚金人民币1万元;没收假冒注册商标的包8425个。宣判后,杨××不服判决,提出上诉。北京市第二中级人民法院经审理,依法驳回杨××的上诉,维持原判。

该案件的典型意义有二:一是按照未销售假冒注册商标的商品货值来定罪。本案购买者对被告人实施的销售假冒国际名牌包包的行为是知假买假,不同于一般的销售假冒注册商标的商品罪中消费者以正价买假货的情形,因此案件侦查很难获得购买者配合调查,被告人已销售的假冒注册商标的商品销售金额难以获得,因此本案在这种情况下采用未销售假冒注册商标的商品货值来认定犯罪成立。二是对本案中假冒注册商标的商品价值按照实际市场价格来定价,而非按照被侵权产品的市场中间价来定价。《侵犯知识产权罪司法解释(一)》中规定对于没有标价或者无法查清其实际销售价格的假冒注册商标商品,按照被侵权产品的市场中间价格计算。但该案例认为通过销售者销售的场所、方式等因素,消费者一般明知是假名牌,属于知假买假,不会按照正品的价格支付。销售价格与正品价格会有很大差距,只有按照假冒的商品本身的价格计算,才符合实际情况。如果按照正品即被假冒的商品的价格计算,则严重背离了客观实际②。

3. 非法制造、销售非法制造的注册商标标识罪典型案件概况

2009—2022年最高人民法院发布的知识产权司法保护典型案例中,单独的非法制造、销售非法制造的注册商标标识罪案件仅有1例,即2018年知识产权司法保护10大案件中的被告人李××、巫×非法制造注册商标标识罪案③。

---

① 被告人杨××销售假冒注册商标的商品案,中国法院网,2010 - 12 - 10,https://www. chinacourt. org/article/detail/2010/12/id/438271. shtml(2021-10-26 最后访问)。

② 最高人民法院刑事审判一至五庭主办:《刑事审判参考》(2011年第1辑),法律出版社,2011年,第111-115页。

③ 非法制造注册商标标识案,中国法院网,2019-04-22,https://www. chinacourt. org/article/detail/2019/04/id/3848705. shtml(2021-10-26 最后访问)。

该案基本情况：2016年8月起，被告人李××、巫×等人未经商标权人授权，加工生产假冒"三星"、"华为"注册商标的手机玻璃面板，将排线贴附到手机盖板上。被告人李××是该工厂的日常管理者，负责对工厂的机器设备进行调试以及对员工进行管理。被告人巫×协助李××管理工厂，每加工完成一个手机玻璃面板收取客户1~1.8元不等的加工费。2016年11月21日20时许，民警抓获被告人李××、巫×，并当场查获假冒"三星"手机玻璃面板10 100个、"华为"手机玻璃面板1200个、销售单据16张及送货单2本。按被害单位报价计，所缴获面板共计价值人民币648 000元。广东省深圳市宝安区人民法院一审根据被害单位出具的价格说明，以非法经营数额作为量刑标准作出认定。深圳市中级人民法院二审对此予以纠正，认为在无法查明实际销售价格和市场中间价格的情况下，应按照刑法规定的销售伪造、擅自制造两种以上注册商标标识数量予以量刑处罚。二审法院据此判决李××犯非法制造注册商标标识罪，判处有期徒刑二年，并处罚金人民币五万元；判决巫×犯非法制造注册商标标识罪，判处有期徒刑一年，并处罚金人民币六千元。

有关该案件的判决书在中国法院网、中国裁判文书网、北大法宝网和相关搜索引擎上均未找到，中国法院网及有关网站对本案的典型意义的介绍为："本案涉及非法制造注册商标标识罪案件中经营数额认定的证据采信标准。明确了相关司法解释中关于市场中间价认定标准的适用，对涉知识产权犯罪中非法经营数额证据的认定标准具有示范性作用。"根据《侵犯知识产权犯罪司法解释（一）》第3条的规定，成立非法制造、销售非法制造的注册商标标识罪有两个标准：一个是非法经营数额或违法所得数额标准，另外一个是非法制造的注册商标标识件数。本案中在无法确认被告人非法制造、销售非法制造的注册商标标识非法经营数额和违法所得数额的情况下，确立适用"假冒两种以上注册商标标识数量在1万件以上"的标准将被告人定罪量刑。

4. 侵犯著作权罪典型案例概况

详见表3-3。

表3-3　2009—2022年最高人民法院发布侵犯著作权罪典型案例①

序号	年份	案　号	案　件
1	2009年	江苏省苏州市虎丘区人民法院（2009）虎知刑初字第0001号刑事判决书	成都共软网络科技有限公司、孙××、张××、洪×、梁××侵犯著作权罪案
2	2011	江苏省无锡市中级人民法院（2011）锡知刑终字第1号刑事裁定书	鞠××、徐××、华×侵犯著作权罪上诉案
3	2011	北京市昌平区人民法院（2011）昌刑初字第390号刑事判决书	李××侵犯著作权罪案
4	2011	辽宁省沈阳市中级人民法院（2011）沈刑二终字第510号刑事裁定书	韩××、徐××、沈××、武×、苏×、闫×、沈×侵犯著作权罪上诉案
5	2011	上海市浦东新区人民法院（2011）浦刑初字第3240号刑事判决书	张×、黄×、梁××、阮××、刘×侵犯著作权罪案
6	2011	湖南省长沙市雨花区人民法院（2011）雨刑初字第546号刑事判决书	王××、余×平、陈××、余×长、何××、文××、单××侵犯著作权罪案
7	2012	江苏省高级人民法院（2012）苏知刑终字第0003号刑事判决书	赵×元、赵×保侵犯著作权罪上诉案
8	2012	广东省深圳市中级人民法院（2012）深中法知刑终字第35号刑事裁定书	燕××侵犯著作权罪上诉案
9	2013	安徽省蚌埠市禹会区人民法院（2013）禹知刑初字第2号刑事判决书	尤×、宋××、马××侵犯著作权罪案
10	2014	北京市第一中级人民法院（2014）一中刑终字第2516号刑事裁定书	周××等7人侵犯著作权罪案

---

　　①　选自2009—2022年最高人民法院每年公布的知识产权司法保护10大案件和50件典型案件。

续表 3-3

序号	年份	案　号	案　件
11	2014	上海市普陀区人民法院(2013)普刑(知)初字第 11 号刑事判决书	张××侵犯著作权罪案
12	2015	福建省福州市鼓楼区人民法院(2014)鼓刑初字第 461 号刑事判决书	翁××侵犯著作权罪案
13	2017	上海市浦东新区人民法院(2015)浦刑(知)初字第 12 号刑事判决书	北京易查无限信息技术有限公司、于×侵犯著作权罪案
14	2018	北京市海淀区人民法院(2018)京0108 刑初 1932 号刑事判决书	巨石在线(北京)科技有限公司、黄×侵犯著作权罪案
15	2020	上海市高级人民法院(2020)沪刑终 105 号刑事裁定书	李××等 9 人侵犯著作权罪案
16	2020	江苏省扬州市中级人民法院(2020)苏 10 刑初 11 号刑事判决书	马××等 4 人侵犯著作权罪案
17	2021	上海市第三中级人民法院(2021)沪 03 刑初 101 号刑事判决书、上海市杨浦区人民法院(2021)沪0110 刑初 826 号刑事判决书	梁××、王××等 15 人侵犯著作权罪案
18	2021	江苏省高级人民法院(2021)苏刑终 75 号刑事裁定书	北京欣盛建达图书有限公司、北京宏瑞建兴文化传播有限公司、王×等十人侵犯著作权罪、吴××非法制造、销售非法制造的注册商标标识罪案
19	2021	江苏省南京市中级人民法院(2021)苏 01 刑终 716 号刑事裁定书	上海国芯集成电路设计有限公司等侵犯著作权罪案
20	2022	北京市丰台区人民法院(2022)京0106 刑初 86 号刑事判决书	任×侵犯著作权罪案

　　在最高人民法院 2009—2022 年发布的知识产权司法保护 10 大案件和 50 件典型案件中,侵犯著作权罪有 20 件,是数量最多的知识产权犯罪典型案例类型。在一定程度上说明侵犯著作权罪是司法实践中的常发、疑难案件。20 件典

型案件中,依次通过中国法院网、中国裁判文书网、北大法宝网、中国知网、百度进行查询,无法查询到具体案件情况的有 1 件①,其他 19 件典型案例梳理情况如下:

(1)网络侵犯著作权案件居多。19 件典型案例中,有 10 件涉及通过网络侵犯著作权,分别是成都共软网络科技有限公司、孙××、张××、洪×、梁××侵犯著作权罪案②,韩××、徐××、沈××、武×、苏×、闫×、沈×侵犯著作权罪上诉案③,张×、黄×、梁××、阮××、刘×侵犯著作权罪案④,赵×元、赵×保侵犯著作权罪上诉案⑤,周××等 7 人侵犯著作权罪案⑥,张××侵犯著作权罪案⑦,北京易查无限信息技术有限公司、于×侵犯著作权罪案⑧,巨石在线(北京)科技有限公司、黄×侵犯著作权罪案⑨,梁××、王××等 15 人侵犯著作权罪案⑩,任×侵犯著作权案。⑪ 其余侵犯著作权罪案件分类为:①未经著作权人同意,破解并复制发行计算机软件类案件有

① 无法查到具体内容的案件有:燕亚航侵犯著作权罪上诉案[(2012)深中法知刑终字第 35 号刑事裁定书]。

② 2009 年中国法院知识产权司法保护 10 大案件简介,中国法院网,2010－04－22,https://www.chinacourt.org/article/detail/2010/04/id/405288.shtml(2021－10－26 最后访问)。

③ 阎晓宏主编:《中国版权年鉴》,中国人民大学出版社,2012 年,第 203－204 页。

④ 阎晓宏主编:《中国版权年鉴》,中国人民大学出版社,2012 年,第 204－205 页。

⑤ 2012 年中国法院知识产权司法保护十大案件,2013－04－22,http://ip.people.com.cn/n/2013/0422/c136655－21231393.html(2021－10－27 最后访问)。

⑥ 被告人周志全等 7 人侵犯著作权罪案,中国法院网,2015－09－18,https://www.chinacourt.org/article/detail/2015/09/id/1709343.shtml(2021－10－26 最后访问)。

⑦ 张俊雄侵犯著作权罪案,中国法院网,2015－09－21,https://www.chinacourt.org/article/detail/2015/09/id/1710156.shtml(2021－10－26 最后访问)。

⑧ 《最高人民法院办公厅关于印发 2017 年中国法院 10 大知识产权案件和 50 件典型知识产权案例的通知》,2018－4－16,http://www.law-lib.com/law/law_view.asp?id=618748(2021－10－27 最后访问)。

⑨ 《海淀区检察院发布保护知识产权十大典型案例》,2020－04－25,https://www.bjjc.gov.cn/bjoweb/jcdt/106433.jhtml(2021－10－27 最后访问)。

⑩ 《2021 年度全国打击侵权盗版十大案件》,2023－02－28,https://www.ncac.gov.cn/chinacopyright/contents/12756/357397.shtml(2023－05－10 最后访问)。

⑪ 北京法院 2022 年度知识产权司法保护十大案例,2023－04－25,https://baijiahao.baidu.com/s?id=1764133047489837893&wfr=spider&for=pc(2023－05－23 最后访问)。

3件。鞠××、徐××、华×侵犯著作权罪上诉案①,翁××侵犯著作权罪案②,上海国芯集成电路设计有限公司等侵犯著作权罪案。③ ②传统的制售盗版光盘、盗版图书案件5件。李××侵犯著作权罪案④,王××、余×平、陈××、余×民、何××、文××、单××侵犯著作权罪案⑤,尤×、宋××、马××侵犯著作权罪案⑥,马××等4人侵犯著作权罪案⑦,北京欣盛建达图书有限公司、北京宏瑞建兴文化传播有限公司、王×等十人侵犯著作权罪、吴××非法制造、销售非法制造的注册商标标识罪案。⑧ ③未经著作权人同意,复制发行美术作品的案件1件。李××等9人侵犯著作权罪案。⑨ 从上述案件分布来看,在网络社会日益发达的背景下,通过网络实施著作权侵权犯罪已成为侵犯著作权犯罪的主要行为方式,在《刑法修正案(十一)》将信息网络传播权纳入刑法保护范围之前,我国刑事司法实践中是通过2011年发布的《侵犯知识产权犯罪意见》第12条、13条的规定将信息网络传播权纳入发行权范围予以保护,该意见同时规定了通过信息网络传播侵权作品的定罪处罚标准。

(2)共同犯罪居多。19件典型案例中,共同犯罪有11件,其他分别是4件单独犯罪、4件单位犯罪。共同犯罪占据主导地位,侧面说明侵犯著作权犯罪案件涉及环节多、人数多,形成了比较成熟和隐蔽的犯罪行为模式,产生的社会危害性也比较大。

---

① 《2011年知识产权保护十大典型案例》,中国法院网,2012-04-17,https://www.chinacourt.org/article/detail/2012/04/id/478798.shtml(2021-10-26最后访问)。

② 《省法院发布知识产权司法保护十大案例》,2016-04-26,http://roll.sohu.com/20160426/n446156894.shtml(2021-10-27最后访问)。

③ 《2021年度全国打击侵权盗版十大案件》,2023-02-28,https://www.ncac.gov.cn/chinacopyright/contents/12756/357397.shtml(2023-05-10最后访问)。

④ 阎晓宏主编:《中国版权年鉴》,中国人民大学出版社,2012年,第203页。

⑤ 阎晓宏主编:《中国版权年鉴》,中国人民大学出版社,2012年,第205-206页。

⑥ 阎晓宏主编:《中国版权年鉴》,中国人民大学出版社,2012年,第266页。

⑦ 扬州市中级人民法院一审判决马振予等侵犯著作权案,2020-09-27,http://www.jszf.org/zyyg/jscawq_320/yangzhou/202009/t20200927_49629.html(2021-10-27最后访问)。

⑧ 王成等侵犯著作权、非法制造、销售非法制造的注册商标标识案,【法宝引证码】CLI.C.314177693,北大法宝网 https://www-pkulaw-com.libezproxy.must.edu.mo/pfnl/1970325151152285.html(2023-05-10最后访问)

⑨ "乐高"侵犯著作权罪案,中国法院网,2021-04-23,https://www.chinacourt.org/article/detail/2021/04/id/5993001.shtml(2021-10-26最后访问)。

5. 侵犯商业秘密罪典型案例概况

详见表3-4。

表3-4 2009—2022年最高人民法院发布的侵犯商业秘密罪典型案例①

序号	类型	案 号	案 件
1	2012	北京市海淀区人民法院(2012)海刑初字第3240号刑事判决书	伍××、李××侵犯商业秘密、侵犯著作权罪案(源代码)
2	2013	广东省珠海市中级人民法院(2013)珠中法刑终字第87号刑事判决书	江西亿铂电子科技有限公司、中山沃德打印机设备有限公司、余××、罗××、李××、肖××侵犯商业秘密罪案(经营信息)
3	2014	贵州省贵阳市中级人民法院(2014)筑民三(知刑)初字第1号刑事判决书	叶××、赵××、宋×侵犯商业秘密罪案(技术信息)
4	2016	江苏省高级人民法院(2015)苏知刑终字第00012号刑事判决书	汪××侵犯商业秘密上诉案(损失认定)
5	2016	贵州省高级人民法院(2016)黔刑终593号刑事裁定书	彭×侵犯商业秘密罪上诉案(间接侵犯商业秘密)
6	2017	广东省深圳市龙岗区人民法院(2016)粤0307刑初2539号刑事判决书	陈××等四人侵犯商业秘密罪案
7	2019	广东省惠州市中级人民法院(2018)粤13刑终361号刑事判决书	林××、叶××、郑××侵害商业秘密罪案(损失计算)
8	2020	广东省深圳市中级人民法院(2018)粤03刑终2568号刑事裁定书	姜××等6人侵犯商业秘密罪案(技术信息,损失认定)
9	2022	上海市浦东新区人民法院(2021)沪0115刑初5190号刑事判决书	纪××等四人侵犯商业秘密罪案(技术信息)

① 选自2009—2022年最高人民法院每年公布的知识产权司法保护10大案件和50件典型案件。

在上述 9 例最高人民法院发布的侵犯商业秘密罪典型案例中,除案例 6 陈××等四人侵犯商业秘密罪案无法通过网络公开途径查询案件情况外,其他 8 例典型案例均可以通过网络公开途径查询到。经过梳理,上述典型案例主要体现以下三个方面的特点:

(1)刑法对新型商业秘密的保护。如案例 1 伍××、李××侵犯商业秘密罪案①中的软件源代码作为商业秘密予以保护;案例 2 江西亿铂电子科技有限公司、中山沃德打印机设备有限公司、余××、罗××、李××、肖××侵犯商业秘密罪案②中的经营信息秘密性的认定;案例 3 叶××、赵××、宋×侵犯商业秘密罪案③中的技术信息的认定。

(2)加强间接侵犯商业秘密的行为认定。如案例 5 彭×侵犯商业秘密罪上诉案④中的间接侵犯商业秘密行为,案例 9 纪××等四人侵犯商业秘密罪案⑤中纪××、王×明知刘××、隋××违反与前用人单位的约定而披露商业秘密,仍获取、使用和披露该商业秘密的间接侵犯商业秘密行为。

(3)加强侵犯商业秘密罪中的损失认定的合理性。如案例 4 汪××侵犯商业秘密上诉案⑥、案例 7 林××、叶××、郑××侵害商业秘密罪案⑦及案例 8 姜××等 6

---

①　徐日丹:《高检院发布 2012 年度打击侵犯知识产权犯罪十大典型案例》,《检察日报》,2013-09-11,https://www.spp.gov.cn/spp/zdgz/201309/t20130911_62489.shtml(2022-02-14 最后访问)。

②　江西亿铂电子公司等侵犯商业秘密罪刑事案,中国法院网,2013-10-22,https://www.chinacourt.org/article/detail/2013/10/id/1110846.shtml(2021-10-26 最后访问)。

③　《省科技厅(知识产权局)召开"叶××等人侵犯时代沃顿公司商业秘密案"新闻通气会》,2014-06-20,http://kjt.guizhou.gov.cn/zwgk/xxgkml/jdhy/xwfbh/201801/t20180124_16173111.html(2022-02-14 最后访问)。

④　彭×侵犯商业秘密罪案,中国法院网 2018-01-30,https://www.chinacourt.org/article/detail/2018/01/id/3187876.shtml(2021-10-26 最后访问)。

⑤　《浦东法院 2 个案例入选 2022 年中国法院十大知识产权案件和 50 件典型知识产权案例》,上海政法综治网,2023-04-24,http://www.shzfzz.net/node2/zzb/n4484/n4744/u1ai1655555.html(2023-05-10 最后访问)。

⑥　汪××侵犯商业秘密宣告无罪案,中国法院网,2017-04-24,https://www.chinacourt.org/article/detail/2017/04/id/2822681.shtml(2021-10-26 最后访问)。

⑦　《典型知识产权案例:林××等三人侵害商业秘密罪案》,2020-04-29,惠州市中级人民法院,https://www.hzzy.gov.cn/web/content?gid=7242(2021-10-26 最后访问)。

人侵犯商业秘密罪案①中分别对损失认定依据、认定方法和计算方法等进行了阐述,一定程度上发挥了典型案例在实践中的指导作用。

(4)共同犯罪居多。9件侵犯商业秘密类典型案件中7件是共同犯罪,在一定程度上说明此类犯罪呈现出分工合作的复杂性。

(二)知识产权刑事典型案例存在问题

在梳理上述典型案例的过程中,笔者发现在多类知识产权犯罪典型案例中存在典型案例普及性差、参考意义小、典型案例之间定罪量刑的标准差异比较大等问题。

1. 典型案例的普及性差

笔者在对 2009—2022 年的知识产权犯罪典型案例进行整理时发现,虽然最高人民法院每年都公布 10 大知识产权案件和 50 件知识产权典型案例,但仅对 10 大知识产权案件进行简要介绍,其中的 50 件知识产权典型案例则仅公示案件的案号和案件名称,此类典型案例完整的司法文书在中国裁判文书网这一法定的公开途径一般难以查到,需要借助收费网站如北大法宝或通过搜索引擎获得案件情况的概括介绍,部分案件甚至完全无法查找。如在典型案例数量较多的假冒注册商标罪的 15 个案件中无法查找案件信息的有 5 件,其余 10 件案件均无法在中国裁判文书网上查询到,其中有 2 件只能通过北大法宝查询。又如典型案例最多的侵犯著作权罪的 20 个典型案例无 1 例能通过中国裁判文书网查询到。1 例无法通过互联网公开途径查询到,其余 19 例中仅 1 例能通过北大法宝网查询,18 例是通过中国法院网及相关书籍获得案例的概况,也无法查询到具体的司法文书内容。

2. 部分典型案例选择的宣告性大于参考性

侵犯注册商标罪的 9 例典型案例中,有 2 例典型案例的参考意义比较小。一例是 2009 年的刘××假冒注册商标罪案②,该案在新闻报道中的典型意义是"罚金与徒刑并处,且罚金较重,有利于从源头遏制被告人再犯的可能性。本案充分体现了我国保护知识产权的决心和刑事打击知识产权犯罪的力度",这在很大程度上是一种打击知识产权犯罪的刑事政策宣传,在对类案的参考上意义

---

① 《6 人侵犯华为商业秘密被判刑,广东公布 2020 年度商业秘密保护大事件》,南方⁺网,2021－10－29,https://static. nfapp. southcn. com/content/202110/29/c5887106. html(2023－05－10 最后访问)。

② 参见周斌:《最高法解读部分案件典型意义》,搜狐新闻,2011－04－25,http://news. sohu. com/20110425/n280400207. shtml(2021－10－26 日最后访问)。

比较小。另一例是陈××假冒注册商标罪案①,从本案的查阅资料来看,均未找
到官方或相关研究人员发布的案件典型意义。从本案犯罪认定和量刑过程来
看,不具有定罪量刑的典型指导意义,该案件比较突出的是涉案非法经营数额比
较高,这在当时的新闻报道上可以看到②,因此该案件作为典型案件发布的打击
知识产权犯罪的宣传意义大于定罪量刑的参考意义。另有侵犯著作权罪典型案
件中案例 20 的任×侵犯著作权罪案,该案作为典型案例的原因是该案的犯罪对
象是北京冬奥会的吉祥物,案例入选重在宣告国家对北京冬奥会吉祥物著作权
的保护,并无司法认定上的参考意义。

　　3.同罪名的典型案例之间刑罚存在较大差距

　　从假冒注册商标罪的典型案例来看,各案件中对定罪的数额标准表述有区
别。大部分案件采用"非法经营数额",少数案件则采用了不同的表述:在被告
人张×、邹×假冒注册商标罪、被告人王××销售非法制造的注册商标标识罪案件
中,采用的表述为"销售数额达 115 565 元",被告人的罚金也是在这个数额的基
础上按照 50% 的比例进行了判罚;在许××等假冒注册商标罪、王×销售假冒注册
商标的商品罪案件中,采用的表述为"生产、销售假冒注册商标商品金额均为
463 万余元",被告人的罚金也是在这个数额的基础上按照 50% 的比例进行了判
罚。在判处的法定刑方面,各案例并处罚金部分基本是按照查处的非法经营数
额的 50% 进行判罚的③,但自由刑幅度则出现较大的差距。详见表 3-5。

---

　　① 陈××假冒注册商标案,北大法宝 V6 官网,https://www. pkulaw. com. libezproxy. must.
edu. mo/pfnl/a25051f3312b07f3aaa4932bd728aa4ed10e083017501446bdfb。html? keyword =%
E9%99%88% E5% BB% BA% E8% 89% AF% E5% 81% 87% E5% 86% 92% E6% B3% A8% E5%
86% 8C% E5% 95% 86% E6% A0% 87% E7% BD% AA% E6% A1% 88% 20(2021-10-26 最后访
问)。

　　② 《勾兑白酒假冒五粮液涉案金额达千万元 福建一特大假冒注册商标案被告人判
刑》,《人民法院报》2012-12-26,http://rmfyb. chinacourt. org/paper/html/2012-12/26/content
_55738。htm? div=-1(2021-10-26 最后访问)。

　　③ 刘××假冒注册商标罪案中,认定的非法经营数额在 15 万元以上,判处罚金 15 万;胡
××假冒注册商标罪中认定的非法经营数额为 17 295 600 元,但罚金为 200 万元。

表3-5 部分假冒注册商标罪案例的情节及判处刑罚比较

案　件	假冒注册商标罪非法经营数额	被告人判处刑罚	备　注
胡××假冒注册商标罪	非法经营数额为17 295 600元	有期徒刑四年,并处罚金200万元	存在未遂、自首从宽处罚情节
陈××假冒注册商标罪	非法经营数额为10 446 470元	有期徒刑六年八个月,并处罚金5 300 000元	无从宽、从重处罚情节
许××假冒注册商标罪	生产、销售假冒注册商标商品金额为463万余元	有期徒刑四年六个月,并处罚金220万元	无从宽、从重处罚情节
张×假冒注册商标罪	销售金额达115 565元	有期徒刑二年,并处罚金60 000元。	无从宽、从重处罚情节
罗××、马××等8人假冒注册商标罪案	非法经营数额达2200余万元	主犯罗××有期徒刑四年及罚金人民币400万元,主犯马××有期徒刑六年及罚金人民币680万元	无从宽、从重处罚情节

从表3-5的对比来看,案例中被告人被判处的有期徒刑自二年到六年八个月不等,在2021年《刑法修正案(十一)》修改假冒注册商标罪的法定刑之前,假冒注册商标罪的法定刑最高为七年,陈××案在案涉金额超千万的情况下,判处六年八个月的有期徒刑,靠近法定最高刑是比较合理的,其非法经营数额是张×案中销售金额的百倍,相比之下张×被判处二年有期徒刑量刑过重,有轻罪重罚的倾向。罗××、马××等八人假冒注册商标罪案是在《刑法修正案(十一)》生效之后的司法判决,在假冒注册商标罪法定最高刑提高到10年有期徒刑以加大对此类犯罪惩罚力度背景下,该案主犯最高仅被判处6年有期徒刑,相对于陈××假冒注册商标罪中被告因1000多万元的非法经营数额被判处6年8个月有期徒刑,主刑适用上属于畸轻。

(三)知识产权刑事典型案例司法适用的完善

典型案例是我国知识产权司法实践的有益指导与补充。因此,在筛选指导案例特别是典型案例时,首先要确保筛选标准的合理与公开。应以案件是否具有创新性、典型性指导意义作为首要标准,而非案件涉及数额巨大或有较大社会影响作为筛选标准。其次,典型案例的司法文书应通过官方渠道充分公开。作为对司法实践有参考意义的典型案例,仅有案例名字而无详细的司法文书是无法发挥指导参考作用的。在互联网高度发达的今天,典型案例只有让公众能从官方网站公开途径查询到完整的司法文书,如中国裁判文书网、最高人民法院网等网站,才能充分发挥其提升公众知识产权刑事案件认知能力,指导补充知识产权刑事案件司法实践的作用。

三、知识产权刑事司法大数据研究

(一)知识产权刑事司法大数据来源

有关知识产权刑法保护的司法实践状况,公开、可靠的信息来源有二:一是最高人民法院自 2010 年开始每年发布的《中国法院知识产权司法保护状况》(以下简称《知识产权司法保护状况》),现有 2009—2022 年的知识产权刑事司法数据,2009 年之前的知识产权刑事司法数据,没有具体的年份数据,仅在《中国法院知识产权司法保护状况(2009)》中提到"从 1997 年至 2009 年,共审结知识产权刑事一审案件 14 509 件";查阅 1998—2009 年最高人民法院的工作报告,仅有 2005—2007 年的报告中有简单的知识产权刑事案件的数据;另一途径是国家知识产权局自 1998 年开始每年发布的《中国知识产权保护状况》(以下简称《知识产权保护状况》),由于该报告是由知识产权行政保护部门发布的,早期 1998—2003 年《知识产权保护状况》中未涉及知识产权司法保护。2004 年,国务院成立了由最高人民法院、最高人民检察院、商务部、公安部、工商总局、国家版权局、国家知识产权局、海关总署等十二个部门组成的国家保护知识产权工作组,包括最高审判机关、最高检察机关在内的国家保护知识产权工作组的成立,标志着国家层面将知识产权司法保护纳入知识产权保护体系,也标志着我国知识产权全方位保护体系构建和整合的开始,与此对应的是自 2004 年《知识产权保护状况》开始,知识产权司法保护开始作为报告内容的一个板块出现,知识产权刑事司法数据有明确的内容可查。

根据上述对知识产权刑事司法数据来源途径的查阅和确认,我国目前公开可以查到的知识产权刑事司法数据年份自 2004 年开始,2004—2008 年的数据采用国家知识产权局每年发布的《知识产权保护状况》中相应的数据,2009—2022 年的数据采用最高人民法院每年发布的《知识产权司法保护状况》中相应的数据。

(二)知识产权刑事司法大数据统计与分析

在 2004—2008 年国家知识产权局发布的《知识产权保护状况》和 2009—2016 年最高人民法院发布的《知识产权司法保护状况》中,知识产权刑事司法数据主要是一审审结案件数量,数据类别主要有四类,分别是:涉知识产权犯罪,侵犯知识产权犯罪,涉知识产权的生产、销售伪劣商品犯罪,涉知识产权的非法经营犯罪。其中,涉知识产权犯罪是指涉及知识产权的所有犯罪,这一类别的数据是后三类犯罪数的总和;侵犯知识产权犯罪专指刑法第三章破坏社会主义市场经济秩序罪第七节的侵犯知识产权罪,包括:假冒注册商标罪(第213条),销售假冒注册商标的商品罪(第214条),非法制造、销售非法制造的注册商标标识罪(第215条),假冒专利罪(第216条),侵犯著作权罪(第217条),销售侵权复制品罪(第218条),侵犯商业秘密罪(第219条)共7个罪名①;涉知识产权的生产、销售伪劣商品犯罪包括涉知识产权的刑法第三章破坏社会主义市场经济秩序罪第一节生产、销售伪劣商品罪中各个罪名;涉知识产权非法经营犯罪是指涉知识产权的非法经营罪(第225条)。因自2017年起,最高人民法院发布的《知识产权司法保护状况》和国家知识产权局发布的《知识产权保护状况》中均不再涉及涉知识产权的生产、销售伪劣商品犯罪和非法经营犯罪的案件数据,从其他途径也未能获得2017—2022年上述两类犯罪的案件数据,因此表3-6的全国涉知识产权犯罪案件数据列表中仅有2004—2016年间的数据;最高人民法院发布的《知识产权司法保护状况》自2010年起有明确的侵犯知识产权犯罪中各个罪名的数据,因此表3-7中全国侵犯知识产权犯罪分类案件数据列表中的年份为2010—2022年。

1.2004—2016年涉知识产权犯罪数据

详见表3-6。

表3-6 　2004—2016年全国②涉知识产权犯罪案件数据③ 　　　（单位:件）

年份	涉知识产权犯罪	侵犯知识产权犯罪	生产、销售伪劣商品犯罪	非法经营犯罪	涉侵犯知识产权的其他犯罪
2004	2751	385	932	1434	0

① 本统计年份是自2004—2016年,因此不包括自2021年3月1日开始实施的《刑法修正案(十一)》中新增的罪名:为境外非法窃取、刺探、收买、非法提供商业秘密罪。

② 此处的全国数据根据相关报告获得,暂不包括港澳台地区的数据。

③ 本表中"涉知识产权犯罪案"数量是当年审结案件数量,是"侵犯知识产权犯罪""生产、销售伪劣商品犯罪""非法经营犯罪"3项犯罪一审审结案件数量之和。2004—2008年的数据来源于国家知识产权局当年发布的《知识产权保护状况》,2009—2016年数据来源于最高人民法院当年发布的《知识产权司法保护状况》,2017—2022年因《知识产权司法保护状况》中不再出现涉侵犯知识产权的生产、销售伪劣商品犯罪和非法经营犯罪的数据,也未在国家知识产权局发布的《知识产权保护状况》中找到相关数据,笔者另试图从中国裁判文书网、《中国统计年鉴》等来源进行补充,均无法确认相关数据,故此表格删去2017—2022年部分。

续表3-6

年份	涉知识产权犯罪	侵犯知识产权犯罪	生产、销售伪劣商品犯罪	非法经营犯罪	涉侵犯知识产权的其他犯罪
2005	3529	505	1121	1903	0
2006	2277	769	437	1066	5
2007	2684	904	477	1296	7
2008	3326	996	610	1707	13
2009	3660	1007	646	1973	34
2010	3942	1254	609	2054	25
2011	5504	2967	750	1735	52
2012	12 794	7684	2504	2535	71
2013	9212	4957	2390	1712	153
2014	10 803	5103	3856	1663	181
2015	10 809	4856	3965	1844	144
2016	8601	3903	2855	1551	292
合计	79 892	35 290	21 152	22 473	977

从表3-6的数据来看,我国2004—2016年涉知识产权犯罪呈现出以下特点:

(1)涉知识产权犯罪案件数量整体上呈现增加趋势。涉知识产权犯罪一审审结案件数量自2004年的2751件增加到2016年的8601件,12年间增长了2倍多。这一增长与我国知识产权整体发展趋势相一致。根据《知识产权保护状况》的数据统计,我国2004年的专利申请数量约为35万件,2016年的专利申请数量则增加到346.5万件;各类商标2004年的申请总量为76.2万件,2016年的申请总量为369.14万件,专利和商标在同时期增长了10倍多。

(2)非法经营罪与生产、销售伪劣商品罪占比高。从表3-6的合计数据可以看出,我国2004—2016年涉知识产权犯罪案件总数中,涉知识产权的生产、销售伪劣商品罪和非法经营罪的案件合计数量占据54.6%。这两类犯罪虽然与侵犯知识产权犯罪同属于刑法第三章破坏社会主义市场经济秩序罪,但其保护法益并不一致。我国司法实践中长期存在将侵犯著作权案件以非法经营罪定罪处罚①，将侵犯注册商标案件以生产、销售伪劣商品罪定罪处罚的情况，从侧面说明这一时期我国知识产权刑法保护在立法和司法上存在不完善的情况，也成为国际上指责我国著作权刑法保护不力的口实②。

（3）侵犯知识产权犯罪案件数量呈现增加趋势。侵犯知识产权犯罪案件数量自2004年的385件到2012年高峰期的7684件（到2016年为3903件），整体上呈现出增长趋势；在涉知识产权犯罪案件总数中的比例由2004年的约14%到2016年的约45%，整体呈现出增长趋势。在涉知识产权犯罪案件总数中的比例在2011年比例首次超过50%，达到约54%，此后的2012—2016年的比例分别为：60%、54%、47%、45%、45%。上述数据表明，侵犯知识产权犯罪数量在涉知识产权犯罪总数中的比例虽然在2004—2012年出现了大幅度的增长，但此后的2013—2016年间却出现了逐年降低的趋势，说明涉知识产权的生产、销售伪劣商品犯罪和非法经营罪案件数量并未随着侵犯知识产权犯罪案件数量的增加呈现减少趋势，这两种犯罪在此期间仍是我国打击侵犯知识产权犯罪行为的主要罪名。

2. 2010—2022年侵犯知识产权犯罪分类数据

详见表3-7。

---

①　根据最高人民法院的《知识产权司法保护状况》，2010—2016年的侵犯著作权类犯罪的案件总数为6746件，同期涉知识产权非法经营罪的案件总数为13 094件；2010—2016年侵犯注册商标类犯罪的三个罪名案件总数为51729件，同期涉知识产权的生产、销售伪劣商品罪案件数量为16929件。

②　高晓莹：《论非法经营罪在著作权刑事保护领域的误用与退出》，载《当代法学》，2011年第2期，第50-55页。

表 3-7 2010—2022 年全国[①]侵犯知识产权犯罪分类案件数据[②]

年份	侵犯知识产权犯罪总数	假冒注册商标罪	销售假冒注册商标的商品罪	非法制造、销售非法制造的注册商标标识罪	侵犯著作权罪	销售侵权复制品罪	侵犯商业秘密罪	假冒专利罪
2010	1254	585	345	182	85	5	50	2
2011	2967	1060	863	370	594	30	49	1
2012	7684	2012	1906	615	3018	27	43	63
2013	4957	1546	1496	350	1499	15	50	1
2014	5103	2031	1903	397	722	12	37	1
2015	4856	2133	1789	358	523	5	47	1
2016	3903	1793	1543	311	207	4	40	5
2017	3642	1687	1494	260	170	4	26	1
2018	4064	1852	1724	305	136	6	39	2
2019	5075	2134	2279	423	191	8	39	1
2020	5520	2260	2528	395	273	17	45	2
2021	6046	2558	2623	476	313	15	61	0
2022[③]	5336	4971			304		61	
合计	60407	21651	20493	4442	7731	148	526	80
		51557			8183		667	

表 3-7 是对我国 2010—2022 年侵犯知识产权犯罪案件数据的统计,这里的

① 此处的全国数据根据相关报告获得,暂不包括港澳台地区的数据。

② 本表中数据来源于 2010—2022 年的最高人民法院《知识产权司法保护》。

③ 最高人民法院 2023 年 4 月 20 日发布的《中国法院知识产权司法保护状况(2022)》中不再细分不同知识产权犯罪罪名的案件数量,而是将知识产权犯罪案件按照"侵犯注册商标类刑事案件""侵犯著作权类刑事案件""其他刑事案件"三类案件公布相应的按件数量。https://www.court.gov.cn/xinshidai-xiangqing-397082.html,2023-04-20(2023-05-08 最后访问)。

表格数据剔除了涉知识产权的生产、销售伪劣商品罪和非法经营罪案件数据,仅限于对侵犯知识产权犯罪案件总数和各侵犯知识产权罪名的案件数量的统计。从该表可以看出我国2010—2022年的侵犯知识产权犯罪案件呈现出以下特点:

(1)侵犯知识产权犯罪案件总数总体上保持稳定。在2012年侵犯知识产权犯罪案件总数达到顶峰的7684件之后,我国侵犯知识产权案件总数保持在4000~5500件内,总体上比较稳定。

(2)侵犯注册商标类犯罪是主要的侵犯知识产权案犯罪。侵犯注册商标类犯罪案件数量①在当年侵犯知识产权犯罪数量的比例自2016年至2022年均在90%以上,最高年份为2018年的95.5%,其余年份中比例最低的为2012年的59%。从上述比例可以看出,侵犯注册商标类犯罪是我国知识产权刑事司法实践中的主要犯罪类型。

(3)假冒专利罪、销售侵权复制品罪、侵犯商业秘密罪数量较少。在2010—2022年的数据统计中,假冒专利罪的案件总数共计只有80件(2021年未有假冒专利罪案件,2022年未区分统计假冒专利罪的案件数量),销售侵权复制品罪共计148件(不含2022年数据),侵犯商业秘密罪共计526件(不含2022年数据),在侵犯知识产权犯罪案件总数中的比例非常低。

(4)侵犯著作权类罪名适用率偏低。综合表3-6、表3-7中的数据,2010—2016年侵犯著作权类犯罪案件(侵犯著作权罪、销售侵权复制品罪)总数占涉知识产权非法经营罪的比例分别为:2010年4.38%,2011年35.97%,2012年120%,2013年88.43%,2014年44.14%,2015年28.63%,2016年13.6%。从上述比例来看,侵犯著作权类犯罪的案件数量在当年度显著低于涉知识产权的非法经营罪案件数量,这一现象从比例数据来看在2012年得到了纠正,但随后的2013—2016年,仍然是涉知识产权的非法经营罪案件数量显著高于侵犯著作权类罪名的案件数量。从立法本意来讲,侵犯著作权类罪名是惩罚和预防侵犯著作权犯罪行为的特定罪名,而我国知识产权刑事司法实践中涉知识产权的非法经营罪适用比例远高于侵犯著作权类罪名,从侧面说明我国侵犯著作权类罪名适用率低,在司法实践中存在适用困难,应当对此类罪名的适用门槛及法定刑进行适当调整,以充分发挥惩罚及预防侵犯著作权类犯罪的作用,提高我国知识产权司法保护水平。

---

① 含假冒注册商标罪,销售假冒注册商标的商品罪,非法制造、销售非法制造的注册商标标识罪的案件数量。

(三)涉知识产权犯罪数据比较

1. 刑事司法各阶段数据与行政执法数据比较

在打击知识产权侵权方面,我国实行知识产权行政执法与刑事司法二元保护体系,为更好了解我国知识产权刑事司法状况,本书将我国知识产权刑事司法侦查、起诉、审判阶段的数据和知识产权行政执法数据进行统计并予以分析。详见表3-8。

表3-8 涉知识产权犯罪侦查、批捕、审结与知识产权行政执法案件数据对比表①

年份	公安机关侦破案件数量②	检察机关起诉案件数量③	法院一审审结案件数量④	行政执法案件总数⑤
2008	1455	1432	3326	58873
2009	1624	1535	3660	125 983
2010	2049	1697	3942	118 368
2011	43 550	2986	5504	147 996
2012	43 773	8612	12 794	143 686
2013	55 000	5329	9212	262 000
2014	28 280	5156	10 803	178 000
2015	21 000	4736	10 809	178 000
2016	17 000	3863	8601	189 000
2017	16 696	3880	3621	98 034
2018	19 060	4458	4319	125 900

---

① 本表中的数据均来源于国家知识产权局每年发布的《知识产权保护状况》,因2004—2007年的报告中未有检察机关对涉及侵犯知识产权案件数据的统计,因此该表格统计年份为2008年至2022年。

② 2008—2022年为全国公安机关侦破各类侵犯知识产权和制售伪劣商品犯罪案件数量。

③ 全国检察机关起诉的涉及侵犯知识产权犯罪案件数量。

④ 2004—2016年法院一审审结案件数量是涉知识产权犯罪案件数量,2017—2022年法院一审审结案件数量为侵犯知识产权犯罪案件数量。

⑤ "行政执法案件总数"是《知识产权保护状况》中专利、商标、版权、海关等主管部门主要行政执法案件数据的合计。

续表3-8

年份	公安机关侦破案件数量	检察机关起诉案件数量	法院一审审结案件数量	行政执法案件总数
2019	16 132	5433	5242	74 501
2020	21 000	5848	5544	88 495
2021	21 000	6565	6046	141 489
2022	27 000	5962	5456	183 027
合计	334 619	67 492	98 879	2 113 352

从表3-8可以看出,我国2008—2022年涉及侵犯知识产权犯罪的不同刑事诉讼阶段数据和行政执法数据之间对比后呈现以下特点:

(1)涉及侵犯知识产权犯罪案件在刑事司法阶段中的处理呈现收窄趋势。2008—2022年,公安机关侦破的各类侵犯知识产权和制售伪劣商品犯罪案件数量与检察机关、法院阶段处理的同类案件数量存在加大差距:检察机关起诉的涉及侵犯知识产权犯罪案件总量占公安机关侦破的涉知识产权犯罪案件总数的约20%,法院审结的涉知识产权犯罪案件总数占公安机关侦破的涉知识产权犯罪案件总数约30%。从整体上看,知识产权刑事司法不同阶段中,对涉嫌侵犯知识产权犯罪的案件的处理呈现收窄的趋势,特别从侦查阶段到提起公诉阶段的处理数量明显减少,知识产权犯罪整体上存在追诉乏力的问题[1]。

(2)行政执法是知识产权侵权处理的主要路径。在2008—2022年,公安机关侦破的涉及侵犯知识产权案件数量是行政执法案件总数的约16%,法院审结的涉及知识产权犯罪刑事案件数量仅占行政执法案件总数的约4.7%。巨大的数量差距说明在打击知识产权侵权违法行为时,行政执法是公权力保护知识产权的主要路径。

2.涉知识产权犯罪案件的区域数据比较

为了更精准了解我国知识产权刑事司法实践状况,本书在《知识产权保护状况》《知识产权司法保护状况》之外,通过中国裁判文书网(https://wenshu. court. gov. cn／)对我国侵犯知识产权犯罪案件的区域数据进行收集。我国裁判文书上网始于2010年11月份最高人民法院发布的《关于人民法院在互

---

[1]　魏晓蓓:《知识产权犯罪追诉的相关制度完善》,载《山东警察学院学报》,2017年第1期,第35-39页。

联网公布裁判文书的规定》(法发〔2010〕48 号)之后,因此在中国裁判文书网上可以搜到的侵犯知识产权犯罪判决书的年份是 2011—2022 年。

在中国裁判文书网上,以"侵犯知识产权罪"为案由搜索刑事案件判决书,2011—2022 年共有 17 220 份[①],从地域上看,涉及 31 个省、自治区、直辖市,案件数量最多的前 10 个地区为:广东省(4819 件)、浙江省(2593 件)、江苏省(1143 件)、山东省(1057 件)、河南省(780 件)、河北省(774 件)、北京市(772件)、上海市(599 件)、福建省(555 件)、湖北省(409 件),知识产权刑事案件数量多的省份和直辖市集中在东部和中部地区。案件数量最少的 10 个地区分别是:西藏自治区(9 件)、宁夏回族自治区(9 件)、海南省(14 件)、青海省(38件)、天津市(66 件)、新疆维吾尔自治区(99 件)、甘肃省(113 件)、贵州省(144件)、云南省(149 件)、广西壮族自治区(151 件),知识产权刑事案件数量最少的地区除天津市、广西壮族自治区、海南省外均位于我国西部地区。总体上看,我国侵犯知识产权犯罪刑事判决书数量在地区分布上呈现出东部与中部省份案件多,西部省份案件数量少的特点,知识产权刑事案件数量在东中部地区与西部地区之间呈现出不平衡状态。

四、知识产权刑事司法存在的问题

上文对我国知识产权刑事司法从指导案例的适用理解、涉知识产权犯罪案件数量与侵犯知识产权犯罪案件数量、侵犯知识产权犯罪案件内部不同罪名的案件数量、涉知识产权犯罪不同刑事司法阶段、刑事司法案件数据与行政执法案件数据、不同地区侵犯知识产权犯罪案件数据的对比,一方面可以明确我国知识产权刑法保护存在问题,可以为以后知识产权刑法保护完善明确着力点。

通过对我国近二十年来知识产权刑法保护司法大数据的梳理与分析,我国知识产权刑事司法实践中存在的主要问题是非专业性、不平衡性、指导案例和典型案例的作用有限。

(一)非专业性

从我国目前的涉知识产权犯罪案件的刑事司法阶段来看,案件的侦查阶段和审判阶段呈现出较强的非专业性。

首先,公安机关作为我国涉知识产权犯罪案件的侦查机关不具有专业性。知识产权的侵权认定具有很强的专业性,但我国公安机关作为普遍性的治安管理机关,不具备知识产权侵权认定的专业知识背景,这在较大程度上影响了公安

---

① 上述查询数据是 2022 年 5 月 31 日在中国裁判文书网上查询所得。

机关对涉知识产权犯罪案件的侦查能力,进而影响到刑法对知识产权的保护力度,如公安机关在对侵权行为进行调查取证的时候由于专业知识不具备,可能会忽略对关键侵权证据、数据的调查取证进而影响后期的定罪量刑。

其次,涉知识产权犯罪案件的定罪专业性不强。根据我国 2004—2016 年侵犯知识产权犯罪案件数据和涉知识产权生产、销售伪劣商品犯罪和非法经营罪案件数量的对比可以看出,在我国 2004—2016 年的知识产权的刑事司法保护实践中,涉知识产权生产、销售伪劣商品犯罪和非法经营罪案件总数在涉知识产权犯罪案件总数中占比达到 54.6%,整体上超出侵犯知识产权罪各罪名的适用,一定程度上说明了我国知识产权刑事司法保护在定罪环节的非专业性。

(二)不平衡性

我国知识产权刑法保护司法实践中的不平衡性主要体现为与行政执法的巨大差异和地区之间的不平衡。

首先,知识产权刑事司法保护与行政执法保护存在巨大不平衡性。知识产权行政执法与刑事司法是使用公权力对知识产权进行保护的两种并行体系,从我国知识产权刑事司法和行政执法的大数据对比来看,知识产权刑事司法保护的比例显著低于行政执法保护:2008—2020 年全国法院审结的涉及知识产权犯罪刑事案件数量仅占同期全国行政执法案件总数的 4.88%,这成为以美国为首的西方国家指责我国知识产权刑事司法保护门槛过高的主要原因。虽然由于知识产权刑法保护体系的不同,欧美国家刑法上的很多轻罪在我国属于行政违法行为[①],但从整体上来看,完善我国知识产权行政执法与刑事司法的衔接是提升我国知识产权刑法保护的必要措施。

其次,知识产权刑事司法保护存在区域的不平衡性。从我国不同区域知识产权刑事司法案件数据来看,我国知识产权刑事司法保护在东中部地区和西部地区之间存在明显的区域不平衡性,这种不平衡一方面源于地区之间经济发展与知识产权发展水平的差异,如在国家知识产权局知识产权发展研究中心发布的《2020 年中国知识产权发展状况评价报告》中,2020 年知识产权综合发展指数排名前 6 位的地区依次为广东、江苏、北京、上海、浙江和山东,这与知识产权刑事案件数量分布多的省份基本吻合;另一方面也源于我国知识产权刑事司法力量在不同地区之间分布的不平衡。我国目前的知识产权法院和知识产权法庭建设主要覆盖东部沿海地区,且未完全突破地域化局限,知识产权司法资源配

---

① 郭理蓉:《多重博弈下的知识产权犯罪刑事政策——兼论我国知识产权犯罪刑事政策的完善》,载《山东警察学院学报》,2010 年第 1 期,第 16–19 页。

置客观上存在不平衡①。这种不平衡性与我国经济发展和知识产权发展的区域不平衡性基本一致,是我国现阶段的客观情况。但从我国建设知识产权强国的目标出发,区域间知识产权刑法保护水平的不平衡性在市场经济和互联网发达的条件下会引发知识产权犯罪流向保护强度低地区,不利于充分发挥刑法保护知识产权的作用。

(三)指导案例和典型案例的作用有限

指导性案例在司法实践中发挥的是参照作用、释法说理作用,不能作为处理案件的直接依据。目前我国知识产权刑事指导案例仅 1 件,且从实践数据来看,该指导案例在司法实践中的指导应用效果并不充分。典型案例可以作为裁判的参考。最高人民法院网站上发布的 2009—2022 年知识产权司法保护 10 大案例和 50 件典型案件中涉及知识产权刑事案件的共计 50 例,上述典型案例除最高人民法院公报上有案件号和案件名称外,无其他具体的案件信息,大部分典型案件无法通过官方网站查询到刑事判决书或案件裁决理由,无法发挥典型案例的宣传教育指导作用;且部分典型案例的选择缺乏科学标准,不具有普遍的指导意义。

五、知识产权刑事司法保护的完善方向

根据对我国知识产权刑事司法保护大数据的分析,从概括性方面提出完善我国知识产权刑事司法保护的建议。

(一)建立专业的涉知识产权犯罪侦查机关

知识产权犯罪侦查是知识产权刑法保护的首要关口,侦查能力的高低直接关系着知识产权刑法保护的效果。同时,知识产权犯罪是公认的隐蔽性和专业性极强的犯罪,近年来随着信息技术的发展,知识产权犯罪出现了网络化、无形化、专业化、集团化、国际化等诸多新趋势②,知识产权犯罪侦查难度日益提高。我国目前已初步建成专门的知识产权法院体系和推行"三审合一"的知识产权审判管辖模式,其原因就在于知识产权本身的专业性和技术性较强。要提高知识产权案件的审理效率和质量,提高知识产权司法保护水平,必须建立起专业的知识产权审判机关。而知识产权犯罪作为知识产权侵权行为的严重表现形式,由于刑法本身的谦抑性和谨慎性,对定罪量刑的证据标准要求更高,这种情

---

① 马一德:《知识产权司法现代化演进下的知识产权法院体系建设》,载《法律适用》,2019 年第 3 期,第 39-50 页。

② 聂洪涛、韩欣悦:《大数据侦查技术在知识产权犯罪中的应用分析》,载《科技与法律》,2020 年第 4 期,第 57-64 页。

况下,知识产权犯罪案件的侦查机关理应具有更高的专业性,但我国目前涉知识产权犯罪是由公安机关负责侦查,公安机关缺乏相应的知识产权专业知识,一定程度上影响知识产权犯罪案件的证据取证,不利于知识产权的刑法保护。

从我国目前的知识产权保护实践情况来看,优化知识产权侦查机制是提高我国知识产权刑事司法保护的重要内容[①]。鉴于知识产权案件本身的专业性、技术性特征,设立专业的涉知识产权侦查机关是比较好的优化知识产权侦查机制的路径。从我国目前的实际情况出发,建立专业的涉知识产权犯罪侦查机关,有三条路径可以探索:第一是在公安机关内部设涉知识产权案件专业侦查机关。目前公安机关既是我国治安管理机关,也是我国主要的刑事侦查机关,承担了大部分刑事案件的侦查工作,工作量大,涉知识产权刑事案件从整体数量上[②]来看不足以在公安机关设立专门的侦查机关,实践中也暂时未见这样的操作。第二条路径是在知识产权行政管理机关内设知识产权犯罪侦查机关。这一路径从专业技术手段、专业人才配备来讲,是比较合适的路径,但我国目前的刑事诉讼体系中暂无除公安机关以外的其他行政机关兼具刑事侦查权的规定,在制度上存在障碍。第三条路径是在检察机关内设涉知识产权专业侦查机关。检察机关是我国法律监督机关,同时对部分案件享有刑事侦查权,将涉知识产权案件的刑事侦查权通过修改刑事诉讼法的方式赋予检察机关,从制度上来看不存在障碍,从实际操作层面来看,我国检察机关作为法律监督机关,肩负着知识产权民事诉讼、行政诉讼、刑事诉讼的法律监督职责和涉知识产权刑事案件的审查批捕、审查起诉、提起公诉职责,其本身已有建设专业知识产权司法人才队伍的需求,在此基础上,在检察机关内设立专门的知识产权侦查机关具有可操作性,是未来设立专业涉知识产权侦查机关的合理路径。

除设立专业知识产权侦查机关外,优化知识产权侦查机制还可以从加强知识产权侦查监督与引导入手。我国司法实践中部分地方检察机关试点开展了涉知识产权案件捕诉一体检察室,如广州市黄埔区检察院成立全省首个捕诉一体基层知识产权检察室[③]。这种捕诉一体的知识产权检察机制使得检察机关在侦查阶段的审查批捕阶段就可以介入涉知识产权刑事案件,有助于加强涉知识产

---

① 贺志军:《我国知识产权刑事司法运行之反思与重构》,载《知识产权》,2016 年第 7 期,第 100-106 页。

② 从本书表3-8 中的数据来看,近年来全国涉知识产权刑事案件的侦查数量在 2 万件左右。

③ 郭洪平、高艳燕:《护航大湾区,如何找到最大"同心圆"》,2021-10-12,载《方圆》,https://mp. weixin. qq. com/s/OKWIAKdEa_MlWgTrY7S9Kw?(2023-02-24 日最后访问)。

权刑事案件侦查的专业性和全面性,是目前知识产权刑事诉讼体制背景下有效提高知识产权刑事侦查技术和水平的措施。

(二)完善侵犯知识产权犯罪的定罪量刑标准

我国涉知识产权犯罪中,涉知识产权的生产、销售伪劣商品罪和非法经营罪之所以能够在司法实践中成为主要适用的罪名,从实践来看,主要有以下两方面的原因:

一方面原因在于上述两个罪名的侦查难度较低,专业性要求低。侵犯注册商标类犯罪要求的是"在同一商品、服务上使用与其注册商标相同的商标",这一要求中的"同一商品、同一服务"和"与其注册商标相同的商标"都需要专业的判断和认定,侵犯著作权中需要对是否属于作品范畴和侵权表现进行专业的认定,这些对于不具备专业知识的侦查机关人员来讲认定难度较高。

另一方面原因在于这两个罪名的犯罪成立标准难度低于相应的侵犯知识产权犯罪成立标准。2010年5月最高人民检察院和公安部颁发的《最高人民检察院公安部关于公安机关管辖的刑事案件立案追诉标准的规定(二)》(以下简称《公安机关管辖刑事案件的立案追诉标准(二)》)中规定的假冒注册商标罪和非法制造、销售非法制造的注册商标标识罪的立案数额标准都是"非法经营数额在5万元以上或违法所得数额在3万元以上";销售假冒注册商标的商品罪的立案追诉标准为"销售金额在5万元以上"或"已销售金额与尚未销售的货值金额合计在十五万元以上的";而2008年6月最高人民检察院、公安部发布的《最高人民检察院、公安部关于公安机关管辖的刑事案件立案追诉标准的规定(一)》(以下简称《公安机关管辖刑事案件的立案追诉标准(一)》)中规定的生产、销售假冒伪劣产品罪的追诉标准为"伪劣产品销售金额五万元以上的""伪劣产品尚未销售,货值金额十五万元以上的""伪劣产品销售金额不满五万元,但将已销售金额乘以三倍后,与尚未销售的伪劣产品货值金额合计十五万元以上的"。从上述规定来看,假冒注册商标罪的追诉数额标准包括"非法经营数额"或"违法所得数额",而生产、销售假冒伪劣产品罪中的计算标准为"销售金额",相比之下销售金额的计算方式比非法经营数额、违法所得数额要简单;同样作为销售类犯罪的销售假冒注册商标的商品罪在存在未销售商品时犯罪追诉标准是"已销售金额与尚未销售的货值金额合计在十五万元以上的",而生产、销售伪劣产品罪的追诉标准是"伪劣产品销售金额不满五万元,但将已销售金额乘以三倍后,与尚未销售的伪劣产品货值金额合计十五万元以上的",这一追诉标准低于销售假冒注册商标的商品罪。侵犯著作权犯罪与非法经营罪的成立标准也存在这样的问题:《公安机关管辖刑事案件的立案追诉标准(一)》中规定侵犯著作权罪的追诉标准是"违法所得数额三万元以上的",或"非法经营数额五万元以上的",或"未经著作权人许可,复制发行其文字作品、音乐、电影、电视、录像作品、计算机软件及其他作品,复制品数量合计五百张(份)以上的",或"未经录音录像制作者许可,复制发行其制作的录音录像制品,复制品数量合计五百张(份)以上的";销售侵权复制品罪的追诉标准为"违法所得数额十万元以上的",或"违法所得数额虽未达到上述数额标准,但尚未销售的侵权复制品货值金额达到三十万元以上的"。《公安机关管辖刑事案件的立案追诉标准(二)》规定的非法经营罪兜底条款的追诉标准是"个人非法经营数额在五万元以上,或者违法所得数额在一万元以上的",或"单位非法经营数额在五十万元以上,或者违法所得数额在十万元以上的",或"虽未达到上述数额标准,但两年内因同种非法经营行为受过二次以上行政处罚,又进行同种非法经营行为的"。这一追诉标准中的违法所得数额低于侵犯著作权罪和销售侵权复制品罪;个人非法经营数额低于销售侵权复制品罪中的数额。

因此,从整体上看,侵犯知识产权犯罪的罪名认定难度高于生产、销售伪劣商品犯罪和非法经营罪;追诉标准计算难度和数额标准高于生产、销售伪劣商品犯罪和非法经营罪,因此造成实践中这两类涉知识产权犯罪罪名适用较多,而专业的侵犯知识产权罪罪名使用率低。在前述建立专业的知识产权犯罪侦查机关的基础上,降低侵犯知识产权类犯罪的定罪量刑标准,使之与生产、销售伪劣商品犯罪和非法经营罪的定罪量刑标准相协调,形成"严而不厉"知识产权犯罪刑事法网[1],提高侵犯知识产权类犯罪罪名的适用,提高我国知识产权刑法保护的专业性。

(三)加强知识产权行刑衔接的移送监督

目前对我国知识产权行政执法机关的案件移送监督,虽然有《行政执法机关移送涉嫌犯罪案件的规定(2020)》第 14 条规定的人民检察院和监察机关依法实施的监督,但这两个部门的移送监督权尚无法律的授权,仅限于该行政法规的规定,缺乏法律层面的依据;同时从现有的法律文件来看,人民检察院、监察机关对行政机关是否移送涉嫌犯罪案件的监督不具有法律强制力,这种监督的根本问题是刚性不足[2],发挥作用有限。在我国知识产权行政执法与刑事司法案件数量存在巨大差额的情况下,建立常规有效的对知识产权行政执法机关移送涉嫌犯罪案件监督机制是非常必要的。从我国目前的立案监督机制来看,加强

---

[1] 徐岱、谢忠峰:《知识产权犯罪刑事立法的域外经验与我国的路径选择》,载《山东社会科学》,2014 年第 5 期,第 105–109 页。

[2] 袁帅:《知识产权"行刑衔接"检察监督的困境及路径选择》,载《中国检察官》,2022 年第 3 期,第 51–54 页。

检察机关对知识产权行刑衔接的移送监督是有效措施。

首先,确立检察机关对知识产权行刑衔接案件的立案监督。目前我国行政执法部门移送涉嫌犯罪案件并非刑事诉讼立案活动,并不在检察院的立案监督范围。因此,目前检察院对行政执法部门的监督方式是没有法律效力的检察建议。任何制度的有效落实都离不开有效的监督,行刑衔接制度也一样。未来的行刑衔接制度构建中,须加强对行政执法部门移送案件的刚性监督,这就需要从权限划分和法律性质上对行政执法部门的移送行为重新进行界定。从我国的实际情况来看,可以借鉴美国将刑事案件侦查权分散于行政机关的经验,将涉及行刑衔接领域的案件刑事侦查权赋予相应的行政执法部门,在行政执法部门内部设立刑事侦查机构,这样一方面减轻了公安机关的刑事侦查负担①,另一方面也将行政执法部门的移送行为纳入检察院的立案监督范围,厘清了行刑衔接中的监督体系问题。从实践来看,在我国大多数知识产权违法案件由行政执法部门处理的现实情况下,在行政执法部门内设刑事侦查机构,去掉了行政执法部门与公安机关之间的沟通协调成本,行刑衔接的效率会相应更高一些。

其次,提升检察机关知识产权案件的监督能力。在检察院获得行刑衔接过程中对行政执法部门案件移送监督权的情况下,根据我国目前的知识产权行为违法案件的处理数据②,检察院在知识产权犯罪刑事立案监督、批准及逮捕、提起公诉等环节的工作任务会大幅度增加,现有的检察院人力资源、财务资源、组织资源会较为难以应对,笔者认为这也是我国知识产权行刑衔接工作难以进行有效推动的原因之一。因此,要真正推动知识产权行刑衔接工作的有效进行,在完善法律、体制机制的情况下,应根据实际情况加大对检察院的资源投入,提升检察院整体的法律监督能力。

综上,确立检察机关对侦查机关的立案监督权,可以建立起常规有效的移送监督机制,同时辅以监察机关和上级行政机关的监督,能够形成全方位有效的监督机制,完善我国知识产权行政执法与刑事司法的衔接实践。

---

① 从历年的中国知识产权保护状况报告中可以看出,公安机关自身也肩负着较重的打击知识产权犯罪的工作,这可能是公安机关在行刑衔接过程中主动性不强的原因之一。2019年,全国公安机关侦破各类侵犯知识产权和制售伪劣商品犯罪案件 16 132 起,抓获犯罪嫌疑人 29 852 名,涉案总价值 86.67 亿元。

② 根据 2015—2019 年的《知识产权保护状况》,知识产权行政执法部门查处的假冒专利案件和商标侵权假冒等违法案件的数据分别为:48 616 件、约 5.6 万件、65 477 件、7.11 万件、3.92 万件;对应的检察院每年提起知识产权犯罪的公诉案件数量分别为:4736 件、3863件、3880 件、4458 件。

（四）提升西部地区知识产权刑事司法水平

在知识产权犯罪呈现网络化趋势的背景下[1]，知识产权犯罪行为受到的地域限制越来越少。在我国西部地区知识产权刑事司法力量较弱的情况下，会引发知识产权犯罪流向西部地区的风险，进而从整体上影响我国知识产权刑法保护效果。

提升西部地区知识产权刑事司法水平，一方面要加强中西部地区知识产权人才的对口培养；另一方面可以通过增加西部地区知识产权专门刑事司法机关的方式或设立跨行政区域知识产权刑事司法机关的方式[2]增加西部地区的知识产权刑事司法力量，补齐我国知识产权刑事司法保护的区域短板。

第四节　知识产权行政执法与刑事司法的衔接

知识产权行政执法与行刑衔接是知识产权刑事司法保护中的重要问题，从前文的司法大数据也可以看出，我国知识产权行政执法案件数量与刑事司法案件数量存在巨大的落差，要提高知识产权刑事司法保护水平，完善我国知识产权行政执法与刑事司法衔接是必然要解决的问题。我国理论界基本上均认为在知识产权保护领域，刑法和行政法的衔接要同时从实体法和程序法的角度进行。有学者提出行刑衔接的路径为"进一步明确证据衔接和转化规则，进一步统一知识产权刑事案件追诉标准，进一步厘清知识产权执法衔接程序，制定统一的知识产权执法衔接条例"[3]；有学者认为还应"规范案件的审查期限，把握适当的移送时机，统一案件移送后的主管机构，强化检察机关的监督职能"[4]，这些建议中主要涉及行刑衔接的立法、证据转化、立案监督等方面。在我国知识产权保护实践中，知识产权行政执法与刑事司法衔接中已形成一些制度和做法。

---

① 龚义年：《论知识产权犯罪网络化及其刑法回应》，载《河南科技大学学报（社会科学版）》，2018 年第 1 期，第 99-105 页。

② 孙松：《知识产权跨区域管辖的问题与出路——兼论知识产权法院的系统设计》，载《中国发明与专利》，2017 年第 12 期，第 23-28 页。

③ 梅术文：《知识产权的执法衔接规则》，载《国家检察官学院学报》，2008 年第 2 期，第 123-128 页。

④ 张道许：《知识产权保护中"两法衔接"机制研究》，载《行政法学研究》，2012 年第 2 期，第 103-108 页。

一、我国知识产权行刑衔接的现状

(一)知识产权行刑衔接的立法现状

在我国知识产权保护体系中,行政执法与刑事司法衔接问题由来已久。从现有的规范和政策体系来看,知识产权行政执法与刑事司法衔接的规范性文件可以分为各部门分散制定衔接规范阶段、行刑衔接纳入法治建设目标体系阶段两个阶段。

1. 部门分散制定衔接规范阶段

在 2001 年之前,虽然行政执法与刑事司法之间的衔接问题客观存在,但多是通过实务工作部门协调解决。2001 年 7 月 9 日,国务院出台《行政执法机关移送涉嫌犯罪案件的规定》(中华人民共和国国务院令第 310 号),以行政法规形式规定了行刑衔接的法律依据、法律程序、法律责任等,"该行政法规的颁布实施标志着行刑衔接制度的正式建立"[①]。该行政法规在 2020 年 8 月 7 日进行了修改,目前仍是行刑衔接的主要法律依据。同年的 12 月最高人民检察院制定了《人民检察院办理行政执法机关移送涉嫌犯罪案件的规定》(高检发释字〔2001〕4 号),规定"人民检察院应当依法对公安机关办理行政执法机关移送涉嫌犯罪案件进行立案监督",各级人民检察院对行政执法机关违法不移送涉嫌犯罪案件,"可以提出检察意见"。2004 年 3 月和 2006 年 1 月,最高人民检察院联合相关部门分别颁布了《最高人民检察院、全国整顿和规范市场经济秩序领导小组办公室、公安部关于加强行政执法机关与公安机关、人民检察院工作联系的意见》和《最高人民检察院、全国整顿和规范市场经济秩序领导小组办公室、公安部、监察部关于在行政执法中及时移送涉嫌犯罪案件的意见》两部规范性文件,这两份文件规定了行政执法机关、公安机关、人民检察院在行政执法与刑事司法衔接中要加强合作,建立信息共享机制,规定了各部门在行刑案件移送中的义务、程序,强调检察院对行政执法机关移送案件可以提出检察意见。2011年 2 月,中共中央办公厅、国务院办公厅转发了国务院法制办公室等八部门共同制定的《关于加强行政执法与刑事司法衔接工作的意见》(中办发〔2011〕8号),重点解决行政执法领域中有案不移、有案难移、以罚代刑的问题,进一步明确行政执法机关和公安机关要严格履行法定职责,及时按照法定程序移送涉嫌犯罪的案件,同时强调各地区各有关部门要针对行政执法与刑事司法衔接工作

---

① 练育强:《行政执法与刑事司法衔接制度沿革分析》,载《政法论坛》,2017 年第 5期,第 167-175 页。

的薄弱环节,建立健全衔接工作机制,促进各有关单位之间协调配合,形成工作合力。这一个阶段的衔接规范注重各部门在移交衔接工作中的具体操作要求,尚未形成行刑衔接的系统性规定。

2.行刑衔接纳入法治建设目标体系阶段

十八大报告将"实施知识产权战略,加强知识产权保护"纳入创新驱动发展战略整体部署当中,建设和完善行刑衔接机制被纳入全面推进依法治国的目标体系。2012 年,全国打击侵犯知识产权和制售假冒伪劣商品工作领导小组办公室会同 13 个成员单位推动出台《关于做好打击侵犯知识产权和制售假冒伪劣商品工作中行政执法与刑事司法衔接的意见》,明确各相关部门之间要建立健全线索通报、案件移送、执法协作、信息共享、监督检查等制度。2013 年 11 月中共十八届三中全会《关于全面深化改革若干重大问题的决定》和 2014 年 10 月中共十八届四中全会《关于全面推进依法治国若干重大问题的决定》中都提出了要完善或健全行政执法与刑事司法衔接机制。2015 年 12 月,中共中央、国务院印发的《法治政府建设实施纲要(2015—2020) 》中又再次强调了"健全行政执法与刑事司法衔接机制"。2019 年 11 月中共中央办公厅、国务院办公厅印发《关于强化知识产权保护的意见》中明确提出了"推进行政执法和刑事司法立案标准协调衔接,完善案件移送要求和证据标准,制定证据指引,顺畅行政执法和刑事司法衔接","健全行政执法部门与公安部门对涉嫌犯罪的知识产权案件查办工作衔接机制"。2020 年 4 月,最高人民法院发布《关于全面加强知识产权司法保护的意见》(法发〔2020〕11 号),强调"加强与知识产权、市场监管、版权、海关、农业等行政主管部门在知识产权行政执法程序上的衔接,推动形成知识产权保护的整体合力","建立健全与知识产权行政主管机关的数据交换机制,实现知识产权大数据分析工具运用常态化,提高综合研判和决策水平"。2020 年 8 月国务院修改《行政执法机关移送涉嫌犯罪案件的规定》,增加了对知识产权领域违法案件涉嫌犯罪的移交条件和移交部门的规定。这一阶段的规范性文件将行刑衔接工作提升到建设法治国家、实现知识产权战略的高度,进一步明确了建立行刑衔接机制工作的路径,为行刑衔接工作的开展奠定了良好的基础。

上述规定行政执法与刑事司法衔接的规范文件呈现出以下几个特点:第一,缺乏法律层面的规范性文件。上述有关行政执法机关移送涉嫌犯罪的文件从立法层次上看,有国务院制定的行政法规、最高人民检察院联合相关部门规定的办法和意见、最高人民法院的意见,另有行刑衔接的相关政府文件。目前有关知识产权行刑衔接乃至整个行政违法与刑事司法衔接领域均无法律,这也是理论界完善行刑衔接研究中讨论的热点,认为现有的行刑衔接规范性文件法律效力层级较低,应该制定新的行刑衔接法律或在现有的《行政处罚法》、《刑事诉讼法》等法律中增加行刑衔接的内容。第二,从内容上看行刑衔接规定从具体走向宏观。国务院的《行政执法机关移送涉嫌犯罪案件的规定》及后来最高人民检察院与相关部门制定颁发的行刑衔接规范性文件,都是具体的行刑衔接条件、部门、程序、责任等方面的规定,自 2013 年开始政府的相关文件从建设法治政府,强化知识产权保护的宏观角度规定"要完善行政执法与刑事司法衔接"机制,将完善行刑衔接机制上升到国家层面。最后,规范性文件的颁发主体主要是最高行政机关和最高检察机关、最高人民法院。从现有的规范行政执法与刑事司法衔接的文件来看,上述部门均从各自的权责范围出发,规定了衔接的标准、程序、监督、责任,虽然形成了较为完备的移送衔接体系,但仍缺乏规范之间的对接和协调,出台更高法律层次的行刑衔接规范是非常必要的。

理论界也强调完善行刑衔接立法的重要性和必要性。陈波在2015 年的论文明确提出"完善立法是增强知识产权行政执法与刑事司法衔接的前提与基础"[①],张伟珂在其 2020 年的论文中强调"在国家层面制定行政执法与刑事司法衔接法律具有必要性与可行性"[②]。在具体立法体例上,学者有主张制定一部具有司法性质的行政刑事法,明确行政违法与刑事犯罪的判断标准、行政执法与刑事司法的移送和衔接等[③]。另一种立法体例是可以将行政执法与刑事司法衔接的内容通过修改法律的方式规定在现有的《行政处罚法》《刑事诉讼法》《人民检察院组织法》等法律中[④],这样可以提升衔接法律规范的法律层次,又实现了最低程度上对现行法律体系的变动,难度和成本大为降低。

(二)知识产权行刑衔接立案的监督

为了更好地促进行政执法与刑事司法的衔接,理论界对行政执法和刑事司法进行了衔接体制的研究,其中非常有代表性的观点是将检察机关的法律监督权范围扩展至行政机关移送刑事案件。有学者指出完善行政执法与刑事司法衔接机制需要强化检察机关的法律监督权,将行政机关是否将涉嫌犯罪的案件移送刑事司法机关纳入检察机关的监督范围,同时建议为加强检察机关的监督能

---

① 陈波:《知识产权"两法衔接"机制的立法完善》,载《西安财经学院学报》,2015 年第 1 期,第 99–106 页。

② 张伟珂:《论行政执法与刑事司法衔接立法:现状、趋势与框架》,载《公安学研究》,2020 年第 6 期,第 24–45、122 页。

③ 张锋学:《行政执法和刑事司法衔接机制研究》,载《山东社会科学》,2019 年第 1 期,第 121–126 页。

④ 郑雅静:《行政执法与刑事司法相衔接机制的检察实务》,载《人民法治》,2019 年第 6 期,第 94–95 页。

力,检察机关应学习俄罗斯实行完全的垂直管理;提出了将侦查权分散至相关行政机关和建立全国一体化信息共享机制的建议。[1] 刘远在 2009 年的论文中强调通过改革检察体制来加强检察机关对涉刑案件刑事司法移送工作的监督。[2]

2009 年《中国知识产权保护状况》中提到:"加强对行政执法机关抄送的侵犯知识产权案件《行政处罚决定书》副本的审查工作,对涉嫌侵犯知识产权犯罪的及时提出移送公安机关的建议,并监督公安机关立案侦查。"这一制度在预防、解决以罚代刑问题上发挥了积极作用,但《人民检察院组织法》中并未规定检察院对知识产权行政执法部门的监督权限,《行政执法机关移送涉嫌犯罪案件的规定》中规定了检察院可以向行政执法部门提出检察建议。检察建议,是检察机关在依法履行法律监督职能的过程中,结合司法办案,建议有关单位完善制度,加强内部制约、监督,正确实施法律法规,完善社会治理、服务,预防和减少违法犯罪的重要方式[3]。从理论界的通行观点及实践中的做法来看,检察建议并不具有强制性的法律效力,这种审查机制更多是部门之间的协调和合作,既缺乏长期稳定存在的法律依据,也缺乏相应的法律效力。国务院 2020 年修改的《行政执法机关移送涉嫌犯罪案件的规定》中第 14 条明确规定了"行政执法机关移送涉嫌犯罪案件,应当接受人民检察院和监察机关依法实施的监督"。虽然这一规定为检察院和监察机关监督行政执法机关移送涉嫌犯罪案件提供了依据。但这一规定缺乏法律层面的支持。2018 年修订后的《中华人民共和国人民检察院组织法》(以下简称《检察院组织法》)中第 20 条规定的人民检察院职权中并未包括对行政机关是否移送涉嫌刑事案件的监督权,其中第 5 款规定的权限为"对诉讼活动实行法律监督"。依据《刑事诉讼法》的规定,行政机关移送涉嫌犯罪案件是刑事立案的前期工作,不属于刑事诉讼活动,不属于检察院的监督范畴,《行政执法机关移送涉嫌犯罪案件的规定》中规定检察院对行政机关对涉嫌犯罪案件的监督缺乏法律依据,是作为下位法的行政法规对作为上位法的法律的逾越。2018 年通过的《中华人民共和国监察法》(以下简称《监察法》)中监督的对象是"行使公权力的公职人员",其对行政执法机关涉嫌犯罪案件移送监督权的行使限于此类移送中公职人员出现涉嫌贪污贿赂、滥用职权、玩忽职守、权力寻

① 张锋学:《行政执法和刑事司法衔接机制研究》,载《山东社会科学》,2019 年第 1 期,第 121-126 页。

② 刘远:《行政执法与刑事司法衔接机制研究》,载《法学论坛》,2009 年第 1 期,第 72-79 页。

③ 周长军、杨丹:《检察建议的刚性提升与范围控制》,载《人民检察》,2018 年第 16 期,第 27-29 页。

租、利益输送、徇私舞弊以及浪费国家资财等职务违法和职务犯罪行为时,因此,监察机关的监督不能作为行政执法机关移交涉嫌犯罪案件的主要监督方式。

要在现行法律体系和权力框架内实现检察机关对涉嫌犯罪案件移送的有效监督,有两条路径。一条路径是修改《检察院组织法》,将检察机关的监督权范围扩展至刑事案件立案前的前期活动。这一修改实际上是检察权对行政权行使的监督,这突破了我国检察权的行使范围,在宪法层面缺乏依据。另一路径是将行政机关涉嫌犯罪案件的移交列入刑事诉讼活动范畴,这样符合检察机关的职权范围。实现这一目的的手段是改变我国目前的刑事侦查权集中于公安机关的局面,将破坏社会主义市场经济秩序罪、妨害社会管理秩序罪以及其他法定犯罪的刑事侦查权分散到相应的行政执法机关,在行政执法机关内设立刑事侦查机构,由刑事侦查机构处理涉嫌犯罪案件,这时属于刑事侦查机关进行刑事诉讼活动,属于检察院的法律监督范围。这种途径有公安机关作为行政执法机关和刑事侦查机关双重属性的模式作为借鉴,立法上不存在困难,实践中也具有可操作性。

(三)知识产权行刑衔接机制的实施

我国司法中也形成了较为有效的衔接工作机制,这些衔接机制促进了知识产权行刑衔接,但也存在一定的问题。

第一,多部门联合专项行动机制的实践。在长期的知识产权保护实践中,检察机关、公安机关、行政执法机关之间建立了相对稳定的专项行动协调机制。2008年4月,国家知识产权局与公安部联合印发《关于建立协作配合机制共同加强知识产权保护工作的通知》,河南、浙江等多个省份相继建立公安驻知识产权局联络室制度;2010年,全国检察机关会同公安部等相关部门在全国开展行刑衔接案件专项监督行动;2010年,公安部会同有关部门积极研究优化创新刑事执法与行政执法衔接配合机制,逐步建立起"公安机关主动侦查"与"行政部门阵地控制"相结合的工作模式,形成了"信息共享、事先介入、联合行动、优势互补"的协作新机制;2014年,公安部积极推进"两法衔接"机制建设,指导各地公安机关主动加强与各行政执法部门的沟通交流,省、市两级公安机关全面建立"两法衔接"配合机制。联合专项行动作为知识产权保护中常用、有效手段在知识产权行政执法与刑事司法衔接中发挥了重要作用,但从机制上来看,这种合作仍是部门间的短时间协调合作,缺乏稳定的可持续性,从整体上很难发挥出部门协同作用。另有学者指出,公安机关与知识产权行政执法部门的联合执法本应属于行政执法活动,公安机关在联合执法中提前介入并开展一定的刑事侦查活动,"不仅为司法权的扩张提供了空间,也使执法部门容易在刑事侦查权的推动下越出法定轨道,甚至有可能损害执法对象的合法权益"①。

第二,网上衔接信息共享机制的构建实践。2009 年,检察机关积极推动"两法衔接"工作,特别是推动各地充分运用高科技手段,建立"网上衔接,信息共享"机制。在"两法衔接"信息共享平台建设和使用方面,最高人民检察院与全国"双打"办紧密配合,建成众多不同层级的信息共享平台并投入使用,截至 2016 年年底,全国 29 个省级信息共享平台中由检察机关建设完成 10 个。为进一步加强"两法衔接"信息平台建设,推动中央与地方信息平台互联互通,2016 年 11 月最高人民检察院与全国"双打"办联合发布《打击侵权假冒行政执法与刑事司法信息共享系统管理使用办法》②,大力促进各地"两法衔接"信息共享平台的有效利用。知识产权行政执法与刑事司法的衔接主要涉及知识产权执法部门、公安机关、人民检察院,从目前的制度体系实践来看,对行政执法部门涉嫌犯罪知识产权案件的移送监督主要由行政部门内部监督和检察院外部的检察建议来实现,由于组织自身固有的自利性,外部监督是更为有效的监督方式。检察院作为法律监督机关,虽然从法律层面上不具有对知识产权行政执法部门刚性的监督权,但其法律监督机关的性质使得其承担了社会对涉犯罪知识产权案件移交的监督期望,因此自《2009 年以来的中国知识产权保护状况》白皮书中检察机关多次提到建立网上衔接信息共享机制,以此来提升对知识产权行政执法部门涉刑案件移交的督促和监督。从实际效果来看,这一网上衔接信息共享系统和机制并未得到知识产权行政执法部门和公安部门的积极回应,目前也未有其发挥作用的相关报道和数据。

第三,多部门联席会议制度实践。鉴于知识产权保护涉及的部门较多,为更好保护知识产权,促进行政执法与刑事司法衔接,知识产权保护实践中建立起了不同层级的知识产权保护联席会议制度。国家层面,2008 年由国家知识产权局作为牵头部门成立了国家知识产权战略实施工作部际联席会议制度;2016 年经国务院批准,该会议制度废止,成立国务院知识产权战略实施工作部际联席会议制度。国家部委层面,2005 年 7 月 15 日,6 个国家相关部委、部门③在京召开知识产权保护工作联席会议。除此之外,浙江、广东、上海、重庆等省市也建立了相

---

① 刘杨:《行政执法与刑事司法衔接的二元格局及其法治后果——以食品药品监管领域的经验为例》,载《华中科技大学学报(社会科学版)》,2020 年第 1 期,第 93–101 页。

② 上述数据来源于《国家知识产权局对十二届全国人大五次会议第 4573 号建议答复的函》(国知发管字〔2017〕190 号)。

③ 公安部经济犯罪侦查局,国家工商行政管理总局公平交易局、商标局,国家知识产权局协调管理司以及最高人民法院刑事审判第二庭、最高人民检察院侦查监督厅等 6 部门。

应的知识产权工作联席会议制度。定期和不定期的知识产权联席会议制度从国务院到地方各级政府都有出现,为协调各部门知识产权保护工作发挥了积极作用。但该制度一样存在缺乏依据、缺乏可持续性、缺乏有效保障的问题。

第四,构建行刑综合信息共享平台。行政执法机关在行政执法与刑事司法的衔接中占据主动方。知识产权保护体系中,行政执法机关拥有知识产权行政管理权限,在知识产权领域拥有专业知识和专有管理权,其对知识产权侵权信息享有一定的垄断,这一方面使得其在是否移交涉嫌犯罪的知识产权侵权案件时具有很大的自由裁量权,另一方面也导致监督机关的监督流于形式,缺乏有效的监督手段。因此,构建知识产权管理综合信息共享平台,在行政执法机关与刑事司法机关之间打造全链条的知识产权管理信息平台已成为理论界共识和司法实践中的努力方向。"信息畅通是保障各个部门之间合作的基础。行政执法机关和检察机关应就事故调查、证据认定、案件移交等设置信息共享机制,充分利用互联网进行信息交流,增强案件执法的透明度"[1]。为行政执法与刑事司法之间的顺畅衔接奠定良好的基础。在国家知识产权局发布的年度知识产权保护状况白皮书中,2008 年的报告中首次提到检察机关积极推动行政执法与刑事司法相衔接机制的建立和完善,特别是推动各地充分运用高科技手段,建立"网上衔接,信息共享"机制。目前,该机制已在上海、云南全市(省)范围内,江苏、广东、浙江、湖北等省的部分地区建立,有效促进了对知识产权的刑事司法保护,较好地防止了知识产权保护领域中"以罚代刑"情况的发生;2019 年 11 月中共中央办公厅、国务院办公厅印发了《关于强化知识产权保护的意见》中明确将"建立健全全国知识产权大数据中心和保护监测信息网络……建立知识产权执法信息报送统筹协调和信息共享机制,加大信息集成力度,提高综合研判和宏观决策水平"作为强化知识产权保护的基础条件建设,这些都说明了行政执法与刑事司法综合信息共享平台也是促进行政执法与刑事司法良好衔接的有效路径。

二、知识产权行刑衔接的发展

如前文所述,我国知识产权行政保护与刑事保护的衔接从立法、司法实践来看,均已有较长的历史,也取得不错的成绩。但从实际情况来看,以罚代刑的现象仍然大量存在,知识产权行政执法部门移交公安机关的知识产权犯罪案件的比例非常低。以 2017—2019 年为例,在这三年的报告中,行政执法部门查处假冒专利违法案件的数量分别为 38 492 件、近 4.27 万件、7300 余件,无一例移交

---

[1] 张道许:《风险社会的刑法危机及其应对》,知识产权出版社,2016 年,第 185 页。

公安机关,这种情况虽然并不能说明在这三年的专利行政执法中存在以罚代刑的情况,但从侧面说明了知识产权行政执法过程中移送涉刑案件的比例偏低。通过对我国知识产权行政保护与刑事保护衔接的立法、实践梳理,笔者认为要解决知识产权行刑衔接现状中存在的问题,需要从以下三个方面开展工作。

(一)修改行刑衔接相关法律

首先,从规范性文件的层次上看。我国目前有关行刑衔接的规范性文件中,效力最高的是《中华人民共和国刑事诉讼法》,该法在第53条第2款规定了"行政机关在行政执法和查办案件过程中收集的物证、书证、视听资料、电子数据等证据材料,在刑事诉讼中可以作为证据使用",除此外,其他有关行刑衔接的法律文件均为行政规范、部门规章等,而行刑衔接涉及行政执法部门、公安机关和检察机关等多个部门,大部分的行刑衔接规范性文件不能很好发挥行刑衔接过程中的部门协调和程序协调作用,制定行刑衔接法律可以较好地解决这一问题。其次,从行刑衔接内容来看。根据《中华人民共和国立法法》(以下简称《立法法》)第7条、第8条关于立法权限的规定,行刑衔接规范需要规定行政执法机关、公安机关、人民检察院各自在衔接过程中的权限和责任、移送的程序、移送的监督等内容,这些内容涉及刑事、行政程序和多个国家机构权限,属于法律的调整范畴,应制定法律予以调整。再次,加强行刑衔接移送监督的需求。现行行刑衔接体系中,对行政执法部门移送涉刑案件的外部监督由检察院和监察机关承担,其中监察机关的监督更侧重于对行政执法过程中"所有行使公权力的公职人员的监督"。此外,如前文多次提到的,《检察院组织法》中有关检察机关的权限中并未规定检察机关对行政执法部门的监督权,因此通过制定法律的方式明确检察机关对行政执法部门的监督权及监督程序是必要的。从立法路径上来看,由于行刑衔接涉及的不仅是知识产权保护领域,环境保护、自然资源保护等领域也同样存在行刑衔接问题,因此在制定行刑衔接法律时,可以采取概括性规定行刑衔接原则、部门、标准、程序、监督、法律责任等内容的方式立法,具体各领域的行刑衔接规范可以由其他效力层级较低的规范性文件来制定。从立法体例上来看,制定统一的行刑衔接法律是比较理想的方式,但需要较长的立法调查和起草周期,从实践来看,在现行相关法律——《刑事诉讼法》《行政处罚法》《检察院组织法》等中修改、补充行刑衔接的规定是操作性较强的作法。

(二)打通网上衔接信息平台

在需要多部门配合和相互监督的行刑衔接过程中,充分利用现代科技、大数据等信息科技构建"网上衔接"信息平台是理论界和实务界都认可的提高行刑衔接效率,完善行刑衔接体系的关键措施。但从目前的实践来看,这一信息平台的构建存在部门之间、区域之间的隔阂,行政执法部门、公安部门、检察院都建立了自身的执法和案件管理信息平台,但涉及各部门的行刑衔接网上信息平台并未有效建立起来。未来,在法律对行刑衔接各部门明确规定了衔接标准、衔接义务和程序的情况下,行刑衔接部门之间有共同的完成行刑衔接工作的需求,这在一定程度上可以促进行刑衔接信息平台的建设。从难易程度上来看,该信息平台的建设可以采取自下而上、区域联合先行的方式建立。知识产权行刑衔接的难题主要存在于基层行刑衔接部门之间,先由基层行刑衔接部门之间实现信息对接,既有实践意义,同时协调难度也小一些;另一方面,在我国实施区域协调发展战略的背景下,各区域之间可以逐步搭建区域之间的知识产权行刑衔接信息平台,例如珠三角地区、京津冀地区、长三角地区、川渝地区等地区。

完善的法律为行刑衔接提供了法律依据,能够最大程度调动各部门行刑衔接工作的积极性,网上衔接信息平台的构建则为行刑衔接工作提供了技术保障,是督促行刑衔接工作的有力抓手。在这两项工作完成的情况下,知识产权行政保护与刑事保护的衔接工作会更有效地开展,知识产权刑事保护的覆盖面会进一步扩大,效率会进一步提高。

(三)完善检察机关的立案监督

首先,确立检察机关对知识产权行刑衔接案件的立案监督。目前我国行政执法部门移送涉嫌犯罪案件并非刑事诉讼立案活动,并不在检察院的立案监督范围。因此,目前检察院对行政执法部门的监督方式是没有法律效力的检察建议。任何制度的有效落实都离不开有效的监督,行刑衔接制度也一样。未来的行刑衔接制度构建中,须加强对行政执法部门移送案件的刚性监督,这就需要从权限划分和法律性质上对行政执法部门的移送行为重新进行界定。从我国的实际情况来看,可以借鉴美国将刑事案件侦查权分散行政机关的经验,将涉及行刑衔接领域的案件刑事侦查权赋予相应的行政执法部门,在行政执法部门内部设立刑事侦查机构,这样一方面减轻了公安机关的刑事侦查负担①,另一方面也将行政执法部门的移送行为纳入检察院的立案监督范围,厘清了行刑衔接中的监督体系问题。从实践来看,在我国大多数知识产权违法案件由行政执法部门处理的现实情况下,在行政执法部门内设刑事侦查机构,去掉了行政执法部门与公安机关之间的沟通协调成本,行刑衔接的效率会相应更高一些。

其次,提升检察机关知识产权案件的监督能力。在检察院获得行刑衔接过

① 从历年的中国知识产权保护状况报告中可以看出,公安机关自身也肩负着较重的打击知识产权犯罪的工作,这可能是公安机关在行刑衔接过程中主动性不强的原因之一。2019年,全国公安机关侦破各类侵犯知识产权和制售伪劣商品犯罪案件 16 132 起,抓获犯罪嫌疑人 29 852 名,涉案总价值 86.67 亿元。

程中对行政执法部门案件移送监督权的情况下,根据我国目前的知识产权行为违法案件的处理数据①,检察院在知识产权犯罪刑事立案监督、批准及逮捕、提起公诉等环节的工作任务会大幅度增加,现有的检察院人力资源、财务资源、组织资源会较为难以应对,笔者认为这也是我国知识产权行刑衔接工作难以进行有效推动的原因之一。因此,要真正推动知识产权行刑衔接工作的有效进行,在完善法律、体制机制的情况下,应根据实际情况加大对检察院的资源投入,提升检察院整体的法律监督能力。

①　根据 2015—2019 年的《知识产权保护状况》,知识产权行政执法部门查处的假冒专利案件和商标侵权假冒等违法案件的数据分别为 48 616 件、约 5.6 万件、65 477 件、7.11 万件、3.92 万件,对应的检察院每年提起知识产权犯罪的公诉案件数量分别为 4736 件、3863 件、3880 件、4458 件。

第四章

侵犯注册商标类犯罪的保护边界与司法认定

    侵犯注册商标类犯罪是我国最早的知识产权犯罪类型。1979 年刑法典中知识产权犯罪仅规定了假冒注册商标罪一种,1993 年的《关于惩治假冒注册商标犯罪的补充规定》补充规定了销售假冒注册商标的商品罪,伪造、擅自制造或销售伪造、擅自制造的注册商标标识罪,后上述三种罪名被 1997 年刑法典吸收,列入第三章破坏社会主义市场经济秩序罪中侵犯知识产权犯罪一节。至此,我国刑法中侵犯注册商标类犯罪的罪名体系稳定下来。本章从理论和司法实践两方面对侵犯注册商标类犯罪进行了研究。理论方面着眼于我国侵犯注册商标类犯罪保护边界的扩大,同时明确与民法、行政法相比,侵犯注册商标类犯罪的保护边界具有独立性。司法实践层面,分别对假冒注册商标罪,销售假冒注册商标的商品罪,非法制造、销售非法制造的注册商标标识罪中常见的犯罪客观表现、犯罪数额认定、犯罪既遂与未遂、犯罪竞合等问题进行了分析和研究,并提出相应的解决路径。

第一节　刑法保护注册商标边界的扩大与独立性

一、刑法保护注册商标种类的扩大与独立性

我国1997年刑法典第213条规定中明确了假冒注册商标罪的保护对象是商品注册商标,2020年《刑法修正案(十一)》修改假冒注册商标罪时将服务注册商标纳入假冒注册商标罪的保护范围。该修正案是1997年刑法后我国知识产权犯罪的首次修改,这次时隔已久的修改再次明确表明了立法者在假冒注册商标罪保护对象上的立场:刑法对注册商标的保护对象区别于民法,仅限于商品注册商标和服务注册商标。

理论界对假冒注册商标罪保护对象的讨论长期存在,如有学者认为假冒证明商标和集体商标的行为具有刑事可罚性,从域外刑事立法经验、教义学刑法解释方法等角度出发均宜将证明商标和集体商标纳入假冒注册商标罪的保护范围,实现刑法与商标法的对接[1];也有学者认为假冒注册商标罪中的"注册商标"含义和保护范围应与商标法一致,即应将商标法规定的服务商标、证明商标、集体商标均纳入假冒注册商标罪的保护范围[2]。

上述观点在实务界也得到支持:2015年《检察日报》刊载了《假冒证明商标可构成假冒注册商标罪》[3],2015年《人民司法》刊载了《未经许可使用联合商标可构成假冒注册商标罪》,上述两篇文章分别刊载在最高人民检察院和最高人民法院主办的报纸、期刊上,侧面说明实务界对假冒注册商标罪保护对象持扩大解释的态度。

在上述理论界、司法实务界对侵犯注册商标类犯罪中的"注册商标"持扩大解释观点的背景下,2020年出台的《刑法修正案(十一)》将服务注册商标纳入刑法保护范围,一方面回应了长期以来主张将服务注册商标纳入刑法保护范围的呼声,另一方面也明确了假冒注册商标类犯罪的保护对象为刑法明确规定的

---

① 叶笑:《假冒证明商标、集体商标也可构成假冒注册商标罪》,载《上海法学研究》集刊,2021年第12卷,第147-153页。

② 林蓉、孔伟键:《假冒注册商标罪的刑事保护对象》,载《中国检察官》,2018年第2期,第22-24页。

③ 王涛:《假冒证明商标可构成假冒注册商标罪》,载《检察日报》,2015-07-29(3)。

注册商标种类,独立于商标法的保护范围。我国刑法对注册商标的保护相比于民法、行政法保护属于有限保护,这种有限性在假冒注册商标罪的保护对象上表现为仅将商品注册商标和服务注册商标纳入刑法保护范围。这种有限保护源于刑法的二次法和谦抑性。在注册商标的保护法律体系中,刑法是二次法、后置法,商标法是注册商标产生、保护的首要法律依据,二者之间存在密切联系,如注册商标的认定、注册商标使用商品或服务的类别界定等,但刑法对注册商标的保护仍具有独立价值,即刑法以保护知识产权发展秩序为价值立场,仅调整严重的假冒注册商标行为,在保护对象上表现为刑法仅规范具有严重社会危害性的假冒商品注册商标和服务注册商标的行为。现阶段立法者认为假冒集体商标或证明商标的行为不具有刑法规制必要性进而未将其纳入假冒注册商标罪的保护范围,这充分体现了刑法的谦抑性和刑法保护对象的独立性。

二、刑法调整侵犯注册商标行为方式的独立性

从行为方式来看,刑法对注册商标的保护范围明显小于民法和行政法。《商标法》第 57 条采用"列举+概括"的方式规定了侵犯注册商标专用权的 7 种表现[1],第 60 条规定了工商行政管理部门对这 7 种侵权行为的行政处理。但《商标法》第 67 条仅规定了 3 种追究刑事责任的注册商标侵权行为[2],对应了我国刑法规定的三个保护注册商标的罪名:假冒注册商标罪,非法制造、销售非法制造的注册商标标识罪,销售假冒注册商标的商品罪。从上述对比可以看出,刑法规定的侵犯注册商标的犯罪行为方式远少于民法、行政法调整的侵犯注册商标行为方式,特别是假冒注册商标罪中的行为方式严格限定在未经注册商标所有人许可,在"同一种商品、服务"上使用与其注册商标"相同"的商标。

---

[1] 《商标法》第 57 条:①未经商标注册人的许可,在同一种商品上使用与其注册商标相同的商标的;②未经商标注册人的许可,在同一种商品上使用与其注册商标近似的商标,或者在类似商品上使用与其注册商标相同或者近似的商标,容易导致混淆的;③销售侵犯注册商标专用权的商品的;④伪造、擅自制造他人注册商标标识或者销售伪造、擅自制造的注册商标标识的;⑤未经商标注册人同意,更换其注册商标并将该更换商标的商品又投入市场的;⑥故意为侵犯他人商标专用权行为提供便利条件,帮助他人实施侵犯商标专用权行为的;⑦给他人的注册商标专用权造成其他损害的。

[2] 《商标法》第 67 条仅规定了 3 种追究刑事责任的注册商标侵权行为:①未经商标注册人许可,在同一种商品上使用与其注册商标相同的商标,构成犯罪的,除赔偿被侵权人的损失外,依法追究刑事责任;②伪造、擅自制造他人注册商标标识或者销售伪造、擅自制造的注册商标标识,构成犯罪的,除赔偿被侵权人的损失外,依法追究刑事责任;③销售明知是假冒注册商标的商品,构成犯罪的,除赔偿被侵权人的损失外,依法追究刑事责任。

除上述行为方式的区别外,刑法对知识产权犯罪行为还严格限定了数额要求或情节要求。假冒注册商标罪中,只有侵犯注册商标的行为达到"情节严重"的,才成立犯罪;销售假冒注册商标的商品罪中,犯罪成立标准是"违法所得数额较大或者有其他严重情节";非法制造、销售非法制造的注册商标标识罪的犯罪成立标准是"情节严重"。而在民法、行政法中对知识产权侵权行为的处理虽然会按照不同数额或情节要求侵权人承担相应的民事责任或行政责任,但并不以数额或情节作为承担民事责任、行政责任的要件。

在商标的法律保护体系中,从保护对象、行为方式、保护前提来看,民法、行政法对商标的保护范围更普遍、广泛,保护门槛更低;刑法则严格限定保护对象、行为方式和行为严重程度,是一种位于民法、行政法之后的最后保障,充分体现了知识产权刑法保护边界的独立性。

第二节 假冒注册商标罪的司法认定

一、假冒注册商标罪客观要件的认定

假冒注册商标罪是我国知识产权刑法保护实践中的最常见犯罪之一,假冒注册商标罪客观方面的保护对象和行为方式是理论界和实践中存在较多争议的部分。

(一)"同一种商品、服务"的认定

刑法对注册商标的保护范围小于商标法的保护范围,这不仅体现在保护对象上,也体现在假冒注册商标罪中的客观表现仅限于"在同一种商品、服务上使用与注册商标相同的商标","同一种商品、服务"和"与注册商标相同"成为立法限定假冒注册商标罪客观表现的两个关键标准。

《侵犯知识产权刑事案件法律意见》中规定:认定"同一种商品",应当在权利人注册商标核定使用的商品和行为人实际生产销售的商品之间进行比较,名称相同或名称不同但指同一事物的商品可以认定为"同一种商品","名称不同但指同一事物的商品"是指在功能、用途、主要原料、消费对象、销售管道等方面相同或基本相同,相关公众一般认为是同一种事物的商品。理论和实务界在认定过程中争议较多的是"名称不同但指同一事物的商品或服务"。有学者认为"同一种商品的判断以《商标注册用商品和服务国际分类表》《类似商品和服务

区分表》为参考,综合考虑一般公众的认识"[1],该种观点主张在名称不同的情形下认定是否成立同一种商品的标准为"一般公众的认识"。

笔者认为,现有司法解释在名称不同情形下认定是否成立"同一种商品"采用的是"客观比较+公众一般认知"的主客观双重评价标准,这种标准既需要对两种商品在功能、用途、主要原料、消费对象、销售管道等方面进行客观比较,达到"相同或基本相同",又需要从公众的一般认识角度出发,认为是同一种商品的情形下,才能认定属于"同一种商品"。这种认定标准兼顾了主客观相统一原则,相比于单一的主观的"一般公众的认识"标准更具有合理性。服务注册商标在 2020 年《刑法修正案(十一)》中被纳入假冒注册商标罪的保护范围,目前尚未有新的司法解释对"同一种服务"的认定作出规定,国家知识产权局 2020 年 6 月发布的《商标侵权判断标准》中第 9 条第 2 款在同一种服务的认定判断标准上与《侵犯知识产权刑事案件法律意见》一致,在服务名称不同的情况下同样采用"客观比较+公众一般认知"的标准,该规定作为部门规章,可以作为假冒注册商标罪中"同一种服务"的认定参考。

国家知识产权局发布的《商标侵权判断标准》第 9 条规定:核定使用的商品或者服务名称是指国家知识产权局在商标注册工作中对商品或者服务使用的名称,包括《类似商品和服务区分表》中列出的商品或者服务名称和未在区分表中列出但在商标注册中接受的商品或者服务名称。《类似商品和服务区分表》规定了注册商标核定使用商品或服务的主要范围,是判断两类商品或服务名称是否相同的主要依据,具有高度总结性和概括性,部分商品或服务名称具有一定抽象性和概括性,因此在司法实践认定中要注意运用"客观比较+公众一般认知"标准进行对比认定。

实践中注册商标核定使用商品或服务名称与假冒注册商标使用商品或服务名称的不同会表现为专业用语与日常用语的区别。如在最高人民法院第 87 号指导性案例郭明升等假冒注册商标案中[2],被假冒商标的核定使用商品为"移动电话""便携式通讯设备""电话装置",而案件中被告人假冒注册商标的商品名称是"手机",二者名称不同,但在功能、用途、主要原料、消费对象、销售管道等方面相同,且大众一般认为手机和移动电话是同一种商品,因此,法院认定被告人假冒注册商标犯罪行为的成立。在另一案例中,注册商标核定使用商品、服务

① 郑志:《民刑交叉视角下的假冒注册商标罪客观要件研究》,载《知识产权》,2020 年第 5 期,第 74–80 页。
② 最高人民法院指导案例发布情况见最高人民法院网站,指导案例–中华人民共和国最高人民法院,http://www.court.gov.cn/shenpan-gengduo-77.html(2021–10–26 最后访问)。

名称与假冒注册商标使用的商品或服务名称之间呈现概括名称与具体名称的区别。如在一宗假冒卡地亚注册商标案件中①，假冒注册商标的商品是耳环、戒指等小件饰品，但卡地亚注册商标核定使用商品中并无上述商品名称，但有"小件饰物"的名称，法院认定耳环、戒指等商品与"小件饰物"虽然名称不同，但功能、用途、主要原料、消费对象、销售管道等方面基本相同，相关公众一般认为是同一种事物，可以认定为同一种商品。

从我国司法解释和实践案例来看，对名称不同的商品、服务是否属于同一种商品、服务的认定，"客观比较+公众一般认知"是比较全面、客观的判断标准，其中"公众一般认知"的判定属于司法机关的自由裁量权范围，需要司法机关综合运用生活常识、语义解释等多种手段来判定。为提高判定的科学性和维护司法的统一性，最高人民法院可通过发布指导性案例或典型案例的方式确立相关认定规则。

（二）"与注册商标相同"的认定

我国司法解释对"与注册商标相同"的认定解释了三次。第一次是《侵犯知识产权刑事案件司法解释（一）》第 8 条的规定②，第二次是《侵犯知识产权刑事案件法律意见》第 6 条列举了"与其注册商标相同的商标"的认定情形③，第三次是《侵犯知识产权犯罪司法解释（三）》第 1 条规定了"与其注册商标相同的商标"的 6 种情形④。三次解释的时间跨度从 2004 年到 2020 年，《侵犯知识产权刑事案件司法解释（三）》是有关假冒注册商标罪中"与注册商标相同"认定的最新解释。该解释采用"列举+概括"的方式列举了 5 种可以认为"与注册商标相

---

① 凌宗亮：《销售假冒注册商标的商品罪中"同一种商品"的认定》，载《中国知识产权报》，2013 年 12 月 11 日第 3 版。

② 《侵犯知识产权刑事案件司法解释（一）》第 8 条对"与注册商标相同"的解释为"与被假冒的注册商标完全相同，或者与被假冒的注册商标在视觉上基本无差别、足以对公众产生误导的商标"。

③ 《侵犯知识产权刑事案件法律意见》第 6 条列举了"与其注册商标相同的商标"的认定情形：改变注册商标字体、字母大小或文字横竖排列；改变注册商标文字、字母、数字之间的间距；改变注册商标颜色等，但最终与注册商标在视觉上基本无差别，足以对公众产生误导的商标。

④ 《侵犯知识产权刑事案件司法解释（三）》第 1 条规定了"与其注册商标相同的商标"的 6 种情形：改变注册商标的字体、字母大小写或者文字横竖排列，与注册商标之间基本无差别的；改变注册商标的文字、字母、数字等之间的间距，与注册商标之间基本无差别的；改变注册商标颜色，不影响体现注册商标显著特征的；在注册商标上仅增加商品通用名称、型号等缺乏显著特征要素，不影响体现注册商标显著特征的；与立体注册商标的三维标志及平面要素基本无差别的；其他与注册商标基本无差别、足以对公众产生误导的商标。

同的商标"的情形,同时将"与注册商标基本无差别+足以对公众产生误导"概括为"与注册商标相同"的判断标准。

首先,刑法中与注册商标"基本无差别"的相同商标不等同于商标法中的"近似商标"。假冒注册商标罪中两个商标之间的"基本无差别"介于完全相同和相似之间,商标法中成立侵权的"近似商标"不能成立假冒注册商标罪中的"与注册商标相同"的商标。在(2019)鄂05刑初4号刑事判决书中①,法院在被告人因侵犯注册商标被行政处罚、认定案涉注册商标是在同一类商品上使用的基础上,通过分析两个商标的结构、图案、文字等要素,从整体上认定涉嫌侵权的商标与权利人的注册商标构成近似商标,视觉上仍有较为明显的差别,不属于刑法意义上的"与注册商标相同的商标",进而认定被告人的行为不构成假冒注册商标罪。

其次,"与注册商标基本无差别+足以对公众产生误导"是并行标准,且"基本无差别"是基础判断标准。理论界有观点认为"与注册商标相同"的商标认定标准为"两个商标的结构要素在实质上相同",司法解释确立的"相同商标"的判断主体为"司法审查人员+公众"②;也有学者认为"相同商标的解读应当遵循系统论的解释方法,以客观标准为主,辅之以混淆必然性标准",对相同商标认识上的扩展应当是有限度的;有学者强调"基本无差别"与"足以对公众产生误导"的并列关系,并侧重对前者的独立判断③。笔者认为,在"与注册商标基本无差别+足以对公众产生误导"的双重判断标准中,"基本无差别"是客观基础,借鉴《侵犯知识产权刑事案件司法解释(三)》中列举的"与注册商标相同"的情形,这一客观基础可以从商标的组成、形状、颜色、内容等方面来判断是否与注册商标基本无差别,商标是多种要素的组合整体,同样的文字形状、颜色不同可能形成不同的注册商标,因此单以"两个商标的结构要素"作为判断"基本无差别"的标准是不客观的;"足以对公众产生误导"是客观基础上的一般认识。根据国家知识产权局《商标侵权判断标准》的规定,判断与注册商标相同或者近似的商标时,应当以相关公众的一般注意力和认知力为标准,采用隔离观察、整体比对和主要部分比对的方法进行认定。

---

① (2019)鄂05刑初4号:陈广宇假冒注册商标一审刑事判决书,湖北省宜昌市中级人民法院。

② 涂龙科:《假冒注册商标罪的司法疑难与理论解答》,载《政治与法律》,2014年第10期,第55–61页。

③ 贺晨霞:《论假冒注册商标罪中"基本无差别"商标的认定》,载《知识产权》,2022年第2期,第86–107页。

二、假冒注册商标罪定罪量刑标准的认定

1997 年刑法和《刑法修正案(十一)》对假冒注册商标罪规定的成立标准均是"情节严重",加重法定刑适用的条件为"情节特别严重"。《侵犯知识产权刑事案件司法解释(一)》中该罪"情节严重""情节特别严重"的解释,在新的司法解释出台前仍具有法律效力。该司法解释将非法经营数额、违法所得数额作为判断"情节严重""情节特别严重"的主要依据。

(一)非法经营数额的计算与认定

《侵犯知识产权罪司法解释(一)》中规定,知识产权犯罪中非法经营数额是指行为人在实施侵犯知识产权行为过程中,制造、储存、运输、销售侵权产品的价值。该解释确定了非法经营数额包括了已销售侵权产品价值和各环节未销售侵权产品的价值。上述非法经营数额的计算和认定在实践中涉及两个方面的问题:一是已销售侵权产品价值中虚假交易金额的扣除;二是未销售侵权产品价值认定标准的适用。

1.虚假交易金额的证明责任及扣除

(1)虚假交易的举证责任在被告人。刑事诉讼中公诉机关承担证明被告人有罪及罪轻的举证责任,但鉴于侵犯知识产权犯罪案件中虚假交易的隐蔽性,要求公诉机关承担虚假交易的证明责任不合理。最高人民法院知识产权犯罪唯一的指导性案例——第 87 号指导性案例确立了"被告人无证据证实其'刷单'辩解时不予采纳"的裁判要旨[①],明确在网络侵犯知识产权犯罪中,公诉机关在提供被告人供述、证人证言、被害人陈述、网络销售电子数据、被告人银行账户往来记录、送货单、快递公司计算机系统记录、被告人所做记账、进货记录等证据形成的完整证据链条来认定非法经营数额、违法所得数额时,如被告人主张存在刷单等不真实交易的,被告人承担对存在不真实交易的证明责任,如不能提供证据或线索予以证实的,法院不予采信。

(2)司法实践中被告人承担虚假交易证明责任的证明程度要求不同。从我国裁判文书网上可以查到的判决书来看,在 87 号指导性案例发布之后,司法实践中有关刷单交易的证明责任由被告方承担已形成一致认识,但对被告方承担证明责任的证明程度在实践中有不同的处理:在仅有被告方陈述或被告方仅提供相关线索的情况下,部分法院未予采信,如(2020)沪 0104 刑初 798 号案件中

---

① 姜瀛:《网络假冒注册商标犯罪中被告人"刷单"辩解的证明模式和证明标准——以第 87 号指导案例及相关案例为分析对象》,载《政治与法律》,2017 年第 9 期,第 34-44 页。

被告主张"通过除顺丰外其他快递发货的都是刷单的",并提供"刷单明细表予以证明、另有 51 000 元的刷单平台的刷单充值交易截图",法院仍认为"无确切证据加以证实,本院不予采信";部分法院在仅有被告方言辞陈述、无其他证据佐证的情况下,法官根据内心确认和有利于被告原则对刷单进行了确认和扣除,如(2017)粤 01 刑终 1296 号案件;部分法院在被告方提供线索后,结合案件其他证据,能形成相互印证的情况下,确认刷单存在并扣减刷单金额,如(2018)粤 0303 刑初 1111 号案件中法院结合被告人供述和受害人的快递情况采信了被告人的主张;(2020)浙 0411 刑初 13 号案件中法院结合被告人供述和刷单平台的交易记录采信了被告人的主张。

(3)司法实践中对虚假交易扣除金额的计算依据不同。部分判决书中被告人或辩护人主张存在刷单并提供一定线索,审判机关根据上述线索,综合案件其他证据情况,在不能明确具体刷单数额的情况下,从有利于被告人角度出发,采信被告人或辩护人关于刷单的意见,扣除一定时期的销售额①或一定比例的销售额②,或者将销售额减至能够确认的数额③,或将能够确认为刷单的交易金额予以扣除④。如(2020)浙 0411 刑初 342 号刑事判决书中被告人和相关的证人证言均提到案件存在刷单情形,但无其他证据支持,这种情况下,法院根据被告人"真实交易为一半以上"的供述,将案件销售金额确定为至少 25 万元以上;(2018)湘 0124 刑初 142 号判决中未提及刷单的相关证据和说明,直接"剔除销售中 15% 的刷单量 195 925.35 元"来认定销售金额;(2020)浙 0411 刑初 13 号案件中,法院根据被告人的主张结合其在刷单平台的交易记录确认了被告人存在刷单,但刷单记录和数额无法确认,最终按照有利于被告人的原则,采用了较低的销售金额。

(4)被告虚假交易证明责任应达到形成证据链的证明程度。从目前的司法实践来看,笔者认为,由被告方承担的网络刷单证明责任的证明标准达到能够形成证据链即可。所谓的形成证据链是指在被告方提出刷单的辩解并提供相应线索或证据的情况下,法院能够在被告人供述、线索、证据与案件现有证据之间形成相互印证,即可认为被告方完成刷单的证明责任。这一证明标准要求被告方提供的言辞证据或线索必须有相应的实物证据加以佐证,仅有被告方供述,或被

---

① (2017)粤 01 刑终 1296 号:吕×、卿×× 假冒注册商标二审刑事判决书。

② (2018)湘 0124 刑初 142 号:肖×霞、肖×斯假冒注册商标一审刑事判决书。

③ (2020)浙 0411 刑初 342 号:安×、曾××、徐×× 假冒注册商标罪一审刑事判决书;(2020)浙 0411 刑初 13 号:高×生、高×智犯假冒注册商标罪。

④ (2018)粤 0303 刑初 1111 号:李×× 假冒注册商标罪。

告方和案件其他当事人之间概括性的"存在刷单"言辞证据相互印证的,不能认为被告方达到相应的证明标准,对被告方存在刷单的主张不应予以采信,特别是在仅有概括性的存在刷单但对刷单具体交易时间段、交易额无法相互验证的情况下,单纯的言辞证据存在事先相互协商好的可能性。这一证明标准在司法实践中是可以达到的。从网络交易刷单的流程来看,被告人与刷单人、刷单平台之间存在交易的记录、转账金额或交易沟通记录,在快递物流对快递物品查验要求日益严格的情况下,部分被告人与快递公司之间也存在发空包的沟通和交易记录,因此,被告人可以通过提供上述线索或证据来证明刷单交易的存在,这一证明标准的要求是合理且能够实现的。

(5)虚假交易金额的扣除应以有证据支持为依据。如前文所述,在部分侵犯知识产权犯罪案件中,在没有证据证明刷单交易具体数额的情况下,法院在确定扣除刷单金额或销售金额时均采用了对被告人最为有利的计算方式。笔者认为,这一做法实际上纵容了被告方消极提供刷单交易数额相关证据。在侦查机关、公诉机关根据网络交易记录、支付宝或微信转账记录等证据形成的完整证据链证明被告方假冒注册商标销售金额的情况下,被告方主张刷单交易及扣除相应刷单交易金额的,应承担相应的证明责任,在刷单交易隐蔽性特征下,刷单交易的相关证据只有被告方持有,被告方不能提供或提供不充分的,应自行承担举证不利的负面后果,这样才能督促被告方积极提供刷单数额的相关证据,以最大程度还原案件事实,实现刑事司法的目的;法院在被告方无法提供刷单数额的情况下就自行最大程度扣除刷单交易数额,最低程度确定销售金额,实际上发挥了鼓励被告方不提供甚至销毁刷单数额的证据,不利于查明案件事实,不能实现刑事司法公平公正的目的。

2. 未销售侵权商品的非法经营数额的计算标准

《侵犯知识产权刑事案件司法解释(一)》中规定了非法经营数额包括在生产、运输、存储等环节未销售侵权产品的价值,未销售侵权产品价值按照标价或者已经查清的侵权产品的实际销售平均价格计算,侵权产品没有标价或者无法查清其实际销售价格的,按照被侵权产品的市场中间价格计算。在上述确定未销售侵权产品价值的标准中,标价标准和已经查清的侵权产品的实际销售平均价格在适用时没有先后之分;"被侵权产品的市场中间价格计算"标准则是在无标价且无法查清侵权产品实际销售平均价格的情况下才予以适用。从市场交易的实践来看,侵权产品的实际售价往往低于标价,远低于被侵权商品的市场中间价格。有学者因此认为在计算未销售侵权产品的价值时,公诉机关选择标价会引起量刑过重,应修改司法解释,将"实际销售平均价格"优先于标价适用。[①] 笔者认为标价与实际销售平均价格之间的高低关系并非绝对,在计算未销售侵权产品价值时,如标价和实际销售平均价均可以计算时,司法机关从有利于被告人原则出发,选择价格低的标准来计算非法经营数额即可,现有司法解释已满足公平要求,无须修改。

非必要不得适用被侵权产品的市场中间价。该标准是在未销售侵权产品既无定价也无法查清实际销售平均价的情况下采用的计算非法经营数额标准,从市场交易实践来看,这一标准显著高于前两个标准。如(2021)津 02 刑初 22 号刑事判决书[②]中公诉机关按照被侵权产品的市场中间价格计算的犯罪数额为123.293 2 万元,法院按照已经查清的侵权产品的实际销售平均价格计算的销售数额为 473 550 元,前者数额是后者的 2 倍多,这样的巨大的数额差距必然导致最终量刑幅度的巨大差异,从而影响司法公正,损害被告人的合法权益。因此,司法实践中,在可以查清未销售侵权产品的实际销售平均价格的情况下,不得适用被侵权产品的市场中间价这一标准。

(二)违法所得数额的计算与认定

"违法所得数额较大""违法所得数额巨大"分别是知识产权犯罪中常见的犯罪成立标准和加重刑适用依据。有学者认为,违法所得的定义无统一的法律规定,数额计算方法在相关的司法解释中也不统一,主要有"扣除犯罪成本说"和"不扣除犯罪成本说",违法所得没收时一般不扣除成本,作为定罪量刑依据时则具体问题具体分析[③];有学者认为,侵犯知识产权犯罪中的"违法所得数额"是在销售金额中除去成本后所得的纯利润[④];有学者将刑法中的"违法所得"分为定罪量刑依据的"违法所得"和没收、追缴的"违法所得",前者应采取获利数额说,否则将不适当地扩大处罚范围或者加重刑罚,后者应采取全部违法所得

① 谭洋:《非法经营数额计算方式改进的实证研究——基于 600 份假冒注册商标罪裁判文书》,载《中国物价》,2019 年第 8 期,第 89–92 页。

② (2021)津 02 刑初 22 号:韩明益、张洪伟销售假冒注册商标的商品一审刑事判决书,天津市第二中级人民法院。

③ 成懿萍:《"违法所得"司法适用中的疑难问题》,载《中国检察官》,2019 年第 12 期,第 38–41 页。

④ 王敏敏、兰波:《侵犯知识产权罪的数额认定》,载《中国检察官》,2012 年第 18 期,第 19–21 页。

说,否则可能会放纵犯罪。①

笔者认为,侵犯知识产权犯罪中的"违法所得数额"的意义在于定罪量刑,采取扣除犯罪成本的获利数额标准更能反映侵犯知识产权行为的社会危害性。

(三)假冒注册商标罪定罪量刑数额标准的完善

(1)数额标准的表述应规范化。在假冒注册商标罪的司法实践中,从可以查阅的典型案例来看,大部分案件采用"非法经营数额"的表述,少数案件中对定罪的数额标准表述与司法解释不一致。如在被告人张×、邹×假冒注册商标罪、被告人王××销售非法制造的注册商标标识罪案件中②,采用的表述为"销售数额达115 565 元",对被告人的罚金也是在这个数额的基础上按照50%的比例进行了判罚;在许××等假冒注册商标罪、王×销售假冒注册商标的商品罪案件中③,采用的表述为"生产、销售假冒注册商标商品金额均为463 万余元",对被告人的罚金也是在这个数额的基础上按照50%的比例进行了判罚。在上述两例典型案例中,法院在认定被告人的犯罪数额时采用的表述既不是非法经营数额,也不是违法所得,与司法解释不一致,不符合刑事判决书的严肃性,不利于维护刑事司法的权威性。

(2)非法经营数额与违法所得数额的适用不具有先后顺序。从司法实践操作来看,非法经营数额的计算相对简单,且包括已销售和未销售金额,容易达到犯罪成立的数额标准;违法所得数额标准需要扣除相应的犯罪成本,计算比较复杂,且该数额只存在于已销售侵权产品的情况下,不易达到犯罪成立的数额标准,因此司法实践中多采用非法经营数额作为犯罪成立标准。从我国司法解释的规定来看,非法经营数额和违法所得数额作为评价假冒注册商标犯罪行为社会危害性的标准,具有同等意义。司法实践中若出现同一案件中两个数额标准分别对应不同法定刑幅度的,从高适用法定刑幅度。

三、假冒注册商标罪与其他罪的竞合

(一)假冒注册商标罪与其他犯罪竞合的司法解释

我国刑法规定的三种侵犯注册商标类犯罪在逻辑上具有关联性,即:假冒注

① 沙少文、丁建玮:《区别功能类型确定"违法所得"计算方式》,载《检察日报》,2021-09-17(3)。

② 湖北省高级人民法院(2015)鄂知刑终字第1号刑事裁定书,最高人民法院2015年发布的知识产权典型案例。

③ 上海市高级人民法院(2019)沪刑终106号刑事裁定书,最高人民法院2019年发布的知识产权典型案例。

册商标需要非法制造的注册商标标识,假冒注册商标的目的是销售获利,即销售假冒注册商标的商品。《侵犯知识产权刑事案件司法解释(一)》第 13 条规定行为人同时实施假冒注册商标并销售自己假冒注册商标商品的,按照假冒注册商标罪定罪处罚;行为人假冒注册商标,同时销售明知是他人的假冒注册商标商品的,按照假冒注册商标罪和销售假冒注册商标的商品罪数罪并罚。

(二)假冒注册商标罪与其它犯罪竞合的司法实践

司法实践中,假冒注册商标罪与其他犯罪的竞合形式则更为丰富。

2009—2022 年最高人民法院每年公布的知识产权司法保护 10 大案件和 50 件典型案件中假冒注册商标罪的典型案例有 15 例,其中 5 个典型案件涉及假冒注册商标罪与其他犯罪的竞合处理。经过梳理,竞合处理的类型有以下四种:

(1)从一重处理。仇××、崔××等六被告假冒注册商标罪案①中,被告人的行为同时成立假冒注册商标罪和假冒专利罪,法院择一重罪以假冒注册商标罪处断。

(2)实施两种犯罪行为且犯罪对象不相同的,数罪并罚。在胡××假冒注册商标罪、销售假冒注册商标的商品罪案②中法院依据《侵犯知识产权刑事案件司法解释(一)》第 13 条规定适用了数罪并罚。在宗连贵等 28 人假冒注册商标罪③案件中,被告人宗连贵等人以假冒注册商标罪、销售非法制造的注册商标标识罪数罪并罚。

(3)销售非法制造的注册商标标识不成立假冒注册商标罪的共犯。在张×、邹×假冒注册商标罪、被告人王××销售非法制造的注册商标标识罪案④中,被告人王××向张×销售了假冒注册商标的标识,为张×实施假冒注册商标的犯罪提供了方便,此种情况下,该典型案例认为王××销售非法制造的注册商标标识行为

---

① 《最高人民法院发布五起知识产权典型案例》,搜狐滚动,2011-01-15,http://roll.sohu.com/20110115/n302164980.shtml(2021-10-26 最后访问)。

② 胡××假冒注册商标、销售假冒注册商标的商品案,北大法宝 V6 官网,https://www.pkulaw.com.libezproxy.must.edu.mo/pfnl/a25051f3312b07f3a7b87e356bda561470286d1ff6df1762bdfb.html? keyword=% E3% 80% 942012% E3% 80% 95% E5% AE% 9C% E7% 9F% A5% E5% 88% 91% E5% 88% 9D% E5% AD% 97% E7% AC% AC9% E5% 8F% B7% 20(2021-10-26 最后访问)。

③ 宗××等 28 人假冒注册商标罪刑事案,中国法院网,2013-10-22,https://www.chinacourt.org/article/detail/2013/10/id/1110848.shtml(2021-10-26 最后访问)。

④ 本案为最高人民法院发布的 2015 年知识产权司法保护 10 大案例之一。

独立成罪,不构成假冒注册商标罪的共犯①。

（4）销售行为是假冒注册商标犯罪行为延续的,按照假冒注册商标罪定罪处理。在许××等假冒注册商标罪、王×销售假冒注册商标的商品案②中,被告人许××在实施假冒注册商标犯罪同时,实施销售假冒注册商标的商品犯罪,根据《侵犯知识产权刑事案件司法解释（一）》第13条第1款的规定以假冒注册商标罪定罪处罚。同案被告人王×在明知许××提供的是假冒注册商标的商品时予以购买并进行销售,构成犯罪的,按照销售假冒注册商标的商品罪定罪处理,因其本人的销售行为独立于许某的假冒注册商标行为,是买假售假行为,独立构成犯罪,而不成立假冒注册商标罪的共犯。

上述典型案例中关于数罪的认定处理,丰富完善了我国司法解释关于侵犯商标类犯罪数罪处理的规定,是我国司法实践中处理此类数罪案件的重要参考。

▌第三节　销售假冒注册商标的商品罪的司法认定

《刑法修正案（十一）》中对销售假冒注册商标的商品罪进行了修改③,相比1997年刑法典的规定,有两处修改:①将犯罪的成立和加重刑适用条件由"销售金额数额较大""销售金额数额巨大"修改为"违法所得数额较大或者有其他严重情节的""违法所得数额巨大或者有其他特别严重情节的",该罪由单纯的"数额犯"修改为"数额犯+情节犯",计算数额的依据由"销售金额"修改为"违法所得数额";②提高该罪的法定刑,删去该罪的法定最低刑"拘役",法定最高刑由"七年有期徒刑"提高到"十年有期徒刑"。

一、销售假冒注册商标的商品罪的既遂与未遂

《侵犯知识产权刑事案件法律意见》第8条规定了未销售或部分销售假冒注册商标的商品行为符合条件的情况下成立销售假冒注册商标的商品罪（未

---

① 童海超:《帮助他人假冒注册商标应当如何定罪?》,载《中国知识产权报》,2016-07-27(09)。

② 《"两会"延伸:假冒"科颜氏"等注册商标被严惩》,澎湃新闻,2021-02-05,https://www.thepaper.cn/newsDetail_forward_11243959(2021-10-26日最后访问)。

③ 《刑法修正案（十一）》对销售假冒注册商标的商品罪的修改规定:"销售明知是假冒注册商标的商品,违法所得数额较大或者有其他严重情节的,处三年以下有期徒刑,并处或者单处罚金;违法所得数额巨大或者有其他特别严重情节的,处三年以上十年以下有期徒刑,并处罚金。"

遂），该规定在新的有关销售假冒注册商标的商品罪司法解释出台前，在司法实践中仍具有法律效力。这一规定在案件只存在已销售金额或未销售货值时可以分别按照相应的数额标准按照犯罪既遂和犯罪未遂处理。但当案件中同时存在已销售金额和未销售货值时，犯罪的状态和量刑就在理论界和实务界就存在争议。

（一）销售假冒注册商标的商品罪既遂未遂的理论

理论界在该司法解释出台后，对销售假冒注册商标的商品罪的犯罪形态进行了诸多讨论，比较多的观点主张"折算说"，即在销售假冒注册商标的商品罪中同时存在已销售金额与未销售货值时，"比较科学的方法应该是确定计算基准后按照一定的比例予以折算，以统一司法评价的标准"[①]。有学者引入预期性销售金额的标准，主张"根据主客观相一致的原则将已销售金额和未销售金额进行一定的折算后作为成立销售假冒注册商标的商品罪的具体数额标准"，对比预期性销售金额来判断犯罪的既遂和未遂状态[②]。有学者在此基础上进一步提出了对犯罪形态的认定方法：只要已售部分达到既遂数额标准，该罪就整体成立犯罪既遂，在"既、未遂并存部分均符合相应形态数额标准的前提下，应选择性适用先并后定再调整或先定后并二次调整以有利于被告人；在仅有单一部分达到相应形态数额标准时，不应对另一部分仅作为量刑情节考虑"[③]。也有学者反对"折算说"，认为"将尚未销售的货值金额计入已经销售的金额以犯罪既遂论处的观点"会造成罪罚明显失当，主张将已经销售的金额直接计入尚未销售的货值金额，以犯罪未遂定罪处罚[④]。

（二）销售假冒注册商标的商品罪既遂未遂的实践

在理论界未就销售假冒注册商标的商品罪中已销售金额与未销售货值同时并存时，犯罪形态和犯罪数额如何认定形成统一认识的背景下，我国司法实践中的处理亦不相同。

1. 以符合犯罪成立标准的金额确定犯罪形态

在已销售金额与未销售货值其中一种数额达到犯罪成立标准时，该罪按照

---

① 庄绪龙、王星光：《销售假冒注册商标的商品罪中"既、未遂形态并存"的司法认定反思——"折算说"理念的初步提出》，载《政治与法律》，2013 年第 3 期，第 56—66 页。

② 谈磊：《论销售假冒注册商标的商品罪的既未遂形态的认定》，载《时代金融》，2012 年第 14 期，第 110—111、114 页。

③ 刘宪权、张巍：《销售假冒注册商标的商品罪停止形态研究》，载《法学杂志》，2012 年第 4 期，第 79—84 页。

④ 李晓君：《销售假冒注册商标的商品罪之未遂形态争议问题探析》，载《知识产权》，2014 年第 11 期，第 32—37 页。

符合数额标准的形态确定犯罪形态,另一数额作为量刑参考。如(2021)青01刑初39号案件中①,被告人销售假冒注册商标的商品金额为337 707元,未销售货值为120 423元,已销售金额达到数额巨大的犯罪成立标准,未销售金额未达到数额标准,该案犯罪形态确立为销售假冒注册商标的商品罪(既遂),未销售货值作为量刑情节考虑;(2021)黔01知刑初10号案件中②,被告人已销售金额13 678.84元,未销售金额达174 338元,未销售金额达到数额标准,该案犯罪形态确立为销售假冒注册商标的商品罪(未遂),已销售金额作为量刑情节考虑。

2.已遂与未遂均符合犯罪成立标准时的处理

已销售金额与未销售货值均达到相应数额标准时,实践中有以犯罪既遂认定,也有以犯罪未遂认定。如(2021)新01刑初42号案件中③,被告人销售金额为312 755元,未销售货值在15万元以上,法院确定该罪犯罪形态为销售假冒注册商标的商品罪(既遂),未销售货值在量刑时予以考虑。在两类金额均达到数额标准时,以既遂确定犯罪形态,将未销售货值作为量刑考虑是较为司法实践中较为通行的做法,另有(2021)豫01刑初24号案件④、(2021)桂0205刑初540号⑤也是如此处理。《人民法院报》2019年刊登的文章介绍了1例在已销售金额与未销售货值均达到相应数额时,按照犯罪未遂认定的案件,"销售金额达到数额较大(5万元以上)标准,未销售货值金额达到数额巨大(25万元以上)的标准,销售金额和未销售货值金额分别达到不同的法定刑幅度,应在处罚较重的法定刑内处罚,即在三年以上七年以下有期徒刑并处罚金幅度内量刑",结合未遂和自首情节,对被告人减轻处罚⑥。

(三)销售假冒注册商标的商品罪既遂未遂的认定

从上述有关销售假冒注册商标的商品罪既遂与未遂理论研究和司法实践来看,共同点在于将销售假冒注册商标的商品行为作为一个整体刑法行为进行评

① (2021)青01刑初39号:盛××、杨×销售假冒注册商标的商品罪刑事一审刑事判决书。

② (2021)黔01知刑初10号:薛××销售假冒注册商标的商品罪刑事一审刑事判决书。

③ (2021)新01刑初42号:卢××、邓××销售假冒注册商标的商品罪刑事一审刑事判决书。

④ (2021)豫01刑初24号:郜××、牛××销售假冒注册商标的商品一审刑事判决书。

⑤ (2021)桂0205刑初540号:谭×、王××、李×销售假冒注册商标的商品罪刑事一审刑事判决书。该案虽确定了犯罪既遂,但指出对未销售货值部分在量刑时"可以比照既遂犯从轻或者减轻处罚"。

⑥ 吴若、王佳佳:《销售假冒注册商标的商品案中非法经营数额的认定》,载《人民法院报》,2019-06-06(6)。

价。在此基础上,根据我国故意犯罪停止形态理论的基本观点——同一刑法行为不能同时存在两个以上犯罪形态,因此,同一犯罪行为不可能在既遂后存在未遂状态,同一个销售假冒注册商标的商品罪只能按照既遂或未遂来确定犯罪形态。按照这一理论,解决销售假冒注册商标的商品罪的犯罪形态时分以下情况进行处理:在已销售金额与未销售货值中其一达到相应犯罪成立数额标准时,按照达到数额标准的部分确定犯罪形态,另一部分数额作为量刑情节;在两部分数额合计达到犯罪未遂的数额标准时,案件确定为犯罪未遂形态;在已销售金额与未销售货值均达到相应犯罪成立数额标准时,案件应整体确定为犯罪既遂状态,达到不同的法定刑幅度的,应适用处罚较重的法定刑幅度,同一法定刑幅度的,从重处罚。

在两类数额均达到犯罪成立标准时,对案件按照犯罪既遂形态确认,符合我国刑法体系中对销售类犯罪的整体处理原则。在刑法第三章破坏社会主义市场经济秩序罪第一节生产、销售伪劣商品罪中,生产、销售伪劣产品罪是纯粹的数额犯,该罪以销售金额标准作为定罪量刑依据,该节其他生产、销售伪劣商品犯罪则是以产生一定危害结果作为犯罪成立条件,同时刑法第149条规定,其他生产、销售伪劣商品类犯罪不构成本罪,但销售金额在5万元以上的,按照生产、销售伪劣产品罪定罪处罚。从刑法对这节犯罪的规定来看,销售金额是此类犯罪成立的唯一标准,未销售金额仅作为量刑情节考虑。因此,在销售假冒注册商标的商品罪中,已销售金额与未销售金额均达到立案标准时,案件整体以犯罪既遂认定,未销售金额作为量刑情节考虑,符合我国刑法中销售类犯罪的整体处理原则。

量刑时已销售金额与未销售货值同等计算处理,也是销售类犯罪的普遍做法,在法律没有明确规定时,将两类数额按照一定比例进行折算缺乏法律依据,司法实践中也未发现此类做法;以后制定新的司法解释时,最高司法机关可以在两类数额混同计算时确定不同于单一种类的数额标准,以此来实现本罪中已销售金额与未销售货值的相对平衡的司法评价。

二、销售假冒注册商标的商品罪中未销售货值的计算

(一)未销售货值计算的法律标准适用

销售假冒注册商标的商品罪中,未销售货值是犯罪成立的标准之一。《侵犯知识产权刑事案件司法解释(一)》第12条规定了未销售货值的计算方法,前文在假冒注册商标罪中已讨论过未销售侵权商品的非法经营数额计算,明确"标价或者已经查清的实际销售价格"中,刑事司法机关应从有利于被告人原则出发,选择价低的标准来计算未销售侵权货物的货值,非必要时不得按照被侵权

产品的市场中间价格计算。我国司法实践中在未销售侵权产品没有标价且犯罪嫌疑人不提供以往交易记录的情况下，多认为属于"侵权产品没有标价或者无法查清其实际销售价格"，按照价格鉴定机构提供的"被侵权产品的市场中间价格"来计算未销售侵权产品的价值。但最高人民法院2010年发布的知识产权典型案例中的杨昌君销售假冒注册商标的商品罪案①采取了不同的做法。

（二）典型案例中未销售货值的计算方法

该典型案例发布在《侵犯知识产权刑事案件法律意见》规定未销售货值达到一定数额成立销售假冒注册商标的商品罪（未遂）之前。该案件的典型意义有二：一是按照未销售假冒注册商标的商品货值来定罪。本案购买者对被告人实施的销售假冒国际名牌包包的行为是知假买假，不同于一般的销售假冒注册商标的商品罪中消费者以正价买假货的情形，因此案件侦查很难获得购买者配合调查，被告人已销售的假冒注册商标的商品销售金额难以获得，因此本案在这种情况下采用未销售假冒注册商标的商品货值来认定犯罪成立；另一典型意义是对本案中假冒注册商标的商品价值按照实际市场价格来定价，而非按照被侵权产品的市场中间价来定价。该案例中销售的假冒名牌商品价格显著低于名牌商品的实际市场价格。销售价格与正品价格会有很大差距，只有按照假冒的商品本身的价格计算，才符合实际情况。如果按照正品即被假冒的商品的价格计算，则严重背离了客观实际②。

从司法实践来看，在中国裁判文书网上以"销售假冒注册航商标的商品罪"为刑事案由，以"市场中间价格""GUCCI"为关键字进行全文搜索，搜到的判决

①　该案基本情况为：被告人杨××于2007年5月起，在北京市朝阳区秀水市场地下三层一仓库内，存放带有LOUIS VUITTON、GUCCI、CHANEL注册商标标识的男女式包，用于销售牟利。2009年8月9日，公安人员从该仓库内查获各种带有LOUIS VUITTON、GUCCI、CHANEL注册商标标识的男女式包8425个，货值金额为人民币766 990元。朝阳区人民法院认定，被告人杨××构成销售假冒注册商标的商品罪。鉴于其系犯罪未遂，且案发后具有认罪悔罪表现，依法对其从轻处罚，判处杨××有期徒刑三年零六个月，罚金人民币1万元；没收假冒注册商标的包8425个。宣判后，杨××不服判决，提出上诉。北京市第二中级人民法院经审理，依法驳回杨××的上诉，维持原判。被告人杨××销售假冒注册商标的商品案，中国法院网，2010-12-10，https://www.chinacourt.org/article/detail/2010/12/id/438271.shtml（2021-10-26最后访问）。

②　最高人民法院刑事审判一至五庭主办：《刑事审判参考》（2011年第1集），法律出版社，第111-115页。

书共有46篇①。笔者随机抽查的其中6份判决书均显示在涉及国际名牌的假冒注册商标商品货值认定时,司法机关均认为没有标价或无法查清实际销售价格,未销售货值均由相应的价格鉴定中心按照市场中间价格对涉案物品出具了价值认定书②。但从这些判决书中可以看出,按照被侵权产品市场中间价确定的案涉物品的价值在定罪量刑时在不同地区法院存在较大区别,自由刑和罚金的适用也基本与非法经营数额脱钩,不符合司法解释对罚金刑的规定(详见表4-1)。

表4-1　按照被侵权产品市场中间价计算非法经营数额的量刑对比

案　号	按照市场中间价计算的非法经营数额	对被告人判处的刑罚	备　注
(2017)闽01刑终683号	人民币976 145元	判处有期徒刑三年,缓刑四年,并处罚金人民币300 000元	未遂,二审期间全额缴纳罚金
(2019)沪0104刑初1397号	人民币4300余万元	判处有期徒刑九个月,缓刑一年,并处罚金人民币20 000元	未遂
(2014)沪铁刑初字第201号	人民币2 771 890元	有期徒刑七个月,缓刑一年,并处罚金人民币10 000元	自首、未遂法定从宽处罚情节
(2015)沪铁刑初字第182号	人民币8 535 400元	有期徒刑一年六个月,缓刑一年六个月,并处罚金人民币20 000元	未遂

① 查询结果为46篇判决书。https://wenshu. court. gov. cn/website/wenshu/181217BMTKHNT2W0/index. html? pageId = 30e61658a69c446cf17dd499ceb57fd0&s8 = 02(2021-10-26最后访问)。

② 这6件判决书分别为:(2017)闽01刑终683号、(2019)沪0104刑初1397号、(2014)沪铁刑初字第201号、(2015)沪铁刑初字第182号、(2017)川0104刑初84号、(2018)粤0111刑初2906号。

续表 4-1

案　号	按照市场中间价计算的非法经营数额	对被告人判处的刑罚	备　注
（2017）川 0104 刑初 84 号	人民币14 083 975 元	判处拘役六个月，并处罚金50 000 元	未遂
（2018）粤 0111 刑初 2906 号	人民币89 338 420 元	有期徒刑一年二个月，并处罚金30 000 元	未遂

（三）未销售货值按照实际销售平均价格计算

如前文分析，以被侵权产品的市场中间价来计算未销售侵权产品的货值，相对于侵权产品的实际价值来讲差额巨大，司法实践中为平衡这种实际存在的差距，量刑时的自由刑和罚金适用基本与非法经营数额脱钩，造成司法实践与法律规定的脱离。杨××销售假冒注册商标的商品罪典型案例中依照销售者经营场所来调查确定假冒商品本身的价格作为未销售侵权产品的价值计算标准为解决这一问题提供了路径和思路。

未销售侵权产品的实际销售价格是可以通过调查获取的。在目前网络销售、移动支付飞速发展的市场环境下，犯罪嫌疑人如通过网络销售侵权产品的，可以通过查找网络销售记录来确定实际销售价格；犯罪嫌疑人通过线下店铺销售的，可以通过调阅嫌疑人及相关人员的移动支付收款记录来确定侵权产品的实际销售价格，多种同类商品无法确定各种商品的单价的，可以按照同类商品的平均价格计算。若通过犯罪嫌疑人的相关信息仍不能确定侵权产品的实际销售价格的，可以通过网络或线下销售同类产品的价格来确定侵权产品的实际售价。

从我国目前的司法实践来看，刑事侦查机关在犯罪嫌疑人不能或不愿意提供销售记录后就委托价格鉴定部门按照被侵权产品的市场中间价格来计算未销售侵权产品的价值，这种做法并没有对实际销售价格进行充分的调查，浪费了司法鉴定资源，也造成了此类犯罪的量刑与法律规定之间的脱节。因此，在目前的司法实践中，应通过典型案例加强侦查机关对侵权产品实际销售价格的认定，公诉机关及审判机关要发挥对侵权产品实际销售价格认定的督促作用，以促进此类犯罪数额的合理确定，实现司法的公平公正。未来最高人民法院在新的司法解释中可加强对侵权产品实际销售价格标准的强调，取消被侵权产品的市场中间价标准。

第四节　非法制造、销售非法制造的注册商标标识罪的认定

《刑法修正案（十一）》对非法制造、销售非法制造的注册商标标识罪的修改①相比1997年刑法典，未修改犯罪构成，仅对法定刑进行了修改：删去原来的最低法定刑"拘役或管制"，将法定最高刑"七年有期徒刑"提高到"十年有期徒刑"。关于该罪的相关司法解释仍可适用。

一、非法制造、销售非法制造的注册商标标识罪的定罪量刑标准

《侵犯知识产权犯刑事案件司法解释（一）》规定了非法制造、销售非法制造的注册商标标识罪的两种成立标准：一种是非法经营数额或违法所得数额达到一定标准，另一种是非法制造、销售非法制造的注册商标标识件数达到一定数量。《侵犯知识产权刑事案件法律意见》规定的非法制造、销售非法制造的注册商标标识罪（未遂）成立标准只有一种，即未销售的他人伪造、擅自制造的注册商标标识数量。

注册商标标识并非市场正常流通的商品，在非法制造、销售非法制造的注册商标标识案件中，如侦查机关未能获取有关非法制造的注册商标标识实际销售价格的情况下，该非法制造的注册商标标识实际销售价格无法通过市场调查来获取，也无法通过市场中间价格来确定。被侵权人注册商标标识的生产价格仅包含了注册商标标识的物质成本价格，未包含注册商标标识的无形价值，不适宜作为实际销售价格来计算违法所得或非法经营数额。另外由于注册商标作为无形资产，我国目前尚未形成统一有效的注册商标价值评价体系，因此被害人在本罪中根据注册商标的估值给出相应的注册商标标识市场价格，都不能作为计算非法制造、销售非法制造的注册商标标识罪违法所得或非法经营数额的标准。这也是司法解释中有关本罪未遂标准的规定中仅有标识数量而无货值规定的原因。

本罪中在无法确定违法所得数额或非法经营数额时，只能按照注册商标标识的数量来定罪量刑。

---

① 《刑法修正案（十一）》规定的非法制造、销售非法制造的注册商标标识罪：伪造、擅自制造他人注册商标标识或者销售伪造、擅自制造的注册商标标识，情节严重的，处三年以下有期徒刑，并处或者单处罚金；情节特别严重的，处三年以上十年以下有期徒刑，并处罚金。

二、非法制造的注册商标标识"件"数的认定

在司法实践中,二审案件能够比较突出反映案件定罪量刑中的问题。笔者在中国裁判文书网上以"非法制造、销售非法制造注册商标标识罪"的刑事案由,搜索二审刑事判决书,共搜到案件 22 件,其中有 2 件为不公开案件,1 件为生产、销售伪劣产品罪案件①,1 件二审改判为假冒注册商标罪②。通过对剩余 18 件二审判决书的梳理,整理出非法制造、销售非法制造的注册商标标识罪中常见的二审审理焦点问题是注册商标标识数量的计算。

(一)"件"数认定的司法实践

虽然《侵犯知识产权犯刑事案件司法解释(一)》中规定非法制造、销售非法制造的注册商标标识罪中成立标准既有标识件数标准,也有非法经营数额或违法所得数额标准,但搜索到的相关案件中基本上是以非法制造或销售非法制造的注册商标标识数量作为定罪量刑依据的。但在上述二审案件中,对有关注册商标标识件数的计算,存在不同的方式,计算的结果也存在不同,直接影响到案件的定罪量刑。

一种计算方式是按照完整的注册商标标识数量来计算。这一计算方式的依据是《侵犯知识产权刑事案件司法解释(一)》第 12 条第 3 款的规定非法制造、销售非法制造注册商标罪中的"件"是指"标有完整商标图样的一份标识"。本次搜索到的相关案件中多采用这一标准,如(2016)粤 03 刑终 637 号中法院认定案件中查获带有"欧珀莱"、"AUPRES"标识的塑胶薄膜共 3 万个(每个塑胶薄膜上均含有"欧珀莱"、"AUPRES"标识各一个),而"欧珀莱"、"AUPRES"是两个不同的注册商标,则被告人涉及非法制造的注册商标标识为两种以上,数量为 6 万件以上,属于非法制造注册商标标识"情节特别严重"。(2017)粤 19 刑终 102 号案件中,上诉人在二审中主张案涉注册商标标识按照"套"来计算,但二审法院援引《侵犯知识产权刑事案件司法解释(一)》的上述规定,按照完整商标图样的数量计算案涉注册商标标识数量。(2018)粤 03 刑终 390 号案件中,二审法院也同样按照注册商标标识的数量,按照每个胶袋 2 个注册商标标识计算 27 000 个胶袋上的注册商标标识数量为 54 000 个,加上另外每个胶袋上 1 个注册商标标识的胶袋 20 000 个,共计涉案注册商标标识数量为 74 000 个。

---

① (2016)浙 08 刑终 14 号刑事判决书。

② (2014)浙温知刑终字第 2 号:该案件被告人蔡××一审以非法制造注册商标标识罪定罪,二审改判为假冒注册商标罪。

另外一种注册商标标识计算方式按照"套"来计算。在（2016）粤 01 刑终 528 号案件中，二审法院修改了一审中将成品按照套认定，半成品按照注册商标标识认定的计算方法，将半成品按照套折算。这种计算方法虽然在搜索到的案件中适用率比较低，但在理论界得到较多支持。庄绪龙、包文炯认为，"以行为人是否明知注册商标标识买卖相对人使用该注册商标标识的方式和范围为判断依据"，如果行为人明知注册商标标识按照一套适用，计算时宜采用折算成套的计算方式，如果行为人主观上不明知注册商标标识的使用方式，则应按照注册商标标识的实际数量来计算①。林前枢、陈静岚对这一观点持赞成态度②。另有黄锐意、孙秀丽、潘莉的文中提出了"独立说"，即构成一件注册商标标识既要有完整的注册商标图样，又要能够独立使用③。孙秀丽、潘莉进一步指出对一件注册商标标识的认定不能以"套"作为标准，而是以"包含完整商标图样且可以独立使用的商标标识"为标准，印有注册商标标识的瓶盖和塑封虽然是配套使用的，但二者是独立的物质载体，应按照 2 件认定，"如果以完整包装个数、是否成套为标准来计算商标标识，将无法打击单独生产、销售内包装或者外包装者，不利于刑法功能的实现"④。

（二）"件"数认定的处理路径

从上述非法制造注册商标标识中件数认定的司法实践和理论研究来看，对于"件"的认定标准在不同地区法院、不同层级法院之间存在较大的差别。笔者认为，"折算说"和"独立说"都侧重于从注册商标标识的实际使用情况出发来认定注册商标标识数量，具有一定的合理性。非法制造、销售非法制造的注册商标标识罪目的在于保护注册商标所有权人的合法权益，维持正常的社会经济秩序，非法制造的注册商标标识对商标权人、社会秩序的损害并不是以注册商标图样的个数来实现的，而是非法制造的注册商标标识流入市场后形成的假冒注册商标商品数量来实现的，因此机械适用《侵犯知识产权刑事案件司法解释（一）》中的解释并不合理。但"折算说"中以行为人主观对注册商标标识的使用有无

① 庄绪龙、包文炯：《论非法制造、销售非法制造的注册商标标识罪中"件数"的司法认定》，载《中国刑事法杂志》，2013 年第 9 期，第 38—46 页。

② 林前枢、陈静岚：《非法制造注册商标标识罪中"件"的认定》，载《人民法院报》，2019—03—21（6）。

③ 黄锐意：《把握立法原意 平衡法益保护——一起非法制造注册商标标识抗诉案办理纪实》，载《人民检察》，2020 年第 16 期，第 71—72 页。

④ 孙秀丽、潘莉：《销售非法制造的注册商标标识怎样确定犯罪数额》，载《检察日报》，2020—05—15（3）。

认识作为是否采用"套"的标准来计算表示数额过于主观化,在实施同样的非法制造注册商标标识行为时,仅因为行为人对注册商标标识使用认识的不同导致计算标准不同,计算数量不同进而影响到行为人的定罪量刑,这在一定程度上属于主观定罪;"独立说"中主张按照拥有完整商标图样的标识载体能否独立使用作为计算件数的标准,力图兼顾犯罪的实际社会危害性与司法实践中计算数额的方便性,有其合理性,但在非法制造的注册商标标识载体个数相同,但在形成一个完整的假冒商品包装所需载体个数不同的情况下,会在市场上形成不同数量的假冒注册商标的商品造成不同的社会危害性,这种情况下按照商标标识独立载体数量来定罪量刑违反了实质上的罪责刑相适应原则。

　　鉴于司法实践中非法制造的注册商标标识情况复杂,如在同一个包装袋上使用两个以上注册商标[①],行为人非法制造的注册商标标识仅是完整包装中的某一部分或者非法制造的注册商标标识中未成套部分的计算方式等,采用"套"的方式来计算存在一定难度。笔者认为,这些问题可以从该罪的社会危害性实质和折算制方法来解决。就同一个包装袋上使用两个以上注册商标的情况,可以遵循社会危害性的判断标准:决定犯罪社会危害性的是完整包装的数量,而非注册商标标识的数量,且在同一包装上使用的不同注册商标在使用上具有整体性,因此按照完整包装数量计算而非注册商标图案数量计算是合理的。对于仅制造完整包装中某一部分标识或未成套部分标识的情况,可以按照完整包装中包含的构成部分来进行折算。如一个完整的包装共由 5 个标识独立载体组成,则每个标识独立载体是 1/5 的件数,最后不成套的独立载体个数按照有利于被告人的原则、刑法谦抑性原则不予计算。

　　从上述案例情况来看,在我国司法解释未对非法制造注册商标标识的"件"数认定作新的解释之前,按照注册商标图案个数来计算注册商标标识数量仍是司法实践中主要采用的方式,原因在于这种计算方式简易方便,存在争议少。但从提高知识产权刑事司法保护的公平性来讲,完善非法制造注册商标标识罪中"件"数的认定方式迫在眉睫。

---

① 见(2016)粤 03 刑终 637 号刑事判决书。

第五章

侵犯著作权类犯罪的保护边界与司法认定

  1994 年《惩治侵犯著作权犯罪的决定》将严重侵犯著作权行为和销售侵权复制品的严重行为规定为犯罪,至此著作权纳入了刑法的保护范围。1997 年刑法典制定时,吸收了上述单行刑法对侵犯著作权类犯罪的规定,在第三章破坏社会主义市场经济秩序罪中侵犯知识产权犯罪一节规定了侵犯著作权罪和销售侵权复制品罪两个罪名。本章对我国著作权刑法保护的边界进行了研究,明确提出我国刑法保护著作权的边界呈现扩大趋势,但同时也具有刑法保护自身的独立性。本章同时通过最高人民法院发布的知识产权刑事典型案例对侵犯著作权罪、销售侵权复制品罪中的常见争议"以营利为目的"是否必要、网络外挂方式侵犯著作权、提供网络服务方式侵犯著作权、侵犯软件著作权与实用美术作品的著作权等新型刑事案件的认定进行了研究,明确了"以营利为目的"存在的必要性及各类新型著作权犯罪案件的认定路径。

第一节 刑法保护著作权边界的扩大与独立性

一、刑法保护著作权边界的扩大

《刑法修正案(十一)》对侵犯著作权罪进行了较大幅度的修改①,与1997年刑法典相比,侵犯著作权罪的修改体现在以下几个方面:①扩大了侵犯著作权的保护范围。将侵犯著作权罪的保护范围由"著作权"扩大到"著作权或者与著作权有关的权利",具体来讲,将著作权人的信息网络传播权,表演者的著作权纳入本罪的保护范围。②修改、扩大了作品的范围。刑法保护作品的范围在原有基础上增加了美术作品,将电影、电视、录像作品统称为"视听作品",将"其他作品"修改为"法律、行政法规规定的其他作品"。③增加了侵犯著作权的行为方式。将侵犯表演者与著作权有关的权利,故意避开或破坏著作权人或与著作权有关的权利人为其作品、录音录像制品采取的保护技术措施纳入侵犯著作权罪的表现方式。④提高侵犯著作权罪的法定刑。法定刑种由"拘役"上升为有期徒刑,法定最高刑提升为"十年有期徒刑"。

《刑法修正案(十一)》对销售侵权复制品罪进行了修改②,相比1997年刑法典,该罪有2处修改:①犯罪成立的条件由"违法所得数额巨大"修改为"违法所得数额巨大或有其他严重情节",由单纯的"数额犯"修改为"数额犯+情节犯"。②提高了法定刑。删除了"拘役",法定最低刑刑种为有期徒刑,法定最高刑由三年有期徒刑提高到五年有期徒刑。

《刑法修正案(十一)》对侵犯著作权罪、销售侵权复制品罪的修改保持了与

---

① 《刑法修正案(十一)》规定的侵权著作权罪行为方式有:未经著作权人许可,复制发行、通过信息网络向公众传播其文字作品、音乐、美术、视听作品、计算机软件及法律、行政法规规定的其他作品的;出版他人享有专有出版权的图书的;未经录音录像制作者许可,复制发行、通过信息网络向公众传播其制作的录音录像的;未经表演者许可,复制发行录有其表演的录音录像制品,或者通过信息网络向公众传播其表演的;制作、出售假冒他人署名的美术作品的;未经著作权人或者与著作权有关的权利人许可,故意避开或者破坏权利人为其作品、录音录像制品等采取的保护著作权或者与著作权有关的权利的技术措施的。

② 《刑法修正案(十一)》对销售侵权复制品罪的规定为:以营利为目的,销售明知是本法第217条规定的侵权复制品,违法所得数额巨大或者有其他严重情节的,处五年以下有期徒刑,并处或单处罚金。

2020 年 11 月最新修改的《中华人民共和国著作权法》(以下简称《著作权法》)的衔接,呼应了社会发展对著作权刑法保护的新要求,扩大了刑法对著作权保护的范围和力度。

二、刑法保护著作权边界的独立性

《著作权法》中明确规定了作品范围和著作权内容,这是著作权保护的基础。该法第 3 条规定"作品是指文学、艺术和科学领域内具有独创性并能以一定形式表现的智力成果",同时以"列举+概括性规定"的方式明确了 9 种作品①。第 6 条进一步明确"民间文学艺术作品的著作权保护办法由国务院另行规定",将民间文学艺术作品纳入著作权法的保护范围。第 10 条采用"列举+概括"的方式规定了著作权人享有的著作权内容 17 项:发表权、署名权、修改权、保护作品完整权、复制权、发行权、出租权、展览权、表演权、放映权、广播权、信息网络传播权、摄制权、改编权、翻译权、汇编权、应当由著作权人享有的其他权利。第 52 条采用"列举+概括"的方式规定了承担侵犯著作权民事责任的 11 种侵权行为表现,涵盖了著作权的所有作品、权利主体和权利类别,是保护范围最广的法律。《著作权法》第 53 条规定了同时承担民事责任和行政责任的侵犯著作权的 8 种行为表现。从著作权民事侵权行为和行政违法行为的数量对比来看,侵犯著作权行政违法行为范围小于民事侵权行为范围。

《刑法修正案(十一)》将侵犯著作权罪修改为:以营利为目的,有下列侵犯著作权或者与著作权有关的权利的情形之一②,违法所得数额较大或者有其他严重情节的,处三年以下有期徒刑,并处或者单处罚金;违法所得数额巨大或者有其他特别严重情节的,处三年以上十年以下有期徒刑,并处罚金。从刑法对侵犯著作权罪的规定来看,我国刑法目前仅对文字作品、音乐、美术、视听作品、计

---

① 《著作权法》第 3 条规定的作品范围:文字作品;口述作品;音乐、戏剧、曲艺、舞蹈、杂技艺术作品;美术、建筑作品;摄影作品;视听作品;工程设计图、产品设计图、地图、示意图等图形作品和模型作品;计算机软件;符合作品特征的其他智力成果。

② 《刑法修正案(十一)》修改后的侵犯著作权罪行为方式为:未经著作权人许可,复制发行、通过信息网络向公众传播其文字作品、音乐、美术、视听作品、计算机软件及法律、行政法规规定的其他作品的;出版他人享有专有出版权的图书的;未经录音录像制作者许可,复制发行、通过信息网络向公众传播其制作的录音录像的;未经表演者许可,复制发行录有其表演的录音录像制品,或者通过信息网络向公众传播其表演的;制作、出售假冒他人署名的美术作品的;未经著作权人或者与著作权有关的权利人许可,故意避开或者破坏权利人为其作品、录音录像制品等采取的保护著作权或者与著作权有关的权利的技术措施的。

算机软件进行保护;从行为方式规制来看,仅对复制发行、信息网络传播、出版、故意避开或破坏保护著作权或与著作权有关权利的技术措施行为进行刑法规制。其保护的著作权对象、权利范围,规制的侵权行为表现明显小于民法、行政法的调整范围。另外,侵犯著作权罪与销售侵权复制品罪的成立都要求行为人主观上以"以营利为目的",客观上达到"违法所得数额较大或者有其他严重情节的",这两个犯罪成立要件进一步限缩了著作权罪名体系的范围。

从我国现行的侵犯著作权类犯罪的修改可以看出,虽然刑法修正案通过扩大刑法保护的著作权范围、作品范围,扩大刑法调整的侵权行为范围,扩大侵犯著作权类犯罪的成立条件等,从整体上扩大了刑法对著作权的保护边界,但相对于我国民法、行政法对著作权的保护,仍是有限保护,体现出我国刑法保护著作权的独立性。

三、"以营利为目的"限定犯罪成立范围

(一)"以营利为目的"的司法解释

"以营利为目的"是侵犯著作权罪成立的主观要件,随着社会发展,侵犯著作权行为的逐利目的表现也呈现多样化、隐蔽化的特点,为了更好把握"以营利为目的",有力打击侵犯著作权犯罪,我国《侵犯著作权利事案件司法解释(二)》对"以营利为目的"进行了解释。

2004年的《侵犯著作权刑事案件司法解释(一)》第11条解释了以刊登收费广告等方式直接或间接收取费用的属于侵犯著作权罪的"以营利为目的";2011年的《侵犯知识产权刑事案件法律意见》第10条规定了除销售外可以认定为"以营利为目的"的情形。① 这一关于侵犯著作权罪中"以营利为目的"的解释采用"列举+概括"的方式比较全面涵盖了司法实践中常见的侵犯著作权罪中的"以营利为目的"的表现,同时为以后将新的"以营利为目的"表现形式纳入法律调整范围奠定了基础。

(二)"以营利为目的"的存废讨论

"以营利为目的"是侵犯著作权罪成立的主观要件,理论界对该要件的存废有较多争论,这种争论可以分为三种观点:一是取消"以营利为目的"的主观要

---

① 《侵犯知识产权刑事案件法律意见》第10条规定"以营利为目的"的情形有:在他人作品中刊登收费广告、捆绑第三方作品等方式直接或间接收取费用的;通过信息网络传播他人作品,或者利用他人上传的侵权作品,在网站或者网页上提供刊登收费广告服务,直接或间接收取费用的;以会员制方式通过信息网络传播他人作品,收取会员注册费或者其他费用的;其他利用他人作品牟利的情形。

件;二是在传统侵犯著作权犯罪中保留"以营利为目的",在网络侵犯著作权犯罪中取消该要件;三是保留"以营利为目的"的主观要件。

随着互联网的迅速发展,网络侵犯著作权现象大幅度增加,一部分学者认为应取消"以营利为目的"的主观要件。有学者认为该主观要件限制了侵犯著作权类犯罪的成立范围,不能与国际惯例接轨,不符合 TRIPS 协议要求,不能充分发挥刑法对著作权的保护作用[1];有学者认为"以营利为目的"的侵犯著作权犯罪主观要件规定时间长远,已不能适应刑法保护著作权的需要,应予以取消[2];还有学者认为"以营利为目的"是否存在不影响侵犯著作权行为造成的损失,应取消"以营利为目的"作为侵犯著作权类犯罪的主观要件[3]。

1. 传统(保存)—网络(取消)两分法观点

这一观点是对取消"以营利为目的"观点和保留该要件观点的折中。有学者认为在数字网络环境下固守"以营利为目的"的主观要件很难实现网络环境下对著作权的充分有效保护,主张"传统—网络"二分法,即保留传统侵犯著作权犯罪的营利目的要件,取消数字网络环境下的侵犯著作权犯罪的目的要件[4];有学者在此基础上进一步提出将网络环境下侵犯著作权的犯罪行为新设为侵犯网络著作权罪,并在该罪名中取消"以营利为目的"的主观要件[5]。

2. 保留"以营利为目的"的观点

该观点亦有不少学者支持,并为我国立法和司法实践所采用。有学者认为"以营利为目的"是区分侵犯著作权犯罪行为和一般侵犯著作权行为的要件之一,能够合理划定刑法保护著作权范围,有效保障权利人和社会公众之间的利益平衡[6];有学者从 TRIPS 协议的解读出发,认为"以营利为目的"与协议要求的

---

[1] 张璐、马鸿海:《网络时代背景下再论侵犯著作权罪的"主观要件"》,载《贵州民族大学学报(哲学社会科学版)》,2014 年第 1 期,第 118-121 页;赵星、董士昙:《论我国知识产权犯罪立法缺陷及其完善》,载《山东社会科学》,2008 年第 1 期,第 147-149 页。

[2] 崔建华:《完善侵犯著作权罪立法建议》,载《西南农业大学学报(社会科学版)》,2012 年第 10 期,第 78-82 页。

[3] 元明:《论侵犯著作权犯罪法律的完善》,载《知识产权》,2011 年第 1 期,第 49-52 页。

[4] 邵培樟:《侵犯著作权犯罪之主观要件设置的反思与重构——数字网络环境下著作权刑法保护之有限扩张》,载《湖北社会科学》,2014 年第 4 期,第 149-153 页。

[5] 杨加明:《"以营利为目的"存废论下网络著作权的刑法保护》,载《海峡法学》,2017 年第 1 期,第 54-62 页。

[6] 鲁力、潘永涓:《论侵犯计算机软件著作权犯罪中的"以营利为目的"》,载《湖南社会科学》,2010 年第 6 期,第 215-218 页。

"以商业规模蓄意地假冒商标或剽窃著作权的案件中适用刑事诉讼和刑事处罚"在内涵上一致,对"以营利为目的"进行扩大解释即可满足打击侵犯著作权犯罪的需要[①];有学者认为侵犯著作权犯罪中"以营利为目的"具有区分罪与非罪的功能,包括直接营利目的和间接营利目的,间接营利的认定不拘泥于途径,只要通过侵犯著作权有获利的,即可认定具有营利目的[②];有学者在此基础上进一步指出为他人营利并不影响"营利目的"的认定[③]。但也有观点认为对间接营利应仅限于积极获利情形,消极获利如商业使用盗版软件的行为不成立侵犯著作权犯罪[④]。

(三)"以营利为目的"限定犯罪成立范围

笔者认为,"以营利为目的"是我国侵犯著作权类犯罪的必要要件。首先,"以营利为目的"发挥控制刑法调整范围的作用。我国著作权保护的法律依据有《民法典》《刑法》《著作权法》《计算机软件保护条例》《集成电路布图设计保护条例实施细则》等,侵犯著作权行为受到民法、刑法、行政法的调整,"以营利为目的"是区分一般著作权侵权行为和侵犯著作权犯罪行为的要件之一,有利于界定刑法对著作权的保护范围。其次,"以营利为目的"符合 TRIPS 协议的要求。TRIPS 协议中要求采取刑事措施的"商业规模蓄意剽窃著作权"案件中,"商业规模"与"以营利为目的"在内涵上是一致的,我国侵犯著作权犯罪规定"以营利为目的"符合 TRIPS 协议的要求。最后,我国独特的知识产权保护体系要求"以营利为目的"的存在。我国实行行政执法与刑事司法并行的二元法律保护体系,侵犯著作权行为在不具有"以营利为目的"且未达到"违法所得数额较大或具有其他严重情节"的情况下,权利人可以依法要求侵权人承担民事赔偿责任和行政处罚责任。我国的行政处罚包括罚金、吊销营业执照、行政拘留等金钱处罚、资格处罚和限制人身自由等较为严厉的措施,且行政执法的程序快捷,能更好地发挥保护著作权的作用。刑法作为二次法,只有当民法、行政法无

---

① 郝方昉:《关于构成侵犯著作权罪应否需要"以营利为目的"的理性思考——兼评〈关于办理侵犯知识产权刑事案件适用法律若干问题的意见〉中的相关规定》,载《西南科技大学学报(哲学社会科学版)》,2011 年第 5 期,第 1-5、12 页。

② 刘科、朱鲁豫:《侵犯著作权犯罪中"以营利为目的"要素的规范阐释与完善方向》,载《中国刑事法杂志》,2012 年第 9 期,第 54-58 页。

③ 林亚刚:《析侵犯著作权行为与侵犯著作权罪的衔接》,载《法学评论》,2006 年第 6 期,第 121-123 页。

④ 谢焱:《"以营利为目的"在网络著作权案件中的刑法适用》,载《东方法学》,2017 年第 4 期,第 93-100 页。

法有效打击侵犯著作权犯罪时才发挥补充、保障作用,"以营利为目的"即是保障我国刑法保护后置性的门槛之一。

同时,笔者并不认同有学者主张的取消网络侵犯著作权犯罪行为中的"以营利为目的"以更好发挥刑法打击网络侵犯著作权行为的观点。《刑法修正案(十一)》已将网络传播权纳入刑法保护范围,同时我国 2011 年的《侵犯知识产权刑事案件法律意见》第 10 条将间接营利的收取广告费用、会员费及其他牟利方式纳入"以营利为目的"的情形,扩大了"以营利为目的"的涵盖范围。上述修正案和司法解释解决了互联网发展背景下网络侵犯著作权犯罪的认定问题,无须将网络侵犯著作权犯罪单独规定。同时,从实践来看我国互联网环境下还存在诸多不以营利为目的的网络分享、传播作品情况,这些行为促进了我国互联网文化的繁荣,提高了互联网在文化传播上的便利性,如果取消网络侵犯著作权犯罪的"以营利为目的"要件,刑法会误伤大多数分散的网络分享者和传播者,不利于网络的开放和发展。

第二节　侵犯著作权罪的司法认定

一、侵犯著作权罪的司法认定概述

相对于侵犯注册商标类犯罪成立条件的相对稳定,侵犯著作权罪的成立标准经历了较大的变化。

(一)犯罪成立数额标准的逐渐降低

2004 年的《侵犯知识产权刑事案件司法解释(一)》第 5 条规定了侵犯著作权罪成立的"其他严重情节"表现[①];2007 年的《侵犯知识产权刑事案件司法解释(二)》降低了《侵犯知识产权刑事案件司法解释(一)》中"其他严重情节"中的数额标准,侵权复制品数量由 1000 张(份)降到 500 张(份),将"其他特别严重情节"中的侵权复制品数量由 5000 张(份)降到 2500 张(份),降低幅度为50%,大大降低了侵犯著作权罪的成立标准。

---

① 《侵犯知识产权刑事案件司法解释(一)》第 5 条规定了侵犯著作权罪成立的"其他严重情节"表现为:①非法经营数额在 5 万元以上;②侵权复制品数量合计在 1000 张(份)以上;③其他严重情节的情形。适用加重刑的"其他特别严重情节"的表现有:中子态非法经营数额在 25 万元以上;②侵权复制品数量合计在 5000 张(份)以上;③其他特别严重情节的情形。

随着互联网的飞速发展,网络侵犯著作权的行为日益增多,原有的侵犯著作权罪定罪量刑标准已不能适应刑法规制网络侵犯著作权的需要。2011 年的《侵犯知识产权刑事案件法律意见》第 13 条①在保持之前数额标准的基础上,结合信息网络传播的特征,增加传播他人作品数量合计在 500 件(部)以上、传播侵权作品的实际点击数到 5 万次以上、会员达到 1000 人以上等 3 个数额标准作为侵犯著作权罪的新成立标准,同时明确虽未达到单个的数额立案标准但同时达到其中 2 项以上标准一半以上的,也成立侵犯著作权罪。

(二)"未经著作权人许可"的司法解释

"未经著作权人许可"是侵犯著作权罪的客观表现之一。我国司法解释三次对"未经著作权人许可"进行解释。

2004 年的《侵犯知识产权刑事案件司法解释(一)》第 11 条规定的"未经著作权人许可"包括未得到授权、伪造授权或得到授权后涂改、超出许可四种情形;2011 年的《侵犯知识产权刑事案件法律意见》第 11 条将"未经著作权人许可"分为认定侵权人的行为未经著作权人许可②和推定侵权人的行为未经著作权人许可③。该解释增加了"未经著作权人许可"的认定标准,明确了侵犯著作权罪中推定"未经著作权人许可"情形中侵权人承担证明责任。2020 年的《侵犯知识产权刑事案件司法解释(三)》第 2 条对侵犯著作权罪中著作权人或录音制作者的推定、"未经著作权人许可""未经录音制作者许可"进行了解释界定,并超出 2011 年《侵犯知识产权刑事案件法律意见》中的认定路径。

---

① 2011 年的《侵犯知识产权刑事案件法律意见》第 13 条规定的通过网络传播侵权作品行为的其他严重情节包括:非法经营数额在 5 万元以上;传播他人作品的数量合计在 500 件(部)以上;传播他人作品的实际被点击数达到 5 万次以上的;以会员制方式传播他人作品,注册会员达到 1000 人以上的;⑤数额或数量虽未达到第一项至第四项规定标准,但分别达到其中 2 项以上标准一半以上的;其他严重情节的情形。"其他特别严重情节"是数额或数量达到"其他严重情节"中第一项至第五项规定标准 5 倍以上。

② 认定未经著作权人许可的方法:依据著作权人或者其代理人、著作权集体管理组织、国家著作权行政管理部门指定的著作权认证机构出具的涉案作品版权认证文书,或者证明出版者、复制发行者伪造、涂改授权许可文件或者超出授权许可范围的证据,结合其他证据综合予以认定。

③ 推定未经著作权人许可的方法:在有证据证明涉案复制品系非法出版、复制发行的,且出版者、复制发行者不能提供获得著作权人许可的相关证明材料的,可以推定为"未经著作权人许可",但有证据证明权利人放弃权利、涉案作品的著作权不受我国著作权法保护,或者著作权保护期限已经届满的除外。

(三)"复制发行"的法律解释

"复制发行"是侵犯著作权罪的行为方式之一,我国司法解释对"复制发行"解释了三次。2004 年《侵犯知识产权刑事案件司法解释(一)》第 11 条规定采用扩大解释方法,将网络传播作品的行为解释为复制发行,将日益广泛的通过网络侵犯知识产权的行为纳入刑法调整范围。2007 年《侵犯知识产权刑事案件司法解释(二)》第 2 条明确复制发行包括复制、发行或者既复制又发行的行为,通过广告、征订等方式推销侵权产品的,也属于"发行"。2011 年《侵犯知识产权刑事案件法律意见》第 12 条规定"发行"包括总发行、批发、零售、通过信息网络传播以及出租、展销等活动。这一解释是对《侵犯知识产权刑事案件司法解释(一)》中第 11 条将"信息网络传播"纳入"复制发行"范围的进一步确认,是对《侵犯知识产权刑事案件司法解释(二)》第 2 条关于"复制发行"解释的进一步补充和细化。

(四)侵犯著作权罪与其他犯罪竞合处理的司法解释

侵犯知识产权犯罪与其他犯罪的竞合处理原则在司法解释中也有体现。2004 年《侵犯知识产权刑事案件司法解释(一)》第 14 条规定了侵犯著作权罪与销售侵权复制品罪是同一对象的,按照侵犯著作权罪定罪处罚;成立侵犯著作权罪,又销售明知是他人的侵权复制品构成犯罪的,实行数罪并罚。2011 年《侵犯知识产权刑事案件法律意见》第 12 条规定明确了非法出版、复制、发行他人作品,侵犯著作权构成犯罪的,按照侵犯著作权罪定罪处罚,不认定为非法经营罪等其他犯罪。

二、网络外挂的刑事规制

随着我国游戏产业的发展,有关网络游戏的侵犯著作权案件呈现高发趋势。最高人民法院在 2009—2022 年发布的 20 例侵犯著作权罪典型案例中有 3 例是与网络游戏有关的侵犯罪著作权案犯罪案件。2 例案件采用架设网络游戏私服的方式来侵犯著作权谋利的案件分别是韩××、徐××、沈××、武×、苏×、闫×、沈×侵犯著作权罪上诉案[①]和赵×元、赵×保侵犯著作权罪上诉案[②],1 例案件采用制造并销售游戏外挂的方式侵犯著作权来谋利的案件是张×、黄×、梁××、阮××、刘×侵犯著作权罪案[③]。上述 3 个案件作为典型案例发布的意义在于明确了对采用

---

① 阎晓宏主编:《中国版权年鉴》,中国人民大学出版社,2012 年,第 203–204 页。

② 2012 年中国法院知识产权司法保护十大案件,2013 – 04 – 22,http://ip. people. com. cn/n/2013/0422/c136655–21231393. html(2021–10–27 最后访问)。

③ 阎晓宏主编:《中国版权年鉴》,中国人民大学出版社,2012 年,第 204–205 页。

网络游戏私服或外挂方式谋取利益侵犯游戏著作权人合法权益的违法行为的刑事规制路径。

《中国版权年鉴(2012)》中对上述案例中的"私服"解释为"未经网络游戏制作者或其授权的运营商许可,私自安装网络游戏运行所必需的游戏服务器端程序,或通过网络项游戏玩家提供客户端程序,运行他人享有著作权的网络游戏的行为",设立"私服"属于复制并通过网络发行他人计算机软件的侵犯著作权行为。[①] 该年鉴将"外挂"解释为"通过破解游戏软件的技术保护措施,对游戏软件进行反向操作后找出该游戏程序的技术漏洞,从而能够在用户端改变游戏程序操作的一种独立的外接(挂)程序",是一种侵犯网络游戏著作权人修改权、保护作品完整权、复制权的侵犯著作权行为[②]。上述典型案例中对以营利为目的,开设网络游戏私服构成犯罪的行为以侵犯著作权罪定罪在司法实践和理论中得到了一致认可。但对于网络外挂的刑法规制,在《刑法修正案(十一)》出台前,司法实践和理论界对该行为的定罪莫衷一是。

(一)网络外挂刑事规制的讨论

在有学者做的统计中,网络外挂行为的罪名适用,2010 年之前基本以非法经营罪定罪量刑;2011—2016 年非法经营罪和侵犯著作权罪并行;2017 年之后涉及网络游戏外挂的案件中"提供侵入、非法控制计算机信息系统程序、工具罪跃居罪名适用之首"[③]。理论界对外挂行为的定性也众说纷纭:2008 年有学者认为擅自使用外挂软件接挂运营他人网络游戏属于互联网非法出版活动,情节严重的按照非法经营罪定罪处理[④];2009 年有学者认为要区分网络游戏外挂的性质,只有"营利性的无权外挂中的恶性作弊类外挂应被纳入刑法予以规制",以侵犯著作权罪定性[⑤];2015 年有学者将涉及网络外挂的行为进行分类并分别适用相应的罪名:制售网络外挂行为构成犯罪的,成立侵犯著作权罪;单纯销售外挂构成犯罪的,成立销售侵权复制品罪;利用外挂从事代练升级及获取游戏数据构成犯罪的,成立非法获取计算机信息系统数据罪与侵犯财产罪的牵连关系,从

① 阎晓宏主编:《中国版权年鉴》,中国人民大学出版社,2012 年,第 203-204 页。

② 阎晓宏主编:《中国版权年鉴》,中国人民大学出版社,2012 年,第 205 页。

③ 喻海松:《网络外挂罪名适用的困境与转向——兼谈〈刑法修正案(十一)〉关于侵犯著作权罪修改的启示》,载《政治与法律》,2021 年第 8 期,第 57-70 页。

④ 于同志:《网络游戏"外挂"的认定与处罚》,载《政法论坛》,2008 年第 6 期,第 63-68 页。

⑤ 石金平、游涛:《论网络游戏外挂的刑法规制》,载《政治与法律》,2009 年第 10 期,第 52-58 页。

一重罪论处①;2017 年有司法工作人员发文认为单纯的网络游戏外挂销售行为应按照非法经营罪定性②;2021 年有学者通过对网络游戏外挂技术原理的分析,认为"突破技术保护措施"是外挂程序的本质属性,在《刑法修正案(十一)》中将故意避开或破坏著作权保护技术措施的行为明确列为侵犯著作权罪的表现之一的情况下,应在司法实践中对网络外挂刑事案件适用侵犯著作权罪为基本罪名③。

(二)刑法规制的网络外挂范围

随着科技的发展,外挂在网络中已不局限于网络游戏而出现在各类网络软件中,例如针对实时通信软件微信的外挂④、滴滴出行软件的外挂⑤。因此在研究外挂相关行为的法律规制时,不应局限于网络游戏外挂,因不同软件的外挂具有各自的特性,从法律规制的角度来看,应从各类外挂的共性,即外挂的本质进行研究界定。

理论界对外挂的研究主要集中在网游外挂,且认为并非所有的外挂都属于刑法的规制对象,仅有恶性外挂属于刑法规制的对象,如于志刚、陈强在 2009 年的论文中认为"需要法律介入打击的是那些根本违反游戏规则、破坏游戏公平性和平衡性的恶性外挂",恶性外挂通常"表现为破坏网游程序的技术保护措施、复制利用他人网游程序、修改和伪造数据封包等等"⑥;石金平、游涛在 2009 年的论文中也同样认为不同类型的游戏外挂对法益的危害不同,"只有营利性的无权外挂中的恶性作弊类外挂应被纳入刑法予以规制"⑦;另有学者从外挂的技术性特征入手,将刑法规制的外挂区分为"添加、修改存储器代码与存储器数据型的外挂软件""拦截、修改、发送游戏封包型的外挂软件""查询 IP 地址并进

---

① 俞小海:《网络游戏外挂行为刑法评价的正本清源》,载《政治与法律》,2015 年第 6 期,第 45-51 页。

② 储颖超:《网络游戏外挂销售行为的界定》,载《中国检察官》,2017 年第 8 期,第 65-67 页。

③ 喻海松:《网络外挂罪名适用的困境与转向——兼谈〈刑法修正案(十一)〉关于侵犯著作权罪修改的启示》,载《政治与法律》,2021 年第 8 期,第 57-70 页。

④ 《全国最大制售微信外挂软件案宣判,主犯获刑 10 年》,澎湃网,2021-04-05,https://m. thepaper. cn/baijiahao_12052302(2022-01-19 最后访问)。

⑤ 朱朋飞、夏天:《提供、出售"滴滴出行"外挂行为的刑法规制探讨》,载《广西政法管理干部学院学报》,2020 第 5 期,第 63-69 页。

⑥ 于志刚、陈强:《关于网络游戏中"外挂"行为的刑法思考》,载《山东警察学院学报》,2009 年第 1 期,第 44-55 页。

⑦ 石金平、游涛:《论网络游戏外挂的刑法规制》,载《政治与法律》,2009 年第 10 期,第 52-58 页。

行攻击型的外挂软件"①,也有学者从外挂的作用上将外挂区分为"辅助性外挂""破坏性外挂""混合性外挂",并认为辅助性外挂的危害性较小,不在刑法调整范围内,只有破坏性外挂和兼具辅助性与破坏性的混合型外挂是刑法的调整对象②。上述对网络游戏外挂的分类是具有积极意义的:从刑法作为屏障法的功能性来看,仅有具备严重社会危害性的恶性外挂行为才应纳入刑法的规制范围;从具体的定罪量刑来看,外挂的技术手段直接影响外挂犯罪行为的定性,对其技术原理进行分类是必要的。从目前的相关研究来看,"游戏外挂主要通过篡改游戏进程数据、模拟用户输入以及篡改游戏与服务器的通信封包等方式实现外挂功能"③,其中模拟用户输入的外挂主要用于代替用户与游戏交互,通常不涉及篡改游戏代码或数据,属于辅助性外挂,危害性较小,一般不属于刑法的调整范围;而篡改进程数据以及篡改游戏与服务器的通信封包则属于避开或破坏网络软件的技术保护措施,通过对"网络数据包的拦截、修改(或者伪造)和发送等,通过虚假信息欺骗服务器修改游戏数值,实现作弊目的"的网络程序④。

在上述刑法规制的网络游戏外挂的界定基础上,可以将刑法规制的网络外挂界定为:未经网络软件著作权人或与著作权有关的权利人同意,规避或破坏网络软件技术保护措施,通过拦截、篡改软件数据等方式实现不正当利益的网络软件。上述概念中明确网络外挂并非是对网络软件的复制,而是通过规避或破坏网络软件技术保护措施的方式接入网络软件实行篡改程序数据或网络数据包的方式来非法获取网络软件限制的利益,"外挂在使用过程中,制造、修改的是游戏程序运行中产生的数据,而不是程序本身。根据《软件保护条例》规定,程序不包括在运行中产生的数据"⑤,"对于外挂而言,即使部分参考程序代码,但是其程序核心仍然是围绕自主编译展开"⑥,因此网络外挂侵犯的不是网络软件著

①　吴诗昕:《制作并销售网络游戏外挂软件行为的刑法适用》,载《犯罪研究》,2021 年第 4 期,第 24-36 页。

②　安超杰:《论移动终端外挂软件的刑法规制》,载《北京政法职业学院学报》,2019 年第 4 期,第 80-86 页。

③　傅建明、杨铮、罗陈可、黄坚伟:《一种基于内核事件的 Windows 系统游戏反外挂方法》,载《电子与信息学报》。2020 年第 9 期,第 2117-2125 页。

④　喻海松:《网络外挂罪名适用的困境与转向——兼谈〈刑法修正案(十一)〉关于侵犯著作权罪修改的启示》,载《政治与法律》,2021 年第 8 期,第 57-70 页。

⑤　丰友芳、王静:《利用游戏外挂代练升级的刑法评价》,载《人民司法》,2012 年第 12 期,第 6-9 页。

⑥　刘艳红:《人工智能时代网络游戏外挂的刑法规制》,载《华东政法大学学报》,2022 年第 1 期,第 64-82 页。

作权中的复制发行权,而是网络软件著作权人或与著作权有关的权利人采取技术措施保护自身合法权益的权利,是著作权保护的延伸。有学者认为,在《刑法修正案十一》颁布后,可以不必再纠结外挂程序与权利人程序的形似度,直接将外挂程序认定为侵犯著作权的"侵权复制品"[1],而笔者认为,网络外挂本身是侵犯著作权而产生的非法软件,而非网络软件的复制品,不适宜用"侵权复制品"来认定网络外挂。

(三)刑法规制的网络外挂行为特征

虽然网络外挂是采取规避或破坏技术保护措施的方式实施的侵犯著作权或与著作权有关权利的工具,但并非所有使用网络外挂的行为都属于刑法的规制范围。我国侵犯著作权罪向来未对个体未超出合理社会预期的侵犯著作权的作品或录音录像制品的使用行为进行规制,因此一般网络用户出于提高个人使用软件效率和体验感的角度使用网络外挂的行为不属于刑法规制范围。

从司法实践来看,涉及网络外挂的犯罪行为类型有:制作并出售网络外挂的行为、单纯出售网络外挂的行为、利用外挂代练升级或打金获利的行为。随着互联网科技的进一步发展,有关利用网络外挂的行为会有不同的表现,但根据刑法规定和刑事司法实践中处理的网络外挂有关行为,可以将刑法规制的网络外挂行为特征总结如下:

(1)以牟利为目的。出售网络外挂和使用网络外挂代练升级或打金获利行为的目的均是以营利为目的,这可以从行为人的收入来源作为判断标准。对于制作网络外挂行为的定性来讲,牟利是区别罪与非罪的关键因素:若行为人仅为方便自己使用网络软件而制作使用网络外挂的,虽然是侵犯著作权或与著作权有关权利的越轨行为,但仅限自己使用,对著作权人或著作权有关权利人的影响轻微,不属于刑法调整范围;若行为人将网络外挂免费公开给他人下载使用的,在一定程度上传播了侵犯著作权或与著作权有关权利的工具、程序,违反了《著作权法》第49条有关不得故意避开或破坏技术措施或不得提供避开或破坏技术措施的服务、装置或部件的规定,承担相应的民事侵权责任,但因不具有牟利目的,未获取非法利益,不具备刑法规制的必要性;若行为人以牟利为目的制作网络外挂或制作网络外挂后予以出售的,属于传播侵犯著作权工具的侵权违法行为,具有严重社会危害性的,由刑法予以规制。

(2)行为的社会危害性达到需要刑法予以规制的程度。刑法作为最后保障

---

① 喻海松:《网络外挂罪名适用的困境与转向——兼谈〈刑法修正案(十一)〉关于侵犯著作权罪修改的启示》,载《政治与法律》,2021年第8期,第57-70页。

法,在民法、行政法对利用网络外挂的违法行为均规定了相应法律责任时,仅具有严重社会危害性的利用网络外挂违法行为具有刑法规制的必要性。司法实践中经常适用于网络外挂违法行为的非法经营罪,侵犯著作权罪,提供侵入、非法控制计算机信息系统程序、工具罪的成立均要求具备"情节严重""违法所得数额较大或具有其他严重情节"等严重社会危害性条件。因此,以牟利为目的利用网络外挂的有关行为须具有严重社会危害性的情况下才具备刑法规制性。

(四)网络外挂行为的刑法规制路径

以司法实践中常见的三种网络外挂行为作为对象进行分析。

1. 利用网络外挂代练升级或打金销售行为的定性

如前文所分析,外挂作为突破技术性保护的程序,仅是侵犯著作权的工具,未经使用不会产生损害著作权人合法权益的危害后果,只有使用外挂的行为才可能产生侵犯著作权的法律后果。而实践中购买使用外挂的一般用户其使用外挂的目的是提高游戏成就感,而非通过外挂来谋取经济利益,个体在侵犯著作权方面产生的影响微小,不属于刑法规制的范畴。司法实践中此类案件表现为利用外挂代练升级或打金获利,在既往的案件中有的以非法经营罪定罪量刑[1],有的以非法获取计算机信息系统数据罪定罪量刑[2]。在《刑法修正案十一》将规避或破坏保护著作权或与著作权有关权利技术措施纳入侵犯著作权罪的规制范围的情况下,以营利为目的使用网络外挂,符合法定条件的,应按侵犯著作权罪定罪。在《刑法修正案十一》实施后,使用网络外挂谋取非法利益的行为既符合非法获取计算机信息系统数据罪的客观表现,又符合侵犯著作权罪的构成,非法获取计算机信息系统数据罪属于计算机软件类一般犯罪,侵犯著作权罪中的规避或破除作品、录音录像制品等的技术保护措施属于特定的非法获取计算机信息系统数据行为,按照特殊优于一般的原则,应适用侵犯著作权罪。

2. 制售网络外挂和单纯销售网络外挂的行为定性

在明确网络外挂是侵犯著作权程序、工具的前提下,制作、销售网络外挂的行为并非使用网络外挂行为,未直接侵犯网络软件的著作权,在直接使用网络外挂的个体不成立"侵犯著作权罪"的情况下,制作、销售网络外挂的行为人以"侵

---

[1] 董杰、陈珠非法经营罪案件:案例刊载于《最高人民法院公报》2012年第2期。

[2] (2020)豫10刑终318号二审刑事裁定书:高×、沈××、赵××、刘×非法获取计算机信息系统数据罪。该案中将高×、沈××制作销售游戏外挂的行为认定为赵××、刘×利用外挂代打游戏获取金币的非法获取计算机信息系统数据罪的共同犯罪,且为主犯。这一判决以非法使用外挂牟利行为为实行行为,以非法获取计算机信息系统数据罪定性,将制售网络外挂行为作为该罪的帮助行为,却将制售网络外挂的行为人认定为主犯,与共犯理论相背离。

犯著作权罪"定罪明显缺乏侵犯著作权罪的客观表现,不符合共犯理论。鉴于网络帮助行为本身特殊的"一对多"广泛传播性造成的严重社会危害性,近年来,"网络帮助行为正犯化"在理论界和立法中得到认可和发展。理论界中"帮助信息网络犯罪活动罪是出于在新形势下应对社会发展、更好履行刑法法益保护职能的要求而设立的,其蕴含着积极的一般预防的刑事政策思想"①是较为普遍的认知;立法实践中,《刑法》第107条规定的资助危害国家安全犯罪活动罪、第358条第三款的协助组织卖淫罪均属于帮助行为正犯化的表现;此后的《刑法修正案(三)》《刑法修正案(七)》《刑法修正案(九)》中分别增加了资助恐怖活动罪,提供侵入、非法控制计算机信息系统程序、工具罪等罪名,这些都是帮助行为正犯化的立法体现。如前文所述,制作、出售网络外挂的行为不构成侵犯著作权罪,但该行为为侵入网络软件、修改网络软件数据提供了程序、工具,符合提供侵入、非法控制计算机信息系统工具罪的犯罪构成,在符合犯罪成立条件的情况下,应以该罪名来定罪,司法实践也支持这一观点②。

三、提供网络服务方式侵犯著作权案件的刑事规制

网络在知识产权传播过程中发挥了越来越重要的作用,网络传播知识产权的行为方式也呈现多样化。在最高人民法院2014年和2017年发布的知识产权典型案例中有2例案件中行为人的行为并非以典型的复制发行或网络传播侵权复制品的方式实施,而是通过提供链接、转码等网络服务的方式实施侵犯著作权的行为:张俊雄侵犯著作权罪案③、北京易查无限信息技术有限公司、于东侵犯著作权罪案④。这两例典型案件将通过提供网络服务方式侵犯著作权的严重行为纳入侵犯著作权罪的规制范围,扩大了司法实践中侵犯著作权罪的认定范

---

① 胡森:《论帮助信息网络犯罪活动罪的适用及限制》,载《刑事法评论》,2018年第2期,第440-464页。

② 在《刑法修正案(十一)》实施的2021年以后,中国裁判文书网上以"外挂"在全文搜索,案件名称为"侵犯著作权"的刑事判决书为0份(2021年3月1日之前有18份);以"外挂"在全文搜索,案件名称为"提供侵入、非法控制计算机信息系统程序、工具"的刑事判决书、刑事裁定书有25份;以"外挂"在全文搜索,案件名称为"非法经营"的刑事判决书、刑事裁定书为0件。

③ 张俊雄侵犯著作权罪案,中国法院网,2015-09-21,https://www.chinacourt.org/article/detail/2015/09/id/1710156.shtml(2021-10-26最后访问)。

④ 《最高人民法院办公厅关于印发2017年中国法院10大知识产权案件和50件典型知识产权案例的通知》(法办〔2018〕66号),2018-04-16,http://www.law-lib.com/law/law_view1.asp?id=618748(2021-10-27最后访问)。

围,具有积极意义。

(一)提供网络服务方式侵犯著作权的法律规制

上述 2 例以网络服务方式侵犯著作权罪的典型案件中,被告人并未实施直接提供作品的行为,而是提供链接、转码等网络服务,网络用户借助这些二次传播路径接触作品。此类网络传播作品的行为在《刑法修正案(十一)》将信息网络传播权纳入侵犯著作权罪的保护范围前,根据《侵犯知识产权刑事案件司法解释(一)》的规定是按照侵犯著作权罪中的"复制发行"行为认定的。该司法解释因将《著作权法》中的信息网络传播权纳入复制发行权范围导致刑事法律中"复制发行"权与《著作权法》不一致而在理论界引起了诸多讨论。上述争议和讨论促进了《刑法修正案(十一)》在侵犯著作权罪中将信息网络传播权纳入保护范围,侵犯信息网络传播权正式成为侵犯著作权罪的行为表现之一。

我国刑事立法中未对"信息网络传播权"和信息网络传播行为进行界定,"对侵犯信息网络传播权犯罪的认定应坚持先定侵权后定罪的二次违法标准"①,因此对侵犯著作权罪中的信息网络传播行为的界定应以民事法律规定为基础。2001 年修改的《著作权法》中将"信息网络传播权"规定为著作权的权利之一,该法第 58 条同时规定信息网络传播权的保护办法由国务院另行规定。国务院 2006 年 5 月 18 日颁布的《信息网络传播权保护条例》主要规定了信息网络传播权的合理使用和法定许可情形,明确了网络服务提供者承担侵权责任的情形和条件。最高人民法院 2006 年发布的《最高人民法院关于修改〈最高人民法院关于审理涉及计算机网络著作权纠纷案件适用法律若干问题的解释〉的决定(二)》中规定了网络服务提供者承担侵权责任的三种情况:一是明知有侵权内容经警告后仍不移除;二是拒绝提供侵权行为人的注册资料;三是故意破坏著作权保护措施的方式实施侵权行为。2012 年最高人民法院发布《最高人民法院关于审理侵害信息网络传播权民事纠纷案件适用法律若干问题的规定》(法释

---

① 郑承友:《信息网络传播权刑法保护反思与诠释》,载《科技与法律(中英文)》,2021年第 5 期,第 121-128 页。

〔2012〕20 号）（以下简称《侵害信息网络传播权民事案件法律解释》）①第 3 条第 2 款②"以是否直接提供权利人作品的法律标准取代服务器标准来界定信息网络传播行为"③，在上传服务器之外，将设置共享文件、利用软件分享文件等方式把作品、表演、录音录像制品置于信息网络中的行为规定为信息网络传播行为，并明确以网络快照、缩略图等方式实质替代其他网络服务提供者向公众提供相关作品的行为属于提供作品行为。2020 年 12 月 31 日最高人民法院对此司法解释的修改（法释〔2020〕19 号）中保持了上述信息网络传播行为的规定。

（二）侵犯信息网络传播权判断标准的发展

近年来，随着网络技术的日益发展，我国民事理论界对"链接""转码"等通过网络技术服务呈现作品的行为是否侵犯信息网络传播权的讨论呈现出由全盘否定到区别肯定的过程，网络技术服务侵犯信息网络传播权的判断标准也由单一的"服务器标准"扩展到"用户感知标准""实质呈现标准""法律技术标准"等。

（1）2006—2011 年初期单一"服务器标准"。这一时期的单一服务器标准在理论界占据主导地位。代表学者是王迁，其通过多篇论文阐述了自己的观点：其认为网络传播行为仅限于"将作品上传至或以其他方式置于向公众开放的联网服务器或计算机中的交互式传播行为，包括 P2P 软件用户共享作品的行为，但不包括对第三方网站中作品设置链接等辅助传播行为"④；作为"信息定位服务"的链接虽然客观上可能指向第三方网站的侵权内容，但其在主观明知的情况下只构成对信息网络传播权的间接侵犯⑤；提供链接并非"网络传播权行

---

① 该司法解释在 2020 年进行了修改，但未改变主体内容，因此在后文的引用中仍以 2012 年的规定为依据。

② 《最高人民法院关于审理侵害信息网络传播权民事纠纷案件适用法律若干问题的规定》（法释〔2012〕20 号）第 3 条第 2 款规定行为人未经许可，"通过上传到网络服务器、设置共享文件或者利用文件分享软件等方式，将作品、表演、录音录像制品置于信息网络中，使公众能够在个人选定的时间和地点以下载、浏览或者其他方式获得的"，属于侵害信息网络传播权行为。

③ 王艳芳：《〈关于审理侵害信息网络传播权民事纠纷案件适用法律若干问题的规定〉的理解与适用》，载《人民司法》，2013 年第 9 期，第 14－21 页。

④ 王迁：《论"网络传播行为"的界定及其侵权认定》，载《法学》，2006 年第 5 期，第 61－72 页。

⑤ 王迁：《论"信息定位服务"提供者"间接侵权"行为的认定》，载《知识产权》，2006 年第 1 期，第 11－18 页。

为"、不可能构成对"信息网络传播权"的"直接侵权"[①];对作品设置深层链接的网络服务行为不构成直接侵权,认定直接侵犯信息网络传播权的法律标准只能是"服务器标准"[②]。同时这一时期有少数学者对单一的服务器标准提出了异议,如有学者认为我国《著作权法》将信息网络传播权限定为交互式网络传播行为不当缩小了国际条约中"向公众传播权"的范围,应在信息网络传播权的名义下将"非交互式"网络传播行为纳入信息网络传播权范围[③];有学者认为服务器标准不能涵盖所有信息网络传播权的侵权情形,"自动接入和传输、自动存储、提供信息存储空间以及搜索链接等网络服务行为"属于网络传播的重要环节,是对信息网络传播权的间接侵权[④]。

（2）2012年至今是多元化标准时期。这一时期对信息网络传播行为的判定由单一的服务器标准发展到是否直接提供权利人作品的法律标准、实质呈现标准、用户感知标准。2012年的《侵害信息网络传播权民事案件法律解释》将信息网络传播行为判断标准由单一的服务器技术标准调整为直接提供作品的结果呈现法律标准,理论界也出现了多种信息网络传播行为的判断标准。这一时期批评服务器标准,提出实质性标准进而认为加框链接、聚合网站属于直接侵犯信息网络传播权行为的代表学者是崔国斌,其在多篇论文中阐述了自己的上述观点:其认为随着移动互联网技术的飞速发展,"移动网络技术的进步已经打破了计算机网络时代服务提供商与内容提供商之间的利益平衡关系",严格的"服务器标准"已无法覆盖新型信息网络传播行为[⑤];"网络链接中的加框链接导致版权作品在设链者控制的网页或客户端被展示或播放,架空了著作权人在网络空间

---

①　王迁:《再论"信息定位服务提供者"间接侵权的认定——兼比较"百度案"与"雅虎案"的判决》,载《知识产权》,2007年第4期,第3–11页。

②　王迁:《网络环境中版权直接侵权的认定》,载《东方法学》,2009年第2期,第12–21页。

③　焦和平:《论我国〈著作权法〉上"信息网络传播权"的完善——以"非交互式"网络传播行为侵权认定为视角》,载《法律科学（西北政法大学学报）》,2009年第6期,第143–150页。

④　孔祥俊:《论信息网络传播行为》,载《人民司法》,2012年第7期,第59–69页。

⑤　崔国斌:《著作权法下移动网络内容聚合服务的重新定性》,载《电子知识产权》,2014年第8期,第21–26页。

对作品传播主体的控制",应按照"实质呈现"①标准,构成直接侵权②;"聚合行为应当被视为通过网络平台公开展示其作品的直接侵权行为"③。这一时期也有其他学者持相同观点,有学者认为服务器标准不是判断信息网络传播行为的唯一标准,凡未经许可在信息网络上传播他人作品均破坏了权利人的信息网络传播控制权,无论是初始提供还是后续提供,均成立直接侵权④;有学者从实践案例总结出发,认为通过深层链接传播未经许可的作品均构成信息网络传播权的直接侵权⑤。也有学者对"服务器标准""用户感知标准""实质呈现标准""实质替代标准"等判断信息网络传播行为的标准进行分析评价后提出纯粹客观判断的"提供标准",即"无论行为人采取何种技术或方法向公众提供作品,只要其是在未经许可的情形下实施了向公众提供作品的行为,且使公众能够感知作品,就可能属于侵犯信息网络传播权的行为"⑥。有学者认为应对"信息网络传播行为"进行扩大解释,将聚合平台深层链接行为纳入直接侵权的范畴⑦。这一时期也有学者对上述观点提出了异议,认为深度链接行为提供的是作品的网络地址,不属于网络传播行为,属于破坏技术保护措施的不正当竞争行为⑧。

(三)网络二次传播作品行为的法律定性

上述理论界对有关信息网络传播行为的判断标准的讨论,主要集中在服务器标准已不适应互联网技术发展从而提出新的判断标准,如"用户感知标准""实质呈现标准""实质替代标准""提供标准"等,各种判断标准的目的都在于将新出现的首次上传作品之后的二次传播行为,如深度链接、加框链接、聚合平台、网络转码等纳入网络传播行为的范畴,将其进行独立评价,作为直接侵权处

---

① 作者认为网络服务者只要在自己控制的用户界面实质呈现他人的作品,即可成立信息网络传播行为,此为"实质呈现标准",该标准是对用户感知标准的发展,是对信息网络传播行为的客观判断标准。

② 崔国斌:《加框链接的著作权法规制》,载《政治与法律》,2014年第5期,第74-93页。

③ 崔国斌:《得形忘意的服务器标准》,载《知识产权》,2016年第8期,第3-19页。

④ 王艳芳:《论侵害信息网络传播权行为的认定标准》,载《中外法学》,2017年第2期,第456-479页。

⑤ 杨勇:《深度链接的法律规制探究》,载《中国版权》,2015年第1期,第53-59页。

⑥ 刘银良:《信息网络传播权的侵权判定——从"用户感知标准"到"提供标准"》,载《法学》,2017年第10期,第100-114页。

⑦ 吴永祺、万小丽:《聚合平台深层链接:以"链接服务"掩饰"内容提供"》,载《电子知识产权》,2016年第8期,第47-51页。

⑧ 陈绍玲:《再论网络中设链行为的法律定性——兼与崔国斌先生商榷》,载《知识产权》,2016年第10期,第17-24页。

理。民事理论上对链接等二次信息网络传播行为的认定由不构成侵权行为到间接侵权行为到直接侵权行为的认定与刑事理论中侵犯著作权罪中侵犯信息网络传播权的行为认定有相应的区别。

刑事理论中,有学者认为视频网站深度链接行为属于间接行为直接侵权,危害性大于直接上传作品的盗版侵权行为,属于侵犯著作权罪中的"复制发行"行为①。也有学者认为民事侵权不是刑事的介入口,刑法中的网络服务提供行为符合传播的文意特征,设链者是在传播既成事实的基础上进一步扩大传播的独立传播行为,属于刑法中的信息网络传播行为②。有学者认为刑事案件中应采用实质呈现标准,深度链接行为因为实质性改变了作品的呈现方式,因此成立侵犯著作权罪的正犯③。最高人民法院发布了两个以提供网络服务成立侵犯著作权罪的案件。张俊雄案件中,法院认为深度链接相比于分散的网络用户上传行为,具有社会危害性的叠加、聚拢和倍增效应,深度链接行为虽然属于扩大侵权作品传播范围的间接侵害信息网络传播权的行为,但由于网络的公开性使得该种行为的社会性远大于网络用户个体的上传行为,应作为侵犯著作权罪的正犯予以处理④。北京易查无限信息技术有限公司、于东侵犯著作权罪案件的典型案例中,法院明确知识产权司法保护坚持技术中立原则,该案被告人实施的网络技术服务超出技术中立的范围,属于侵犯信息网络传播权的直接侵权行为,且情节严重,因此以侵犯著作权罪予以刑事处罚⑤。

从上述刑事理论和典型案例来看,刑法理论与实践中对网络服务提供行为的定罪依据侧重于网络服务行为在信息网络中广泛传播作品的客观作用,在分散的网络用户上载作品不构成犯罪的情况下,将分散作品的链接聚集在一个网站上提供给网络用户的深层链接网站或聚合网站在网络中提供了更广泛、更便利的传播途径,且深层链接的网络服务商并非单纯的提供普通链接,而是对链接

---

①　徐松林:《视频搜索网站深度链接行为的刑法规制》,载《知识产权》,2014 年第 11 期,第 26-31 页。

②　孙万怀:《慎终如始的民刑推演——网络服务提供行为的传播性质》,载《政法论坛》,2015 年第 1 期,第 96-112 页。

③　欧阳本祺:《论网络环境下著作权侵权的刑事归责——以网络服务提供者的刑事责任为中心》,载《法学家》,2018 年第 3 期,第 154-168、195-196 页。

④　凌宗亮:《深度链接侵权影视作品是否构成侵犯著作权罪》,载《人民法院报》,2014-09-11(7)。

⑤　《张俊雄侵犯著作权罪案》,中国法院网,2015-09-21,https://www.chinacourt.org/article/detail/2015/09/id/1710156.shtml(2021-10-26 最后访问)。

内容进行了一定程度的编排,控制了作品显示的页面,已成为独立的网络传播行为,因此以营利为目的的深层链接行为侵犯权利人合法权益在情节严重的情况下成立侵犯著作权罪。

综合对比民事理论与刑事理论和实践对深层链接、聚合平台、转码复制等二次网络传播行为的认定和评价,民事理论中对网络服务商二次传播行为的认定是承担民事侵权责任的认定依据,我国《网络信息传播条例》中为二次传播的网络服务商设定了"避风港"规则,网络服务商承担民事侵权责任的前提是经权利人提醒后未及时采取删除、断开链接等停止传播行为;同时《侵害信息网络传播权民事案件法律解释》(法释〔2012〕20 号)第 9 条规定了判断网络服务提供者是否成立侵权的各种要素①,司法实践中也有案例明确了网络服务提供商承担民事侵权责任不适用"避风港"规则,例如北京百度网讯科技有限公司与赵小华侵犯著作权纠纷案②。刑事理论和司法实践中,强调深层链接等网络服务提供行为是区别于上传作品的独立传播行为,未经权利人许可的聚合传播比网络客户分散传播行为造成更大范围的传播和损害,成立侵犯著作权罪的正犯。上述民事、刑事理论与实践都体现了法律对网络服务提供者保护权利人信息网络传播权的更高要求。

在互联网技术日新月异的发展背景下,网络用户可以通过提供深层链接的网络聚合平台和搜索引擎可以直接获取网络内容提供商的作品、表演和录音录

---

① 《侵害信息网络传播权民事案件法律解释(法释〔2012〕20 号)》第 9 条规定:人民法院应当根据网络用户侵害信息网络传播权的具体事实是否明显,综合考虑以下因素,认定网络服务提供者是否构成应知:

(1)基于网络服务提供者提供服务的性质、方式及其引发侵权的可能性大小,应当具备的管理信息的能力;

(2)传播的作品、表演、录音录像制品的类型、知名度及侵权信息的明显程度;

(3)网络服务提供者是否主动对作品、表演、录音录像制品进行了选择、编辑、修改、推荐等;

(4)网络服务提供者是否积极采取了预防侵权的合理措施;

(5)网络服务提供者是否设置便捷程序接收侵权通知并及时对侵权通知作出合理的反应;

(6)网络服务提供者是否针对同一网络用户的重复侵权行为采取了相应的合理措施;

(7)其他相关因素。

② (2016)京 73 民终 112 号民事判决书,中国裁判文书网,https://wenshu.court. gov. cn/ website/wenshu/181107ANFZ0BXSK4/index. html? docId = d69d7377c6a244189fe3c 5064031093b(2022-02-12 最后访问)。

像制品,网络服务提供商通过深层链接等技术手段直接在自己控制的客户端展示网络内容,成为网络内容的主要展示渠道,网络服务提供者与网络内容提供者的界限从用户角度、实质内容展现角度都不再具有显著区别,此种情况下,网络服务提供商深层链接的网络传播行为因其占据市场主要地位(如百度搜索引擎、优酷、腾讯、爱奇艺等主流视频网站)而更具有传播的广度,如果严守服务器标准,忽视深层链接等新型网络服务行为对作品二次广泛传播所具有的独立性,极易造成民事责任和刑事责任的不均衡性。同时,按照传统的共同犯罪理论,提供网络服务方式传播相关作品的行为是作品上传网络后的间接网络传播行为或二次网络传播行为,对其进行刑事规制需要前一步的作品上传网络行为成立犯罪,且网络服务提供方与上传内容方之间存在共同犯罪的意思联络,网络服务提供行为才成立上传行为侵犯著作权犯罪的共同犯罪。上述传统的共同犯罪理论在面对网络传播过程中大量的未经内容上传方知晓的二次传播造成严重侵权后果时无法发挥相应的刑事规制作用。因此,笔者认为在互联网技术不断发展的背景下,不应死守"服务器标准",在网络服务商能够控制播放、展现作品、表演、录音录像制品时,即构成独立的信息网络播放行为,应对该行为承担相应的民事和刑事法律责任。

四、侵犯软件著作权案件的刑事规制

侵犯软件著作权也是我国近年来侵犯著作权罪司法实践中较为常见的犯罪,在最高人民法院 2009—2022 年发布的 20 例侵犯著作权罪典型案件中,侵犯软件著作权的案件有 5 例,3 例是侵犯工业软件著作权案件,分别是翁××侵犯著作权案①、鞠××、徐××、华×侵犯著作权罪上诉案②,上海国芯集成电路设计有限公司等侵犯著作权罪案③;1 例是侵犯手机游戏软件著作权——巨石在线(北京)科技有限公司、黄×侵犯著作权案④,1 例是侵犯计算机软件著作权案件——

① 《省法院发布知识产权司法保护十大案例》,2016-04-26,http://roll.sohu.com/20160426/n446156894.shtml(2021-10-27 最后访问)。

② 《2011 年知识产权保护十大典型案例》,中国法院网,2012-04-17,https://www.chinacourt.org/article/detail/2012/04/id/478798.shtml(2021-10-26 最后访问)。

③ 《2021 年度全国打击侵权盗版十大案件》,2023-02-28,https://www.ncac.gov.cn/chinacopyright/contents/12756/357397.shtml(2023-05-10 最后访问)

④ 《海淀区检察院发布保护知识产权十大典型案例》,2020-04-25,https://www.bjjc.gov.cn/bjoweb/jcdt/106433.jhtml(2021-10-27 最后访问)。

成都共软网络科技有限公司、孙××、张××、洪×、梁××侵犯著作权罪案①。

(一)计算机软件的范围界定

根据我国《著作权法》第 3 条的规定,计算机软件属于作品,《计算机软件保护条例》第 3 条规定计算机程序是由计算机等具有信息处理能力的装置执行的代码化序列,同一计算机程序的源程序和目标程序为同一作品。

手机软件是否属于著作权中的作品?《著作权法》中保护的作品是计算机软件,《计算机软件保护条例》中对计算机程序的使用范围是"计算机等具有信息处理能力的装置",并未仅限于计算机,手机作为智能移动装备,具有信息处理能力,应属于计算机软件适用的装置范畴,手机上的游戏软件属于计算机软件,这是在移动互联网广泛发展的社会背景下对计算机软件的正确理解。在《刑法修正案(十一)》将网络传播权纳入侵犯著作权罪的行为表现之前,刑事司法实践中一般将网络传播侵权行为纳入复制发行进行规制。最高人民法院2018 年发布的知识产权典型案例——巨石在线(北京)科技有限公司、黄×侵犯著作权案中,被告人就是通过网络传播的方式侵犯手机软件的著作权,从而成立侵犯著作权罪。

(二)计算机软件刑法保护的竞合

软件作为知识产权,既受著作权法的保护,在软件著作权人对软件采取保密措施作为商业秘密保护的情况下,侵犯软件著作权可能同时成立侵犯著作权罪与侵犯商业秘密罪。最高人民法院 2011 年发布的知识产权典型案例——鞠××等人的侵犯著作权罪案件②中,被告人获取被侵权软件的行为方式是利用工作机会私自下载被侵权软件后复制发行牟利,这一行为方式与侵犯商业秘密罪中的违反保密义务获取商业秘密后使用的行为方式相同,该案是否可以以侵犯商业秘密罪处理?

该案中被告人获取被侵权软件的行为方式虽然与侵犯商业秘密罪中的行为方式相同,但侵犯商业秘密罪的成立需要确认被侵权软件是否属于商业秘密的范畴。在《刑法修正案(十一)》颁布前,相比侵犯著作权罪成立的非法经营数额5 万元以上或违法所得数额 3 万元以上,2020 年《侵犯知识产权刑事案件司法解释(三)》第 4 条规定的成立侵犯商业秘密罪的 30 万元以上的违法所得数额明显过高,在两罪法定刑幅度相同的情况下,侵犯著作权罪重于侵犯商业秘密罪。在作品同时属于商业秘密时,侵犯著作权罪与侵犯商业秘密罪形成想象竞合

---

① (2009)虎知刑初字第 0001 号刑事判决书。

② 《2011 年知识产权保护十大典型案例》,中国法院网,2012－04－17,https://www.chinacourt.org/article/detail/2012/04/id/478798.shtml(2021－10－26 最后访问)。

犯,应按照侵犯著作权罪从一重处断。《刑法修正案(十一)》颁布后,侵犯著作权罪和侵犯商业秘密罪的法定刑幅度相同,均分为两档①,侵犯著作权罪的刑事控诉难度低,因此司法实践中此种情形多以侵犯著作权罪立案并定罪量刑。《刑法修正案(十一)》将侵犯商业秘密罪由给权利人"造成重大损失"的结果犯修改为"情节严重"的情节犯,降低了犯罪成立门槛②,但在新的相关司法解释对侵犯商业秘密罪的成立标准进行解释界定前,两罪竞合时依照从一重处断原则以侵犯著作权罪定罪的认定不会发生变化。

五、侵犯实用艺术作品著作权的刑事规制

现代工业的发展与美术联系越来越紧密,部分工业品兼具美术作品的特性,受到著作权法的保护,这一类作品被称为实用艺术作品。最高人民法院2020年发布的知识产权典型案例——李××等9人侵犯著作权罪案③即是实用艺术作品受著作权法刑法保护的典型案件。

(一)乐高拼装玩具的实用艺术作品认定

本典型案例中法院明确被告人侵犯的是美术作品的著作权,被侵权的乐高拼装玩具是否属于《著作权法》中的美术作品是案件审理中的焦点之一。本案法院在刑事裁定书中明确被侵权的拼装立体模型均系乐高公司独立创作,具有独创性及独特的审美意义,均属于我国著作权法所保护的美术作品范畴。④ 即该案中法院认定被侵权的拼装立体模型成立美术作品的依据是其独立创作,具备"独创性及独特的审美意义"。通过在中国裁判文书网上有关"乐高"公司的法律文书进行搜索,法院在著作权侵权的民事案件审理中均认可乐高公司的拼

---

① 《刑法修正案(十一)》颁布前,两档法定刑分别是:三年以下有期徒刑或拘役,并处或单处罚金;三年以上七年以下有期徒刑,并处罚金。颁布后的两档法定刑分别是:三年以下有期徒刑徒刑,并处或单处罚金;三年以上十年以下有期徒刑,并处罚金。

② 王志远:《侵犯商业秘密罪保护法益的秩序化界定及其教义学展开》,载《政治与法律》,2021年第6期,第39-53页。

③ 该案件情况如下:乐高公司(LEGO A/S)创作了"Great Wall of China"系列拼装玩具美术作品,乐高公司根据该作品制作、生产了系列拼装玩具并在市场销售。李××指使杜××等人专门复制乐高公司前述拼装积木玩具产品,以"乐拼"品牌进行生产销售。经专业机构鉴定,"乐拼"品牌玩具、图册与乐高公司的玩具、图册构成复制关系。一、二审法院均认为,李××伙同闫××、张×、王××、吕××、王××、余××、李×等人均已构成侵犯著作权罪。"乐高"侵犯著作权罪案,中国法院网,2021-04-23,https://www.chinacourt.org/article/detail/2021/04/id/5993001.shtml(2021-10-26最后访问)。

④ (2020)沪刑终105号刑事裁定书。

装玩具属于受著作权法保护的美术作品范畴,认定的依据分别为"独立创造,具有一定的独创性及独特的审美意义"①;"具有独创性和美学效果"②;"富有创造性的线条和色彩搭配进行构建,使之具有一定审美意义;具有艺术价值并可复制,属于我国著作权法规定的美术作品范畴"③。从上述司法文书的认定可以看出,我国司法实践中对乐高拼装玩具属于美术作品的认定标准集中在"独创性"、"审美意义"或"美学效果"两个特点上。

　　人民法院报在 2003 年刊登的有关乐高公司的案例分析中明确乐高公司的拼装玩具属于实用艺术作品,《伯尔尼公约》保护的文学艺术作品包括实用艺术作品,乐高公司所在国丹麦与我国同为该公约的成员国,我国应对起源于《伯尔尼公约》成员国国民的实用艺术作品负有保护义务④。《著作权法(2020)》第 3 条列举的作品类型中并无"实用艺术作品"这一项,《中华人民共和国著作权法实施条例》中也未涉及"实用艺术作品"这一类别,"即我国现行著作权法及其实施条例均未单独、明确涉及实用艺术品的著作权保护"⑤。从司法实践来看,实用艺术作品在我国是作为美术作品享受著作权法保护的:本典型案例及上文所列司法文书中均明确侵权人侵犯的是乐高公司的美术作品著作权。

(二)实用艺术作品的界定

　　《中华人民共和国著作权法实施条例》第 4 条规定了美术作品的定义,该条规定中美术作品的核心在于有审美意义,范围包括平面或立体的造型艺术作品。相对于立法对美术作品的简要规定,理论界对实用艺术作品属于美术作品的讨论则呈现一定的复杂性。丁丽瑛在其多篇有关实用艺术作品的论文中提出"实用艺术作品应兼具艺术性和实用性,但艺术性必须同实用性相分离独立存在","实用艺术品独创性的标准应适度低于纯美术品的独创性标准"⑥;"思想与表达二分法"适用于实用艺术品的著作权保护,实用艺术品的艺术表达符

---

　　① (2019)苏 05 民初 212 号:乐高公司与吴江丝达通纺织有限公司著作权权属、侵权纠纷一审民事判决书。

　　② (2017)粤 05 民初 135-142 号:乐高公司与汕头市澄海区龙腾塑胶玩具厂、汕头市龙腾科技实业有限公司著作权权属、侵权纠纷一审民事判决书。

　　③ (2019)京 0101 民初 18645 号:郑志华著作权权属、侵权纠纷一审民事判决书。

　　④ 英特莱格公司诉可高(天津)玩具有限公司、北京市复兴商业城侵犯著作权纠纷案,载《人民法院报》,2003 年 4 月 26 日。

　　⑤ 丁丽瑛:《实用艺术品纳入著作权对象的原则》,载《厦门大学学报(哲学社会科学版)》,2004 年第 6 期,第 38-46 页。

　　⑥ 丁丽瑛:《实用艺术品著作权的保护》,载《政法论坛》,2005 年第 3 期,第 135-141 页。

合作者独立完成并具有最低程度的个性体现即可①;独立完成是实用艺术作品产生独创性的基础;个性特征是构成独创性的必要内容②。上述观点中均强调实用艺术作品须同时具备实用性和艺术性,其中艺术性须能与实用性相分离且判断标准低于单纯的美术作品,有学者与此观点相同:实用艺术作品的艺术成分能够独立分离出来时,才能获得版权保护③;实用性与艺术性不可分的实用艺术作品应排除在著作权法保护之外。④ 同时,有学者认为艺术性是否能与实用性相分离不是实用艺术作品的标准⑤;艺术性与实用性结合或分离并不影响实用艺术作品的认定,实用艺术作品与美术作品存在较大差别,应作为著作权独立的保护对象⑥。

在我国参加的《伯尔尼公约》将实用艺术作品纳入著作权保护范围的情况下,我国《著作权法》在多次修改中均未将实用艺术作品作为单独作品类型进行规定,最高人民法院发布的李海鹏等 9 人侵犯著作权罪案[上海市高级人民法院(2020)沪刑终 105 号刑事裁定书]中将乐高拼装玩具作为美术作品予以保护,侧面说明我国立法和司法实践中将实用艺术作品作为美术作品予以保护。对实用艺术作品的界定,从理论和司法实践来看,"艺术性"都是必备要件,在"艺术性"和"实用性"的关系上,理论界有不同观点,但司法实践中均未对此进行分析和讨论。笔者认为,实用艺术作品作为实用性和艺术性的结合体,因其具有的独创性和艺术性而不同于普通实用工业品进而被《著作权法》作为作品予以保护,实用艺术作品的实用性和艺术性是作为整体予以分析和评价的,实用性与艺术性之间是否具有可分离性不是判断的考虑因素。

---

① 丁丽瑛:《实用艺术品纳入著作权对象的原则》,载《厦门大学学报(哲学社会科学版)》,2004 年第 6 期,第 38-46 页。

② 丁丽瑛:《略论实用艺术品独创性的认定》,载《法学评论》,2005 年第 3 期,第 16-19 页。

③ 吕炳斌:《实用艺术作品可版权性的理论逻辑》,载《比较法研究》,2014 年第 3 期,第 68-80 页。

④ 李雅琴:《实用艺术作品的著作权适格性问题研究——兼论我国〈著作权法〉的修改》,载《湖北社会科学》,2013 年第 8 期,第 139-143 页。

⑤ 冉崇高、赵克:《著作权与外观设计专利权的竞合与冲突——以实用艺术作品的保护为视角》,载《人民司法》,2011 年第 21 期,第 90-96 页。

⑥ 孟祥娟:《实用艺术作品宜为着作权独立的保护对象》,载《学术研究》,2013 年第 3 期,第 46-51 页。

第三节 销售侵权复制品罪的司法认定

《刑法修正案(十一)》对销售侵权复制品罪进行了修改①,相比 1997 年刑法典,该罪有两处修改:①犯罪成立的条件由"违法所得数额巨大"修改为"违法所得数额巨大或有其他严重情节",由单纯的"数额犯"修改为"数额犯+情节犯"。②提高了法定刑。删除了"拘役",法定最低刑刑种为有期徒刑,法定最高刑由三年提高到五年。关于该罪的司法解释目前仅有《侵犯知识产权罪司法解释(一)》第 6 条规定违法所得数额巨大的标准是 10 万元以上。其他司法解释和规范性文件均无涉及。

一、销售侵权复制品罪的定罪量刑标准

该罪的定罪量刑主要适用《刑法修正案(十一)》第 21 条的规定,在没有新的司法解释出台的情况下,《侵犯知识产权刑事案件司法解释(一)》第 6 条关于"违法所得数额巨大"的规定仍适用,但"其他严重情节"如何认定是缺乏相应司法解释的。

(一)侵犯著作权罪中解释标准的不适用

在销售侵权复制品罪的成立条件——其他严重情节欠缺司法解释的情况下,能否适用《侵犯知识产权刑事案件司法解释(一)》第 5 条、《侵犯知识产权刑事案件司法解释(二)》第 1 条关于侵犯著作权罪中"其他严重情节"的规定? 笔者认为不合适。虽然侵犯著作权罪与销售侵权复制品罪同属于侵犯著作权的犯罪,但二者在犯罪成立条件、法定刑幅度等方面均存在不同,销售侵权复制品罪的成立门槛高于侵犯著作权罪,因此侵犯著作权罪中有关"其他严重情节"的认定不适用于销售侵权复制品罪中的"其他严重情节"。

(二)销售侵权复制品罪定罪量刑标准的解决

在新的司法解释出台前,司法实践中仍有认定销售侵权复制品罪中"其他严重情节"的需要。在这种情况下,实务操作中可以参考本罪数额成立条件是侵犯著作权罪数额成立条件的 3 倍多,将侵犯著作权罪中有关"其他严重情节"的标准提高到 3 倍予以适用。

---

① 《刑法修正案(十一)》对销售侵权复制品罪的规定为:以营利为目的,销售明知是本法第 217 条规定的侵权复制品,违法所得数额巨大或者有其他严重情节的,处五年以下有期徒刑,并处或单处罚金。

二、销售侵权复制品罪与其他犯罪的比较

(一)销售侵权复制品罪与非法经营罪

1998 年,最高人民法院为严厉打击非法出版物,在当年 12 月份发布了《最高人民法院关于审理非法出版物刑事案件具体应用法律若干问题的解释》(法释〔1998〕30 号)(以下简称《非法出版物刑事案件司法解释》)。该司法解释第 11 条和第 15 条分别规定了两种与著作权有关的成立非法经营罪的客观表现[1]:一种可以将其概括为"出版、印刷、复制、发行非法出版物情节严重的行为";另外一种可以概括为"非法出版、印刷、复制、发行出版物,情节特别严重的行为"。此司法解释发布后,非法经营罪成为打击非法盗版音像、图书、录音录像资料的主要罪名,销售侵权复制品罪在实践中很少使用。在司法实践中出现大量非法经营罪处理案件的原因在于司法界认为销售侵权复制品罪与非法经营罪属于法条竞合[2],适用"从一重处断"的处理原则。非法经营罪的成立标准低于销售侵权复制品罪,法定最高刑高于销售侵权复制品罪,因此应按照非法经营罪定罪量刑。从实践角度来看,与非法出版物有关的非法经营罪的成立标准包括非法经营数额、违法所得数额、非法出版物数量及达到任两项数额标准的一半以上的综合标准等,这样多样化的犯罪成立标准有助于降低刑事司法的举证难度,使得该罪名得到广泛使用。

非法经营罪作为口袋罪,理论界对其使用持谨慎态度,面对大量使用的非法经营罪,理论界多位学者提出反对意见。提出反对意见的学者认为,非法经营罪与销售侵权复制品罪之间不存在法条竞合关系,认为非法经营罪侧重于出版物内容的非法性,销售侵权复制品罪侧重未经著作权人授权,出版物内容上不违反法律,因此二罪之间不存在包容关系,不成立法条竞合,行为人实施销售侵权复制品,符合犯罪条件的,应按照销售侵权复制品罪定罪量刑[3]。有学者认同这一观点,认为非法经营罪与销售侵权复制品罪不存在竞合关系,应严格按照相关司

---

① 《非法出版物刑事案件司法解释》第 11 条:违反国家规定,出版、印刷、复制、发行本解释第一条至第十条规定以外的其他严重危害社会秩序和扰乱市场秩序的非法出版物,情节严重的。第 15 条:非法从事出版物的出版、印刷、复制、发行业务,严重扰乱市场秩序,情节特别严重。

② 宋蕾、马剑萍:《销售侵权复制品宜作为侵犯著作权行为之一》,载《检察日报》,2008-10-14(3)。

③ 贺平凡、费晔:《顾然地、库迪等人销售侵权复制品案》,载《法律适用》,2005 年第 9 期,第 87-90 页。

法解释规定的标准来认定销售侵权复制品罪的成立,未达到相应数额的,按照无罪处理①。

面对理论界对非法经营罪在非法出版、复制、发行出版物领域滥用的异议,最高人民法院分别在2007年的《侵犯知识产权罪司法解释(二)》、2011年的《侵犯知识产权刑事案件法律意见》中明确侵犯他人著作权,非法出版、复制、发行他人作品的行为按照侵犯著作权罪定罪处罚,排除非法经营罪在此种情况下的适用。此后,按照新司法解释优于旧司法解释的原则,实践中将不具备经营资质的主体非法出版、复制、发行侵犯他人著作权作品构成犯罪的行为按照侵犯著作权罪定罪量刑,"逐步扭转了非法经营罪大量适用于销售侵权复制品行为的审判实践"②。

(二)销售侵权复制品罪与侵犯著作权罪

"复制发行"是侵犯著作权罪的行为方式之一,根据著作权法的规定,"发行权,即以出售或者赠与方式向公众提供作品的原件或者复制件的权利",鉴于社会活动中的发行以出售为主要方式,发行与销售的含义基本相同,这种情况下,侵犯著作权的行为方式与销售侵权复制品罪的行为方式具有重合之处。1997年《刑法典》在侵犯著作权罪的规定中是将"复制发行"写在一起,中间没有分隔符号的,这一规定方式是以1990年著作权法为依据的,仅指既复制又发行③。这一理解要求成立侵犯著作权罪的行为方式必须是复制兼发行同时具备,这与销售侵权复制品罪单纯的销售行为方式明显区别开来。

2007年《侵犯知识产权刑事案件司法解释(二)》第2条解释了侵犯著作权罪中"复制发行"的含义,明确复制发行包括复制、发行或者既复制又发行的行为,将单独的发行行为作为侵犯著作权罪的行为表现方式,与销售侵权复制品罪的行为方式产生了实质上的重合,在侵犯著作权罪与销售侵权复制品罪之间形成了法条竞合。侵犯著作权罪的成立门槛低于销售侵权复制品罪,法定最高刑高于销售侵权复制品罪,依从一重处断原则,按照侵犯著作权罪定罪量刑。理论界多数观点认为上述司法解释对侵犯著作权罪中"复制发行"的解释错误地理

---

① 朱妙:《销售侵权复制品罪及其相关问题的探讨》,载《政治与法律》,2006年第1期,第42-47页。

② 黄旭巍:《对销售侵权复制品刑事司法的实证分析》,载《中国出版》,2015年第21期,第14-19页。

③ 邓艳谊、关晓海:《销售侵权复制品行为如何定罪》,载《中国知识产权报》,2014-01-03(10)。

解了该词在刑法中的意义,应按照"复制且发行"进行解释①;司法解释通过扩张"复制发行"的含义,以侵犯著作权罪架空销售侵权复制品罪并不合理②;销售侵权复制品罪的入罪门槛过高导致该罪不能发挥积极地打击"商业规模"盗版等发案最多的行为的作用,司法机关出于打击犯罪的现实主义需要,将侵犯著作权中的"复制发行"做扩大解释,虽有一定合理性,但违反了罪刑法定的实质原则和刑法谦抑性原则③。

　　要解决目前司法实践中侵犯著作权罪架空销售侵权复制品罪的现状,可从重新解释侵犯著作权罪中"复制发行"含义和降低销售侵权复制品罪的犯罪门槛两方面着手。《刑法修正案(十一)》对侵犯著作权罪的"复制发行"行为方式的规定仍是合并一起且无顿号隔开,该修正案同时将销售侵权复制品罪的成立条件由单独的"违法所得数额巨大"修改为"违法所得数额巨大或有其他严重情节",扩宽了销售侵权复制品罪的成立标准。这为解决销售侵权复制品罪在司法实践中的适用奠定了良好基础,后期最高司法机关可通过统一的新司法解释对上述两个方面进行解释完善。

　　① 陈志鑫:《侵犯著作权罪与销售侵权复制品罪关系辨析——兼评"两高"对〈刑法〉第217条"复制发行"的司法解释》,载《西南交通大学学报(社会科学版)》,2011年第6期,第137-141页。
　　② 黄旭巍:《对销售侵权复制品刑事司法的实证分析》,载《中国出版》,2015年第21期,第14-19页。
　　③ 杨帆、张海宏:《销售侵权复制品罪虚置之争的再思考——基于功利主义知识产权刑事政策立场的评析》,载《政治与法律》,2014年第3期,第49-59页。

第六章

侵犯专利权类犯罪的保护边界①

与注册商标、著作权、商业秘密相比,我国刑法对专利权的保护一直未有变化,理论界较多观点认为我国应加强专利权的刑法保护。本章从我国与世界范围内专利权的刑法保护现状及发展出发,从我国专利权发展现状出发,明确我国目前专利权刑法保护范围的合理性并对我国未来专利权刑法保护发展进行了展望。

---

① 鉴于我国假冒专利罪的案件数量较少(从前文表3-7的数据统计可知,我国2010—2022年假冒专利罪的案件共计只有80件,最高人民法院历年发布的知识产权司法保护典型案例中均无假冒专利罪案件),司法认定争议少,本章内容不涉及假冒专利罪的司法实务研究。

第一节　我国及世界范围内的专利权刑法保护

一、我国刑法对专利权的保护现状

《中华人民共和国专利法》(以下简称《专利法》)第 2 条规定了专利包括发明专利、实用新型专利和外观设计专利;第 65 条规定了未经专利权人许可实施专利的侵权行为要承担民事责任和行政责任;第 68 条规定了假冒专利行为需要承担民事责任、行政责任,在符合假冒专利罪构成要件时,追究刑事责任。《专利法》的上述规定明确了专利侵权行为不承担刑事责任,仅有假冒专利行为符合刑法规定时需承担刑事责任。

刑法规制的假冒专利行为包括哪些? 2010 年 1 月修改的《中华人民共和国专利法实施细则》(以下简称《专利法实施细则》)第 84 条对专利法中的假冒专利行为进行了规定,2021 年 10 月国家知识产权局在《关于专利法中假冒专利和广告法中涉嫌专利违法法条适用的批复》中进一步明确了假冒专利行为的表现两类:一类是非法使用专利号,包括在生产、销售的产品、产品包装上、产品说明书、广告宣传等材料中标注他人的专利号、自己被宣告无效或终止的专利号、伪造的专利号,将专利申请号作为专利号标注;第二类是伪造专利文书,表现为伪造或者变造专利证书、专利文件或者专利申请文件。从《专利法实施细则》和国家知识产权局对假冒专利适用的批复中看,民法、行政法上的假冒专利行为对象不局限于他人的专利,也包括了专利权人自身已失效专利和尚未确权的专利申请,行为方式上包括在产品或包装上标识专利号,在产品说明书等材料中使用专利号,销售假冒专利产品等。但我国《刑法》第 216 条规定的假冒专利罪中的行为对象仅限于"他人专利"。根据《侵犯知识产权刑事案件司法解释(一)》第 10 条的规定,假冒专利罪的行为方式表现为未经许可,在生产、销售的产品、产品包装上、广告或宣传材料中、合同中使用他人专利号的行为及伪造或变造他人专利证书、专利文件或专利申请文件的。该司法解释第 4 条规定了假冒专利罪的"情节严重"的成立标准为非法经营数额在二十万元以上或者违法所得数额在十万元以上的或给专利权人造成直接经济损失五十万元以上的,或假冒两项以上他人专利,非法经营数额在十万元以上或者违法所得数额在五万元以上等。

2020 年颁布的《刑法修正案(十一)》虽然对侵犯知识产权犯罪进行了大幅度的修改,但未对侵犯专利权犯罪进行任何修改。对比《专利法》《专利实施细则》、专利行政部门批复对假冒专利的规定和《刑法》《知识产权刑事案件司法解释(一)》对假冒专利罪的规定,我国刑法保护的专利种类范围与民法、行政法保护范围一致,即发明、实用新型和外观设计专利均在刑法保护范围内;但刑法规制的假冒专利行为仅限于假冒他人专利,不包括假冒无效专利、以专利申请假冒专利等民事、行政专利违法行为;假冒他人专利也须达到"情节严重"才成立假冒专利罪。未经许可实施专利的侵权行为、假冒非他人专利行为不在刑法规制范围内,未达到情节严重的假冒他人专利行为也不在刑法规制范围内。因此从整体上看,目前我国刑法对专利权的保护相对于民法、行政法保护仍属于有限保护。

二、世界范围内的专利权刑法保护

(一)TRIPS 协议及 CPTPP 协议中专利权的刑法保护规定

经济全球化背景下,我国既是 WTO 成员,又是世界第二大经济体,是国际贸易的深度参与者,在专利权刑法保护方面,首先需要遵守国际条约的相关规定,同时其他国家对专利权刑法保护的规定对我国也有着积极的借鉴意义。

TRIPS 协议是我国目前知识产权刑法保护需要遵守的国际条约,该条约在第 61 条明确规定了两类刑法保护知识产权的情形:一类是必须采取刑事程序和措施来保护知识产权的情形,即各成员须对"具有商业规模的蓄意假冒商标或盗版案件"采取刑事程序和措施;另一类是可以采取刑事程序和措施保护知识产权的情形,即"各成员可规定适用于其他知识产权侵权案件的刑事程序和处罚,特别是蓄意并具有商业规模的侵权案件"[①]。上述规定明确了 TRIPS 协议并未将刑法保护专利权作为成员国的法定义务。目前我国刑法仅对假冒专利行为进行规制的立法和司法并未违反条约义务。

2021 年 9 月,中国正式提出申请加入 CPTPP(《全面与进步跨太平洋伙伴关系协定》)[②],CPTPP 协议有关刑法保护知识产权的规定对我国知识产权刑法保护具有重要的借鉴意义。CPTPP 是 TPP 协议基础上进行修改和补充形成的区域贸易协定,其中第 18 章"知识产权"对知识产权刑法保护的立法模式采用了

①　《TRIPS 协定》(2017 年 1 月 23 日修正,中文),2017-03-22,中华人民共和国商务部网站,http://sms.mofcom.gov.cn/article/wtofile/201703/20170302538505.shtml,2023-02-12 最后访问。

②　国务院新闻办公室网站:《申请加入 CPTPP 是中国新时代扩大对外开放的一个重要举措》,2022-03-01,http://www.scio.gov.cn/xwfbh/xwbfbh/wqfbh/47673/47949/zy47953/Document/1721002/1721002.htm(2023-02-12 最后访问)。

统一规定和分散规定相结合的方式[①]：

（1）CPTPP中知识产权刑法保护的统一规定。该章有关知识产权刑法保护的规定集中在第18.77条"刑事程序和处罚"，该条规定明确"每一缔约方应规定至少适用于具有商业规模的蓄意假冒商标或版权或相关权盗版的案件的刑事程序和处罚"。其中侵犯版权的刑事规制标准为"为商业利益或经济收入目的而从事的行为"或"并非为商业利益或经济收入目的而从事的，对版权或相关权持有人与市场相关的利益产生重大不利影响的重大行为"，而对"相关市场利益产生重大不利影响"的判断主要依据侵权物品的数量和价值。该条款同时强调须对侵犯商标或版权或相关权盗版刑事案件中的协助、教唆行为追究刑事责任。

（2）CPTPP中知识产权刑法保护的分散规定。除上述18.77条对知识产权刑法保护统一规定外，该协议中同时也在不同知识产权类型规定了刑事保护措施。如在第18.68条"技术保护措施"中规定应对"故意并为商业利益或经济收入"采取破坏技术保护措施的行为适用刑事程序和处罚；第18.78条"商业秘密"规定了适用刑事程序和处罚的侵犯商业秘密行为表现类型。

综观CPTPP中有关知识产权刑法保护的规定，该协议未规定缔约国对专利侵权行为适用刑事程序和处罚的义务。从该协议知识产权刑法保护的统一规定来看，第18.77条"刑事程序和处罚"中仅规定了缔约国应对"具有商业规模的蓄意假冒商标或版权或相关权盗版的案件"采取刑事程序和处罚，未规定涉专利权的刑事保护要求；从分散规定来看，第18章"知识产权"中的第F节"专利和未披露实验数据或其他数据"、第G节"工业品外观设计"分别对应我国专利法中的发明专利、实用新型专利和外观设计专利，该两节规定中均无适用刑事程序和处罚的规定。

从TRIPS协议到CPTPP协议，虽然知识产权刑法保护的强度在增加，但均未要求成员国/缔约国必须对专利权（专利及外观设计）采取刑事保护。因此，我国目前的专利权刑法保护规定符合国际条约的保护标准。

（二）世界主要国家的专利权刑法保护

1. 美、英、德、日专利权刑法保护的规定

一直以来我国理论界将英、美两国的专利权刑法保护归为一类，认为两国的专利权刑法保护都仅限于将破坏专利管理制度的行为规定为犯罪，而未将侵犯

---

① 《全面与进步跨太平洋伙伴关系协定》（CPTPP）文本（含参考译文），2021-01-11，中华人民共和国商务部网站，http://www. mofcom. gov. cn/article/zwgk/bnjg/202101/20210103030014. shtml（2023-02-12最后访问）。

专利权行为犯罪化①,实际上目前英国对专利权的刑法保护已呈现出扩大趋势。英国 1977 年《专利法》并未将侵犯专利权行为作为犯罪处理,仅将破坏专利管理秩序的行为规定为犯罪,第 109 ~ 112 条分别规定了伪造专利登记册、虚假使用专利标记、使用未经授权的专利、滥用专利局名称等 4 类专利犯罪行为,明确公司可以成为专利犯罪的主体②。2014 年《知识产权法案》在 1949 年《注册外观设计法》第 35 条之后插入 35ZA,增加了侵犯外观设计专利权犯罪,即:未经该外观设计的注册所有人同意,在经营过程中,该人故意复制注册外观设计以制造产品,提供、投放市场、进口、出口或使用该产品,或为其中一个或多个目的的储存该产品的行为。该罪一经公诉定罪,可判处不超过十年的监禁或罚款,或两者兼施③。

德国将故意实施侵犯专利权④的行为及企图实施侵犯专利权的行为均规定为犯罪。德国《专利法》第 142 条⑤将未经发明专利所有人或补充保护证书持有人的必要同意而实施的制造、提供、投放市场、使用、进口或拥有专利或补充保护证书主题的产品等行为以及企图实施上述侵犯发明专利的行为纳入刑法规制范围;德国《外观设计保护法》第 51 条"刑事规定"⑥将未经外观设计权利人必要同意而使用⑦及企图使用的行为规定为犯罪;德国《实用新型法》第 25 条⑧将未经实用新型所有人的必要同意,制造、提供、投放市场、使用或进口或拥有实用新型

---

① 管志琦、田建林:《浅析我国专利权的刑法保护》,载《河北法学》,2013 年第 8 期,第 196-200 页。吴瑞:《TRIPS 视阈下中国专利权的刑法保护研究》,载《中国人民公安大学学报 (社会科学版)》,2011 年第 6 期,第 52-57 页。

② 英国《1977 年专利法案》第 109-113 条,https://www. legislation. gov. uk/ukpga/1977/37/part/III/crossheading/offences(2023-03-15 最后访问)。

③ 英国《2014 年知识产权法案》第 13 条,https://www. legislation. gov. uk/ukpga/2014/18/section/13(2023-03-15 最后访问)。

④ 德国《专利法》中专利专指发明专利,实用新型和外观设计均有专门法律予以规定。

⑤ 2021 年 8 月修订后的德国 1936 年《专利法》第 142 条,http://www. gesetze-im-internet. de/patg/__142. html(2023-03-15 最后访问)。

⑥ 德国 2021 年 8 月修订、2004 年颁布的《外观设计保护法》第 51 条"刑事规定",http://www. gesetze-im-internet. de/geschmmg_2004/__51. html(2023-03-15 最后访问)。

⑦ 使用应特别包括制造、提供、投放市场、进口、出口、使用注册外观设计的产品以及为此目的的拥有该产品。德国 2021 年 8 月修订、2004 年颁布的《外观设计保护法》第 38 条"注册外观设计的权利和保护范围",http://www. gesetze-im-internet. de/geschmmg_2004/__38. html(2023-03-16 最后访问)。

⑧ 德国 2021 年 8 月修改、1936 年颁布的《实用新型法》第 25 条,http://www. gesetze-im-internet. de/gebrmg/__25. html(2023-03-16 最后访问)。

标的产品的行为以及企图实施上述侵犯实用新型的行为规定为犯罪。

日本的专利权刑法保护同样分散在《实用新型法》、《专利法》和《外观设计法》中。日本《实用新型法》第九章"惩罚"①第 56 ~ 60 条分别规定了侵犯实用新型或专用实施权的侵权罪(第 56 条)、破坏实用新型管理秩序的诈骗罪(第 57条)、伪造罪(第 58 条)、伪证等罪(第 59 条)、专利工作人员渎职的泄密罪(第60 条之一)、违反保密命令罪(第 60 条之二);日本《专利法》第十一章"罚则"②第 196 ~ 200 条分别规定了侵犯专利权的侵权罪(第 196 条)、破坏专利管理秩序的诈骗罪(197 条)、伪造罪(198 条)、伪证等罪(199 条)、专利工作人员渎职的泄密罪(200 条之一)、违反保密命令罪(200 条之二);日本《外观设计法》第八章"罚则"③69 ~ 73 条分别规定了侵犯外观设计或专用实施权的侵权罪(69条)、破坏外观设计管理秩序的诈骗罪(70 条)、伪造罪(71 条)、伪证等罪(72条)、专利工作人员渎职的泄密罪(73 条之一)、违反保密命令罪(73 条之二)。

2. 美、英、德、日专利权刑法保护模式

上述四个国家专利权刑法保护的规定各有特色。从刑法调整对象来看,可以它们为代表,将专利权刑法保护模式总结为四种:一是仅将破坏专利管理秩序的行为纳入刑法规制范围,如美国;二是将破坏专利管理秩序和专利侵权行为均规定为犯罪,如英国;三是仅将侵犯专利权行为规定为犯罪,如德国;四是将破坏专利管理秩序、侵犯专利权、专利权渎职行为均纳入刑法规制范围,如日本④。

我国专利权刑法保护现状与上述国家相比,仅将破坏专利管理秩序的假冒专利行为纳入刑法调整范围,与美国模式相似,与英国、德国、日本模式相比,专利权刑法保护的范围明显狭窄。另外,我国刑法第九章"渎职罪"能否覆盖日本专利权刑法保护中的专利工作人员渎职犯罪? 从我国刑法规定来看,渎职犯罪

---

① 日本昭和三十四年法律第一百二十三号《实用新型法》第九章"惩罚", https://elaws. e-gov. go. jp/document? lawid = 334AC0000000123_20220617_504AC0000000068 (2023 - 03 - 16 最后访问)。

② 日本昭和三十四年法律第一百二十一号《专利法》第十一章"罚则", https://elaws. e-gov. go. jp/document? lawid = 334AC0000000121_20220617_504AC0000000068 (2023 - 03 - 16 最后访问)。

③ 日本昭和三十四年法律第一百二十五号《外观设计法》第八章"罚则", https://elaws. e-gov. go. jp/document? lawid = 334AC0000000125_20221001_503AC0000000042 (2023 - 03 - 16 最后访问)。

④ 有学者将专利权刑法保护模式归纳为三种,这种分类忽略了英国专利权刑法保护的发展。参见刘宇:《专利权刑法保护模式问题研究——一种法经济学的分析视角》,载《人民论坛》,2021 年第 3 期,第 73 - 75 页。

的主体分为两类:一类是普通国家工作人员的渎职犯罪(第 397 条),其渎职行为须造成公共财产、国家和人民利益遭受重大损失的,方成立犯罪;国家工作人员的泄密罪(第 398 条)须故意或过失泄露国家秘密方可成立犯罪;另一类是从事特定工作的国家工作人员,如司法工作人员渎职犯罪(第 399 条)、仲裁人员渎职犯罪(第 399 条之一)等,但我国刑法目前未规定专利工作人员的渎职犯罪。因此,对比日本专利权刑法保护的渎职犯罪,我国刑法规定的渎职犯罪不包括专利工作人员的渎职犯罪。

第二节　我国专利权刑法保护边界的评价与发展

一、我国专利权刑法保护范围的争议

近年来随着我国工业发展水平的提升,专利在科技创新、建设社会主义现代化强国中发挥着越来越重要的作用,专利的刑法保护也成为理论研究关注的热点。目前理论界普遍认为我国刑法现有罪名体系对专利的保护范围过窄,不能满足专利权保护的需要,该部分观点的主要依据有两个方面:一是现有刑法中的假冒专利罪规范的假冒专利行为实际上是对专利标记和专利号所代表的专利管理制度的损害,未实际侵犯专利权人的合法权益,是"专利侵权行为中侵权后果最轻的一种",我国现有的刑法规制专利假冒行为却将专利侵权实施行为排除在外,不能达到刑法保护专利权人利益的目的[1];二是从国际条约和其他国家规定的角度出发,认为我国目前刑法保护范围长期未进行修改,"对于严重专利侵权行为的非刑罚化反映出其专利权刑事保护立法理念的狭隘和滞后"[2]。另有学者从"专利权法律保护体系的完整性和有效性"[3]、"专利权刑法保护地位确立的社会价值与意义"[4]角度论证了加强刑法保护专利权范围。

在完善刑法保护专利权的建议上,学者们主要集中在扩大刑法规制侵犯专利权行为的范围上。如有学者认为应将"严重侵权行为、冒充专利行为、非法实

① 陈建民:《试论专利权的刑法保护——"假冒他人专利罪"之研讨》,载《科技与法律》,2001 年第 1 期,第 74-83 页。

② 吴瑞:《TRIPS 视阈下中国专利权的刑法保护研究》,载《中国人民公安大学学报(社会科学版)》,2011 年第 6 期,第 52-57 页。

③ 徐棣枫:《专利权的刑法保护》,载《南京大学法律评论》,1996 年第 2 期,第 161-165 页。

④ 俞静尧:《论专利权刑法保护的地位》,载《河北法学》,2002 年第 6 期,第 61-65 页。

施发明专利行为入刑,和假冒他人专利行为同等规制"[1];有学者认为专利犯罪的主要客体应当从社会主义市场经济秩序转变为私权性质的专利权,具体罪名包括假冒专利罪、非法实施他人专利罪和冒充专利罪[2];有学者认为从犯罪基本理论、刑法规范体系和成例、知识财产保护趋势和从公共政策的价值选择出发,将非法实施专利行为入罪都具有相当的制度合理性和现实需求[3]。

二、我国专利权刑法保护边界的合理性

从研究时间上看,上述扩大、补充侵犯专利类犯罪罪名体系的观点主要形成于《刑法修正案(十一)》颁布之前,与这些观点相对应的是我国《刑法修正案(十一)》中未对侵犯专利类犯罪进行任何补充或修改,侧面说明我国立法对专利权刑法保护范围扩张的谨慎态度。这种专利权刑法保护立法方式符合我国目前参加的国际条约的要求,但是否符合我国专利权发展的需求?

虽然我国知识产权刑法保护采取保护主义立场,以保护知识产权发展秩序为保护价值,但最终目的都是为了保护知识产权权利人的合法权益,激发他们的创新积极性,促进我国知识产权快速高质量发展。知识产权刑法保护既是促进我国科技创新的保护罩,同时也可能成为科技创新的拦路虎,特别是在专利权刑法保护方面,过强的专利权刑法保护可能造成科技创新法律风险的上升。我国目前的专利权刑法保护仅将破坏专利管理制度的假冒专利行为规定为犯罪,未将专利侵权行为、专利渎职行为等纳入刑法规制范围,与世界上一些国家相比,刑法保护专利权的范围和力度都比较小,但从我国现阶段专利的发展来看,是适合我国国情的刑法保护范围。

(一)专利的技术特点决定专利权刑法保护的谦抑性

我国专利制度中规定的发明专利、实用新型专利、外观设计专利,均要求具备一定的创新性,发明专利的创新性要求最高,实用新型和外观设计的创新性要求较低。从蒸汽革命开始,人类世界进入工业社会已三百多年,各种发明、实用新型、外观设计已形成巨大规模,在这种背景下,大部分专利的创新性都是在前期专利技术、方法、产品基础上的部分创新,革命性、颠覆性的创新较少。因此要

---

① 童德华、任静:《专利刑法保护的理念创新与立法完善》,载《电子知识产权》,2022 年第 3 期,第 52–64 页。

② 李宗辉:《论〈刑法〉专利犯罪制度之体系化重构》,载《时代法学》,2017 年第 5 期,第 14–20 页。

③ 黄玉烨、戈光应:《非法实施专利行为入罪论》,载《法商研究》,2014 年第 5 期,第 41–49 页。

实现鼓励创新,激发主体的创新积极性,在全社会形成良好的创新氛围就必须降低专利研发过程中使用前期技术的法律风险。前期技术的法律保护中刑法保护强度最大,对实施技术创新的主体来讲,过高的刑法风险会影响其创新的积极性,因此,目前我国刑法未将侵犯专利权行为纳入刑法规制,将专利权刑法保护仅限于破坏专利管理秩序的行为,是符合技术创新特征要求,符合我国技术创新需要的。

(二)专利现状及任务决定专利权刑法保护的谦抑性

我国属于知识产权后发国家,工业化进程落后西方国家一百多年,虽然我国2021 年通过《专利合作条约》提交的国际专利申请量连续三年居全球第一,创新指数位列全球第十二①,但"我国高新技术产业的整体创新效率不高"②,创新指数仍落后于很多国家,距离科技强国的目标仍有一定差距。

中共十九大报告明确提出要在二十一世纪中叶把我国全面建成社会主义现代化强国,要实现这一奋斗目标,我们时间紧、任务重,需要抓住科技创新这个核心动力,以创建世界范围内核心竞争力的高质量专利群为主要抓手,需要我们在专利研发领域放开手脚,多路径、多方向探索。科技创新的探索建立在已有的专利权基础上,如果我国将专利侵权行为纳入刑法规制范围,现阶段必然造成科技创新主体触犯刑法的风险担忧,从而影响科技创新的积极性和能动性,影响我国第二个百年奋斗目标的实现。因此,现阶段在我国专利权民法、行政法、刑法形成的保护体系内,民法、行政法的保护更能发挥保护创新、降低创新法律风险的作用,专利权刑法保护应保持谦抑性。

法律制度形成于社会发展实践,也服务于社会发展,我国目前的专利权刑法保护范围是由科技创新的本质特点和我国专利发展肩负的历史任务决定的,现阶段是适合我国专利发展的。

三、我国专利权刑法保护的发展

每个国家最优知识产权保护强度在不同发展阶段的选择有所不同,知识产权政策促进创新的同时,也改变一国知识产权保护政策。③ 专利权刑法保护是

---

① 国家知识产权局:《2021 年中国知识产权保护状况》,2022－04－26 发布,https://www.cnipa.gov.cn/art/2022/4/26/art_91_175203.html(2023－03－18 最后访问)。

② 张宵、葛玉辉:《创新生态系统视域下高新技术产业创新效率评价及影响因素——基于 DEA-Tobit 模型的实证研究》,载《科学与管理》,2023 年第 1 期,第 27－35 页。

③ 王珍愚、何斌、单晓光等:《知识产权政策动态调整——韩国案例研究》,载《科学学研究》,2017 年第 10 期,第 1461－1468、1517 页。

专利权保护的最后法律手段,因其具有刑法的严厉性,因而在专利权法律保护体系中能发挥极强的保护作用。目前我国因促进科技创新的战略发展需要而限制刑法对专利权的保护是阶段性的,随着我国科技强国的建成,我国形成在世界上具有领先地位的科技创新竞争力时,对专利权加强保护的需求会占据优先地位,专利权刑法保护范围必然随之扩大。

参考国际条约和主要科技发达国家在专利权刑法保护方面的规定,结合我国知识产权刑法保护原则,我国专利权刑法保护在我国成功建成社会主义现代化强国时,会逐步将严重侵犯专利权行为纳入刑法规制范围。

第七章

侵犯商业秘密类犯罪的保护边界与司法认定

　　1997 年刑法典在第三章破坏社会主义市场经济秩序罪第七节侵犯知识产权罪一节中规定了侵犯商业秘密罪,这是我国首次对商业秘密进行刑法保护。《刑法修正案(十一)》对侵犯商业秘密罪进行了修改,并增加了为境外刺探、窃取、收买、非法提供商业秘密罪的新罪名。本章介绍了我国刑法保护商业秘密范围的扩大,并强调了刑法保护商业秘密范围的独立性,并结合最高人民法院发布的典型案例对近年来侵犯商业秘密罪中出现的源代码、数据等新型商业秘密和互联网发展背景下经营信息的秘密性特征进行了研究,明确上述商业秘密纳入刑法保护的条件。本章同时对侵犯商业秘密罪中侵权认定依据、侵权损失计算标准等问题进行了探讨并提出解决路径,对《刑法修正案(十一)》中新增加的"为境外刺探、窃取、收买、非法提供商业秘密罪"进行了介绍。

第一节　刑法保护商业秘密边界的扩大与独立性

一、刑法保护商业秘密的扩大

(一)侵犯商业秘密罪成立范围的扩大

《刑法修正案(十一)》第22条对侵犯商业秘密罪进行了修改[①],相比1997年刑法典对侵犯商业秘密罪的规定,本次修正案对侵犯商业秘密罪的修改有以下几方面:①本罪由结果犯修改为情节犯,降低了犯罪成立门槛。这一修改是在2020年9月初颁布的《侵犯知识产权刑事案件司法解释(三)》降低、扩大侵犯商业秘密罪成立标准后3个月内对侵犯商业秘密罪成立门槛的再次降低,"这一轮司法解释和刑事立法关于侵犯商业秘密罪的密集修改,直接源自于中国贯彻2020年1月15日中美签署《经济贸易协议》第一阶段协定义务的需要"[②],"既意味着入罪门槛的进一步降低,也反映出立法者侧重保护市场竞争秩序的规范目的"[③]。②修改增加获取商业秘密的手段方式。将"盗窃、利诱、胁迫或其他不正当手段"修改为"盗窃、贿赂、欺诈、胁迫、电子侵入或者其他不正当手段",删除了"利诱"方式,增加了"贿赂、欺诈、电子侵入"的行为方式,与2019年新修改的反不正当竞争前置法相协调,也是对社会发展过程中侵犯商业秘密手段多样化的呼应。③修改保密义务。将侵权行为人违反保密义务的范围由"约定"扩充到所有的保密义务,包括约定保密义务、法定保密义务及其他按照诚实信用原则应遵守的保密义务,扩充了违反保密义务侵犯商业秘密的行为方式。

---

① 根据《刑法修正案(十一)》对侵犯商业秘密罪的规定有下列侵犯商业秘密行为之一,情节严重的,处三年以下有期徒刑,并处或者单处罚金;情节特别严重的,处三年以上十年以下有期徒刑,并处罚金:①以盗窃、贿赂、欺诈、胁迫、电子侵入或者其他不正当手段获取权利人的商业秘密的;②披露、使用或者允许他人使用以前项手段获取的权利人的商业秘密的;③违反保密义务或者违反权利人有关保守商业秘密的要求,披露、使用或者允许他人使用其所掌握的商业秘密的;④明知前款所列行为,获取、披露、使用或者允许他人使用该商业秘密的,以侵犯商业秘密论。本条所称权利人,是指商业秘密的所有人和经商业秘密所有人许可的商业秘密使用人。

② 刘科:《侵犯商业秘密罪刑事门槛的修改问题》,载《法学杂志》,2021年第6期,第87-95页。

③ 王志远:《侵犯商业秘密罪保护法益的秩序化界定及其教义学展开》,载《政治与法律》,2021第6期,第39-53页。

④修改扩充间接侵犯商业秘密行为。将"明知或应知前款所列行为,获取、使用或者披露他人商业秘密"修改为"明知前款所列行为,获取、披露、使用或者允许他人使用该商业秘密",删去"应知",进一步明确本罪是故意犯罪,增加"允许他人使用"行为方式,完善了间接侵犯商业秘密的行为方式。⑤加强与《反不正当竞争法》对接。删去"商业秘密"的概念界定,交由《反不正当竞争法》调整,有利于刑法本身的稳定性和与前置法的一致性。⑥提高法定刑。删去"拘役",将最高法定刑由"七年有期徒刑"提高到"十年有期徒刑"。

(二)侵犯商业秘密罪中商业秘密的扩大

从我国商业秘密的立法、理论和司法实践来看,商业秘密的范围呈现出逐步扩大的趋势。

1. 商业秘密的立法界定

商业秘密的范围在立法中呈现出逐步扩大的趋势。1993 年 9 月颁布的《中华人民共和国反不正当竞争法》(以下简称《反不正当竞争法(1993)》)第 10 条首次规定了商业秘密,将商业秘密的范围限定为具有秘密性、经济性、实用性、保密性的技术信息和经营信息。我国 1997 年刑法规定侵犯商业秘密罪时沿用了这一规定。2017 年 11 月全国人大常委会首次对《反不正当竞争法(1993)》进行修改,修改后的《反不正当竞争法(2017)》第 9 条对商业秘密概念进行了修改①,相比《反不正当竞争法(1993)》,2017 的年修改中删除了对商业秘密"实用性"的要求,将"带来经济利益"修改为含义更为广泛的"具有商业价值",将"采取保密措施"修改为"采取相应的保密措施",降低了商业秘密权利人采取保密措施的证明标准,扩大了商业秘密的范围。《反不正当竞争法(2019)》第 9 条进一步扩大了商业秘密的范畴②,该规定在以往将商业秘密范围列举界定为技术信息和经营信息的基础上,适应商业秘密多样化发展的需要,将商业秘密的范围通过"列举+概括"的方式界定为"技术信息、经营信息等商业信息"。《刑法修正案(十一)》中删除了对商业秘密概念的界定,我国现行法律体系中对商业秘密的规定应以《反不正当竞争法(2019)》为依据。

此外,2020 年 9 月最高人民法院发布《最高人民法院关于审理侵犯商业秘密民事案件适用法律若干问题的规定》(法释〔2020〕7 号)(以下简称《侵犯商业秘密民事案件规定》)延续《反不正当竞争法(2019)》的修改,对商业秘密的认

---

① 《反不正当竞争法(2017)》第 9 条:本法所称的商业秘密,是指不为公众所知悉、具有商业价值并经权利人采取相应保密措施的技术信息和经营信息。

② 《反不正当竞争法(2019)》第 9 条:本法所称的商业秘密,是指不为公众所知悉,具有商业价值并经权利人采取相应保密措施的技术信息、经营信息等商业信息。

定进行了比较详细的规定。该解释第 1 条规定了技术信息和经营信息的认定①,该解释在第 3~7 条分别解释了商业秘密的"不为公众所知悉""采取相应的保密措施""商业价值",为商业秘密的认定提供了法律依据。

2. 商业秘密的理论界定

理论界对商业秘密认定的讨论主要集中三个方面:一是对商业秘密的特征界定上。如有学者将商业秘密的特性归纳为秘密性、价值性、保密性和实用性,并对上述特性在司法实践中如何认定进行了分析②;有学者认为商业秘密的认定标准核心为秘密性、价值性和保密性③;有学者通过分析司法实践案例对商业秘密的秘密性、价值性和保密性的认定进行了分析④。二是对商业秘密特征的某一方面认定进行讨论。如有学者认为对商业秘密的"秘密性"判断应当从商业价值和商业道德等方面进行综合考虑⑤;有学者认为"不为公众所知悉"是指商业秘密的秘密要素组合不为商业秘密所属领域的相关人员普遍知道或容易获得⑥。三是对某一特定商业秘密的认定进行讨论。如对客户名单是否属于商业秘密的讨论,有学者认为虽然客户名单这一常见的经营信息中客户名称是可以从公开管道获得,但客户名单上附着的客户信息属于在长期稳定交易关系中形成的包含客户需求类型、特殊经营规律、交易习惯、交易倾向、验收标准、利润空间、价格承受能力,以及相关负责人联络方式、性格特点等难以从公共管道获得的经营信息,或者正当获得需要投入一定人力、物力、时间成本的信息,则属于深度信息,属于商业秘密的范畴⑦;有学者从美国判例的角度分析,客户名单在

---

① 《侵犯商业秘密民事案件规定》第 1 条:与技术有关的结构、原料、组分、配方、材料、样品、样式、植物新品种繁殖材料、工艺、方法或其步骤、算法、数据、计算机程序及其有关文档等信息,人民法院可以认定构成反不正当竞争法第九条第四款所称的技术信息。与经营活动有关的创意、管理、销售、财务、计划、样本、招投标材料、客户信息、数据等信息,人民法院可以认定构成反不正当竞争法第九条第四款所称的经营信息。前款所称的客户信息,包括客户的名称、地址、联系方式以及交易习惯、意向、内容等信息。

② 姜昭:《论商业秘密的构成及司法认定》,载《电子知识产权》,2010 年第 8 期,第 78-82 页。

③ 周立波:《试论商业秘密的认定》,载《时代金融》,2011 年第 29 期,第 34-36 页。

④ 杨力:《商业秘密构成要件的具体认定问题探讨》,载《北京政法职业学院学报》,2015 年第 1 期,第 64-69 页。

⑤ 刘媛珍:《如何认定商业秘密的秘密性》,载《人民司法》,1999 第 8 期,第 21-22 页。

⑥ 刘文鹏:《商业秘密"不为公众所知悉"认定若干问题研究》,载《科技与法律》,2012 年第 3 期,第 67-70 页。

⑦ 张宁、李佳桐:《单一客户名单构成商业秘密的认定标准》,载《人民法院报》,2018 年 07 月 05 日第 6 版。

经过权利人投入时间、资金、人力进行整理、分析和完善,业内人无法从公开管道获得并经权利人采取相应保密措施的情况下,属于商业秘密。① 另有学者对软件商业秘密的认定和保护进行了讨论。② 除上述讨论外,在互联网技术飞速发展的背景下,理论界对相关的计算机程序和数据是否属于商业秘密也进行了讨论。有学者明确计算机程序作为技术信息的商业秘密予以保护时,应通过对比构成该程序的源代码相似度来认定是否存在侵权行为③;同时有学者认为符合条件的数据库也是商业秘密的范畴,"数据控制者普遍通过保密措施将其数据诉诸商业秘密保护"④。

3. 商业秘密的实践界定

在司法实践中,2009—2022 年最高人民法院发布的知识产权典型案例中有9 例侵犯商业秘密罪典型案例,其中 7 件典型案例中的商业秘密是技术信息,另外 2 件典型案例中的商业秘密则各不相同:伍××、李××侵犯商业秘密罪、侵犯著作权罪案⑤中的商业秘密是游戏代码,江西亿铂电子科技有限公司、中山沃德打印机设备有限公司、余××、罗××、李××、肖××侵犯商业秘密罪案⑥中的商业秘密是经营信息。上述典型案例中商业秘密类型的数量在一定程度上说明侵犯商业秘密罪中技术信息是商业秘密中的主要类型(源代码从大类上也属于技术信息),这一结论得到了中国裁判文书网上相关搜索结果的侧面验证。⑦

---

① 彭学龙:《从美国最新判例看客户名单商业秘密属性的认定》,载《知识产权》,2003年第 1 期,第 57-62 页。

② 郭德忠、冯勇:《软件商业秘密的认定与保护——以美国判例为主要视角》,载《知识产权》,2016 年第 8 期,第 119-123 页。

③ 何柏松:《侵犯商业秘密罪司法认定中的几个疑难问题》,载《中国检察官》,2011 年第 12 期,第 29-32 页。

④ 刘建臣:《企业数据赋权保护的反思与求解》,载《南大法学》,2021 年第 6 期,第 1-20 页。

⑤ 《徐日丹:高检院发布 2012 年度打击侵犯知识产权犯罪十大典型案例》,载《检察日报》,2013-09-11,https://www. spp. gov. cn/spp/zdgz/201309/t20130911_62489. shtml(2022-02-14 最后访问)。

⑥ 江西亿铂电子公司等侵犯商业秘密罪刑事案,中国法院网,2013-10-22,https://www. chinacourt. org/article/detail/2013/10/id/1110846. shtml(2021-10-26 最后访问)。

⑦ 在中国裁判文书网上,以侵犯商业秘密罪为罪名进行搜索,共有 244 份司法文书;在侵犯商业秘密罪的罪名下,以"技术信息"进行全文搜索,共有司法文书有 67 份;在侵犯商业秘密罪的罪名下,以"源代码"进行全文搜索,共有司法文书 7 份;在侵犯商业秘密罪的罪名下,以"经营信息"进行全文搜索,共有司法文书 48 份(2022-02-18 最后访问)。

从上述对商业秘密概念的立法规定、理论讨论和司法实践界定来看，秘密性、保密性、价值性是界定商业秘密的基本特征，在此基础上，商业秘密的内容并无具体限定，既可以是技术信息、经营信息，也可以是其他符合商业秘密特征的商业信息，我国立法、理论和司法实践均在肯定商业秘密基本特征的基础上对商业秘密的认定采用开放的态度，随着社会发展出现的各种新形式的商业秘密均受到刑法的保护。

二、刑法对商业秘密保护的独立性

《反不正当竞争法》第9条规定了侵犯商业秘密的6种行为表现[①]，《刑法修正案(十一)》修改了侵犯商业秘密罪的客观表现，将《反不正当竞争法》第9条规定的侵犯商业秘密行为中的第(1)至(3)项即"非法获取商业秘密""披露、使用或者允许他人使用非法获取的商业秘密""违反保密义务，披露、使用或允许他人使用其所掌握的商业秘密"列入侵犯商业秘密罪中，同时增加"明知前款所列行为，获取、披露、使用或者允许他人使用该商业秘密的，以侵犯商业秘密论"，将第三人侵犯商业秘密的共犯行为纳入刑法调整范围。《刑法修正案(十一)》在对侵犯商业秘密罪进行修改的同时，增加为境外窃取、刺探、收买、非法提供商业秘密罪，扩大了刑法调整的侵犯商业秘密行为的范围。

从整体上看，我国刑法在商业秘密保护对象、行为方式等方面与民法、行政法保持一致，重点区别在于刑法要求侵犯商业秘密行为要达到情节严重程度，民法、行政法对此无要求。从这一点来看，刑法对商业秘密的保护相对于民法、行政法的保护仍具有独立性。

---

① 《反不正当竞争法》第9条：①以盗窃、贿赂、欺诈、胁迫、电子侵入或者其他不正当手段获取权利人的商业秘密；②披露、使用或者允许他人使用以前项手段获取的权利人的商业秘密；③违反保密义务或者违反权利人有关保守商业秘密的要求，披露、使用或者允许他人使用其所掌握的商业秘密；④教唆、引诱、帮助他人违反保密义务或者违反权利人有关保守商业秘密的要求，获取、披露、使用或者允许他人使用权利人的商业秘密；⑤经营者以外的其他自然人、法人和非法人组织实施前款所列违法行为的，视为侵犯商业秘密；⑥第三人明知或者应知商业秘密权利人的员工、前员工或者其他单位、个人实施本条第一款所列违法行为，仍获取、披露、使用或者允许他人使用该商业秘密的，视为侵犯商业秘密。

第二节　侵犯商业秘密罪的司法认定

一、侵犯商业秘密罪中的特殊商业秘密保护

（一）源代码的商业秘密保护

1. 源代码的界定

随着计算机技术的发展，计算机软件已普遍作为作品受到著作权保护。我国《著作权法》中明确将计算机软件的相关保护规定授权给国务院另行制定，国务院在 2001 年 12 月制定、2013 年 1 月修改的《计算机软件保护条例》中规定："计算机软件是指计算机程序及其有关文档。计算机程序是指为了得到某种结果而可以由计算机等具有信息处理能力的装置执行的代码化指令序列，或者可以被自动转化成代码化指令序列的符号化指令序列或者符号化语句序列。同一计算机程序的源程序和目标程序为同一作品。"该规定中明确源程序是计算机程序的组成部分。源程序是程序员用电脑专业人士能够理解的高级程序设计语言编写的一系列指令，源程序中的代码称为源代码，源程序反映编程的思想，类似于英文，容易被理解、复制；目标程序是编译器将源代码翻译成机器码或二进制码，然后由机器执行的指令序列，目标程序中的代码是目标码，也可称为机器码或二进制码。源代码是编程中最核心的内容，是软件产业中最重要的财富之一。① 市场上流通的计算机软件是目标程序，从技术角度看，无法还原软件的设计思想；由于"思想领域不属于版权法的保护范畴"，这就使得表现软件构思的源代码不受到著作权法的保护②，而源代码正是软件的真正精髓所在和容易被解读的部分，被软件权利人作为商业秘密予以严格保护，以防止被他人非法获取后复制开发类似的计算机软件，这也导致源代码对比成为计算机软件侵权及侵犯源代码商业秘密是否成立的核心鉴定标准。

2. 源代码作为商业秘密保护的条件

源代码作为商业秘密保护，应具备商业秘密的三个基本要件：非公开性、价值性和保密性。这要求企业必须重视源代码的管理工作，保存软件开发的相关

---

① 张韬略：《开源软件的知识产权问题研究——制度诱因、规则架构及理论反思》，载《网络法律评论》，2004 年第 2 期，第 3-65 页。

② 曹伟：《计算机软件知识产权保护的反思与超越》，博士学位论文，西南政法大学，2007 年。

证据,为源代码采取必要的保密措施,控制接触源代码的人员并设置相应的权限。①在源代码的非公开性和价值性方面,"虽同一行业管理软件在设计思路、功能方面存在相似性,但不同软件开发人员设计编写源代码、数据库文件时在具体过程、结构方面会有差异,里面包含了个人创造性劳动,具有特定性,虽有部分内容简单的代码被公开,但不能以此否定其他代码的非公知性"。②

(二)经营信息的商业秘密保护

1.经营信息的界定

《侵犯商业秘密民事案件规定》中对经营信息的规定是:"与经营活动有关的创意、管理、销售、财务、计划、样本、招投标材料、客户信息、数据等信息,客户信息包括客户的名称、地址、联系方式以及交易习惯、意向、内容等信息。"相比可以通过专利检索、文献查询等方式来确认其秘密性的技术信息,经营信息作为商业秘密中的重要组成部分,国内尚未有统一权威的秘密性鉴定途径。③ 在互联网和大数据发展的背景下,经营信息中常见的客户名单、营销、市场等信息可以从公开途径查询获取,这种情况下判断经营信息符合商业秘密非公开性、价值性和保密性的标准如何界定? 有研究认为,权利人构成商业秘密的客户名单,须付出商业劳动并体现一定的竞争优势,由具体的客户名称、联系方式以及收集的特定交易习惯、意向、内容等构成的区别于相关公知信息的特殊经营信息④。这一观点是理论界和司法实践界比较通行的观点。经营信息应在简单数据统计的基础上有相应的加工,形成更有价值,区别于普通信息的深度信息才成立商业秘密⑤;客户名单在权利人采取保密措施,具有无法通过公开途径获取的信息延伸的情况下成立商业秘密,经营信息中部分要素可通过公开途径获取不影响商业秘密整体的非公知性⑥;客户名单应由权利人投入时间、金钱、精力等形成特定性并采取相应保密措施时才成立商业秘密。⑦

---

① 陈敏:《对软件源代码的商业秘密保护》,载《中关村》,2013 年第 5 期,第 96-97 页。

② (2015)西刑初字第 449 号,刘××等侵犯商业秘密罪一审刑事判决书。

③ 朱妙春、周超:《浅议对商业秘密中经营信息的鉴定》,载《中国发明与专利》,2015 年第 12 期,第 87-91 页。

④ 马洪、洪婧:《客户名单构成商业秘密的条件》,载《人民司法》,2021 年第 8 期,第 93-95 页。

⑤ 蔡伟、欧群山:《是否构成商业秘密的判定》,载《人民司法》,2019 年第 2 期,第 85-88 页。

⑥ 彭学龙:《从美国最新判例看客户名单商业秘密属性的认定》,载《知识产权》,2003 年第 1 期,第 57-62 页。

⑦ 衣庆云:《客户名单的商业秘密属性》,载《知识产权》,2002 年第 1 期,第 39-42 页。

2. 经营信息成为商业秘密的条件

从中国裁判文书网上搜到的判决文书来看,判决文书中对经营信息属于商业秘密的分析比较少。在部分案件中当事人对一审判决对商业秘密的认定提出异议,二审判决书对经营信息属于商业秘密均从不为公众所知悉、价值性(实用性)、保密性等方面进行了分析认定:在价值性方面一般通过经营信息相关的交易记录可以证明,在保密性方面一般可以通过保密协议、限定经营信息获取途径、范围等予以证明。经营信息的秘密性是司法实践中争议点,有判决书认为案涉客户信息包括客户名称、地址、联系人、交易可能规模与交易时间等特定联系方式及交易情况,是权利人付出了创造性劳动,耗费了一定的人力和财力所获取的,不是从公众途径可以获取的信息,即符合秘密性特征[①];有案件中司法机关认为订单信息属于特定主体之间的邀约、磋商,客户对询价对象具有选择性,并非针对不特定对象广泛宣传,双方询价磋商的过程、内容亦为不公开,是权利人长期经营积累收获的经营机会,订单信息经过供需双方的磋商可以转化为正式订单,具有价值性,属于商业秘密,客户信息内容组合区别于普通公知信息且具有价值性,符合商业秘密的要求[②]。

通过梳理我国理论界和司法界对经营信息作为商业秘密认定的路径,主要争议集中在经营信息的秘密性方面。经营信息的秘密性认定可以从以下两个方面进行判断:第一,该信息经过权利人投入人力、物力进行整理、深化,具有独特性,区别于通过公知途径收集的简单信息;第二,经营信息是系统范畴,部分信息要素的公开性不否定相关经营信息的秘密性。

(三)数据的商业秘密保护

1. 数据的界定

数据是互联网大数据发展过程中出现的新型信息,关系到国家、企业和个人的信息安全。从我国目前的立法状况来看,2021 年 6 月颁布的《中华人民共和国数据安全法》(以下简称《数据安全法》)是有关数据的唯一法律[③],其他有关数据的规定均是各主管部门对主管领域的数据事务进行规定的部门规章或规范性文件,例如国家专利局在 2003 年发布的《专利信息统计数据项标准(第一部

---

① (2017)苏 10 刑终 199 号:颜××、周××等侵犯商业秘密罪二审刑事裁定书;(2015)厦刑终字第 590 号:上诉人李某某侵犯商业秘密罪二审刑事判决书。

② (2013)浙台知刑终字第 4 号:徐×侵犯商业秘密罪二审刑事裁定书。

③ 《数据安全法》第 3 条:本法所称数据,是指任何以电子或者其他方式对信息的记录。数据处理,包括数据的收集、存储、使用、加工、传输、提供、公开等。数据安全,是指通过采取必要措施,确保数据处于有效保护和合法利用的状态,以及具备保障持续安全状态的能力。

分)》,国土资源部在 2003 年发布了《国土资源信息核心元数据标准》等。《数据安全法》主要从国家层面规范了数据处理和安全监管,明确了国家和相关部门在数据处理和安全监管方面的责任,对组织和个人在数据方面的行为规定较少,仅有第 32 条规定了任何组织和个人收集数据,应当采用合法、正当的方式,不得窃取或以其他非法方法获取数据;法律、行政法规对收集、使用数据的目的、范围有规定的,应当在法律、行政法规规定的目的和范围内收集、使用数据。

2. 数据作为商业秘密保护的条件

综合目前有关数据的立法,我国未明确规定数据的法律性质,理论界对数据的性质讨论主要有两种观点:一种认为应当将数据单独列为数据权,有学者认为有必要将商业数据作为新型工业产权[①];有学者认为数据权利是具有民事权利特征的新型独立权利[②];有学者认为数据具有经济价值,是数据财产,应建立数据生成者权[③]。另一种观点认为企业数据本质上是信息,数据控制者普遍通过保密措施将数据列入商业秘密保护的情况下,数据控制者的权利已得到充分的保护,无须将数据单列为新权利[④]。司法实践中也有通过商业秘密保护数据的案件[⑤],法院在本案中认为原告后台数据处于非公开状态,原告对数据进行了收集、汇总和整合,数据本身能够为原告优化经营资源,使其获得相应的竞争优势,原告对数据采取了相应的保密措施,案涉数据具备秘密性、价值性和保密性,构成商业秘密,被告的行为成立侵犯商业秘密侵权行为。

---

① 孔祥俊:《商业数据权:数字时代的新型工业产权——工业产权的归入与权属界定三原则》,载《比较法研究》,2022 年第 1 期,第 83-100 页。

② 李爱君:《数据权利属性与法律特征》,载《东方法学》,2018 年第 3 期,第 64-74 页。

③ 刁胜先、杨巧:《互联网平台企业的数据生成者权之构建》,载《重庆邮电大学学报(社会科学版)》,2022 年第 1 期,第 1-17 页。

④ 刘建臣:《企业数据赋权保护的反思与求解》,载《南大法学》,2021 年第 6 期,第 1-20 页。

⑤ 案件概况为:原告杭州某网络公司从事网络主播运营活动,旗下有两款直播平台。被告汪某曾任原告旗下某平台运营总监一职,并与原告签订有保密协议。为鼓励用户参与互动,平台在打赏环节设置中奖程序。后台会抽取一定比例的打赏金额归入奖池,一定周期内,后台会根据程序算法随机生成中奖礼物个数索引,当某个用户打赏的礼物数量刚好累积到相应倍数的中奖数量索引,就会被系统判定为中奖,中奖用户将获得对应的虚拟货币作为奖励。被告在职期间,利用自身账号权限,登录查看、分析后台数据,掌握中奖率高的时间点,通过关联多账号进行"刷奖"。被告离职后入职同行业其他公司,但仍获取原告公司员工胡某账号,继续登录后台进行"刷奖"。余建华、江怡:《杭州一网络公司前高管侵犯商业秘密被判惩罚性赔偿》,载《人民法院报》,2021-11-02(3)。

　　笔者认为,与数据相关的权益涉及数据收集、存储、使用、加工、传输等各个环节的主体,同时与国家主权、安全和发展利益相关。作为新生无形智慧财产,在现有法律制度中,因数据本身包含的商业价值,数据控制主体必然会对数据进行分析整理,形成对自身有价值的商业信息并采取相应的保密措施。在这种情况下,数据控制主体可以通过商业秘密制度对其进行保护,不必急于将其列为新的法定权益对象。以后随着数据产业的发展和成熟,可以根据情况看是否需要将其单列为新的权益对象。

二、侵犯商业秘密罪的行为界定

　　《刑法修正案(十一)》中规定了侵犯商业秘密罪的 4 种行为表现[①],可以分别概括为非法获取商业秘密、非法使用商业秘密、违反保密义务或要求非法使用商业秘密及非法使用间接不法获取的商业秘密。在最高人民法院发布的侵犯商业秘密罪典型案例 8 例中,除案例 5 彭×侵犯商业秘密罪上诉案和案例 6 陈×× 等四人侵犯商业秘密罪案(无法公开获取案件信息)外,其他 6 例侵犯商业秘密罪案件中被告人均是权利人的员工,违反保密义务,披露、使用或者允许他人使用其所掌握的商业秘密。案例 5 彭×侵犯商业秘密罪上诉案中被告人并非直接非法获取商业秘密的行为人,而是明知他人非法获取商业秘密,仍获取、使用该商业秘密的"以侵犯商业秘密论"的间接侵犯商业秘密行为[②]。

---

　　① 《刑法修正案(十一)》中侵犯商业秘密罪的行为方式:①以盗窃、贿赂、欺诈、胁迫、电子侵入或者其他不正当手段获取权利人的商业秘密的;②披露、使用或者允许他人使用以前项手段获取的权利人的商业秘密的;③违反保密义务或者违反权利人有关保守商业秘密的要求,披露、使用或者允许他人使用其所掌握的商业秘密的;④明知前款所列行为,获取、披露、使用或者允许他人使用该商业秘密的,以侵犯商业秘密论。

　　② 贵阳某科技公司在研发、生产、销售反渗透膜过程中形成了相应的商业秘密,并制定保密制度,与员工签订保密协议,明确对商品供销管道、客户名单、价格等经营秘密及配方、工艺流程、图纸等技术秘密进行保护。公司高管叶某掌握供销管道、客户名单、价格等经营秘密;赵某作为工艺研究工程师,是技术秘密 PS 溶液及 LP/ULPPVA 配制配方、工艺参数及配制作业流程的编制人;宋某任电气工程师,掌握刮膜、覆膜图纸等技术秘密。三人均与公司签有保密协议。被告人彭某为公司的供应商,在得知公司的生产技术在国内处于领先水平,三人与公司签有保密协议情况下,与三人串通共同成立公司,依靠三人掌握的公司技术、配制配方、工艺参数、配制作业流程及客户管道等商业秘密生产相关产品,造成贵阳某科技公司 375 余万元的经济损失。彭某侵犯商业秘密罪案,中国法院网,2018 - 01 - 30, https://www.chinacourt. org/article/detail/2018/01/id/3187876. shtml(2021 - 10 - 26 最后访问)。

(一)"相同(实质性相似)+接触"标准

"实质性相似+接触"规则适用于著作权、专利权和商业秘密保护领域,是对侵权行为认定之法律适用的理论概括和司法经验总结①。也有学者将这一规则进行了延伸,提出"相同(实质性相似)+接触-合法来源"规则,即权利人的商业秘密信息与被控侵权信息的内容相同或实质相似且侵权人接触或可能接触到商业秘密的情况下,被控侵权人不能举证证明被控侵权信息的合法来源的,侵犯商业秘密行为成立②。上述知识产权民事侵权的判断规则是否适用于知识产权刑事案件中? 有学者认为,刑事案件涉及被告人的人身自由等重要人身权利,侵权的证明标准应高于民事侵权标准,且鉴于刑事案件中被告人不得自证无罪的原则,"相同(实质性相似)+接触-合法来源"规则不适用于刑事案件③;也有学者认为涉知识产权刑事案件中,涉案侵权制品的合法来源只有被告人清楚,应确定控方的有限举证责任④,控方在完成"相同(实质性相似)+接触"的证明责任后,由被告承担证明合法来源的证明责任,被告证明不能的,即成立侵犯知识产权犯罪。

笔者认为,"相同(实质性相似)+接触"规则在知识产权刑事案件中可以作为判断侵权的依据适用。首先,从知识产权保护体系来看,知识产权刑事保护位于知识产权民事、行政保护之后,是知识产权司法保护的最后手段,严重的知识产权民事侵权行为依照刑法规定要承担刑事责任,民事侵权的成立是刑事犯罪成立的必要前提,因此,知识产权民事侵权的判断规则适用于刑事案件是必然的;其次,侵犯知识产权犯罪均为故意犯罪,被告人主观上具有"明知侵权"的故意是犯罪成立的基础,因而此类犯罪的刑事诉讼过程中公诉机关要同时证明被告人主观上存在侵权故意,客观上存在"相同(实质性相似)+接触"侵权行为才完成完整的侵犯知识产权犯罪举证责任。被告人主观上侵权故意的举证过程已排除"合法来源"的免责事由存在可能性。综上,民事侵权中"相同(实质性相似)+接触"规则可以适用于知识产权犯罪中侵权行为客观存在的判断依据。

---

① 吴汉东:《试论"实质性相似+接触"的侵权认定规则》,载《法学》,2015 年第 8 期,第 63–72 页。

② 刘蔚文:《论侵犯商业秘密罪客观行为的判定方式》,载《电子知识产权》,2014 年第 12 期,第 58–62 页。

③ 刘蔚文:《论侵犯商业秘密罪客观行为的判定方式》,载《电子知识产权》,2014 年第 12 期,第 58–62 页。

④ 李汉军、李文凯:《论侵犯商业秘密罪的司法认定》,载《贵州民族大学学报(哲学社会科学版)》,2021 年第 1 期,第 165–184 页。

(二)"实质性相似"的认定

如前文所述,"相同(实质性相似)+接触"规则是判断知识产权侵权刑事案件的依据,当案涉侵权品(作品、技术秘密、经营信息等)与权利人的知识产权对象完全相同的情况下,毫无疑问侵权成立,但实践中侵权人为逃避法律责任,多会对知识产权对象进行修改或编辑,使得侵权品与知识产权对象有一定区别,这种情况下"实质性相似"成为判断侵权是否成立的标准。理论界普遍认为"实质性相似"的判断方法因知识产权保护对象及效力范围的不同而不同[1],有学者分析版权法上"实质性相似"的判断应协调思想表达二分法等原则,依据作品的独创性和作品属性来选择测试方法,比对的范围仅限于原告作品的创新部分,相似程度的高低与独创性高低成反比[2];有学者进一步明确作品实质性相似的关键是对被告作品与原告作品中独创性内容的相似在质量和数量两方面来考量[3];也有学者认为软件实质性相似的判断分为文字部分的相同比例确定和非文字部分的整体相似,即组织结构、处理流程、数据结构、输出和输入方式等方面的综合相似[4];另有学者主张根据作品性质和独创性高低等主要因素来选择适用"整体观感法"[5]"抽象过滤分离法"[6]两种判断方法及相应普通观察者和专家视角来对实质性相似进行判断[7];有学者则明确指出判定作品间是否实质性相似时,"抽象、过滤与比较三步法"是主要和优先适用方法,在前者不适用或适用不足

---

[1] 吴汉东:《试论"实质性相似+接触"的侵权认定规则》,载《法学》,2015 年第 8 期,第 63-72 页。

[2] 梁志文:《版权法上实质性相似的判断》,载《法学家》,2015 年第 6 期,第 37-50、174 页。

[3] 黄小洵:《作品相似侵权判定研究》,博士学位论文,西南政法大学,2015 年。

[4] 李国泉、寿仲良、董文涛:《实质性相似加接触的侵权标准判断》,载《人民司法》,2010 年第 16 期,第 37-40 页。

[5] "整体观感法"是指将作品视为整体,不加任何区分和过滤,从而判定实质性相似的规则。谢晶:《论微信公众号"洗稿"作品著作权侵权判定》,载《电子知识产权》,2019 年第 3 期,第 52-58 页。

[6] "抽象分离法",亦即"抽象—过滤—比较法",通过对作品内容进行剖析,过滤掉不受保护的作品元素,继而比较判定侵权。引自谢晶:《论微信公众号"洗稿"作品著作权侵权判定》,载《电子知识产权》,2019 年第 3 期,第 52-58 页。

[7] 冯颢宁:《论版权法中实质性相似认定标准的选择》,载《中国版权》,2016 年第 6 期,第 77-80 页。

以充分判断的情况下适用"整体观感法"或用整体观感法予以补充①。也有学者认为不同作品适用不同的判断标准,约减主义②通常适用于文字作品中,整体概念与感觉原则通常适用于视觉艺术作品与音乐作品中③。

相对于理论界对"实质性相似"判断标准众说纷纭的讨论,司法实践中对"实质性相似"的判断则显得比较单一。笔者在中国裁判文书网上以侵犯知识产权犯罪为罪名,在全文搜索"实质性相似"所得的45份司法文书中,44份司法文书中"实质性相似"的认定依据均为司法鉴定(42份侵犯著作权罪司法文书,2份侵犯商业秘密罪司法文书),另外1份司法文书是侵犯商业秘密犯罪中经营信息的非公开性鉴定④。在44份实质性相似的司法鉴定中,按照鉴定对象统计如下:计算机软件30件(29件为游戏软件,1件为学习课程软件)⑤,文字作品8

<hr/>

① 江南、刘远山:《"接触加实质性相似"原则在著作权侵权判定中的运用——以"琼瑶诉于正案"为主样本》,载《吉首大学学报(社会科学版)》,2017年第S2期,第41-47页。
② "约减主义"主张在进行实质性相似的认定时,首先应当把不受保护的要素从作品中"过滤"出去,仅对受保护的要素进行比对来确定两造作品之间是否存在实质性相似。这一概念与"抽象分离法"的概念实质相似。引自:卢海君:《论作品实质性相似和版权侵权判定的路径选择——约减主义与整体概念和感觉原则》,载《政法论丛》,2015年第1期,第138-145页。
③ 卢海君:《论作品实质性相似和版权侵权判定的路径选择——约减主义与整体概念和感觉原则》,载《政法论丛》,2015年第1期,第138-145页。
④ (2017)苏10刑终199号:颜理尧、周维东等侵犯商业秘密罪二审刑事裁定书。
⑤ 案号:(2021)苏刑终34号;(2020)苏03刑初81号;(2020)鄂08刑初21号;(2020)苏04刑终262号;(2019)湘04刑终512号;(2018)鄂08刑初24号;(2017)苏03刑初85号;(2021)湘0623刑初85号;(2021)湘0623刑初3号;(2020)苏0402刑初639号;(2020)苏1002刑初418号;(2020)沪0104刑初635号;(2020)黔0625刑初78号;(2020)豫1481刑初272号;(2020)湘0602刑初319号;(2020)渝0101刑初170号;(2020)豫1481刑初150号;(2019)冀0108刑初705号;(2019)湘0603刑初109号;(2019)沪0104刑初1044号;(2019)豫1481刑初794号;(2019)湘0407刑初82号;(2018)沪0104刑初1101号;(2019)豫1481刑初274号;(2018)豫1481刑初1161号;(2018)渝0109刑初531号;(2017)鄂1123刑初101号;(2015)冷刑初字第72号;(2015)渝北法刑初字第01309号;(2015)双桥刑初字第238号。

件①，美术作品4件②，商业秘密2件③。在上述鉴定对象不同的"实质相似性"司法鉴定中，仅有9份司法文书对司法鉴定中"实质性相似"的依据进行了相对详细的说明，其余35份司法文书中对"实质性相似"的说明模式均为"经鉴定，A与B存在实质性相似的事实"，无其他进一步说明。在对"实质性相似"的鉴定结论进行说明的司法文书中，主要为游戏软件和文字作品的源代码（文字）相似度的说明、游戏及商业秘密的结构相似说明，前者如"游戏服务器端文件相似度为97.16%，客户端文件相似度为89.75%，构成实质性相似"④，"经自治区版权局认定，'皮皮小说网'中有3355部与上海玄霆娱乐信息科技有限公司的电子文字作品同名，且内容相似度在70%以上，存在实质性相似"⑤；后者如"经鉴定，被告人李××、方××、石××、王××经营的私服游戏文件与《永恒之塔》官服文件在目录结构、文件名及文件上存在实质性相似"⑥，"涉及涉案两技术信息所实施的步骤、实现的功能、达到的效果基本相同，空间布局上的不同或者些许细节上的处理，不影响实质性相似的判定"⑦。从上述司法文书中对"实质性相似"的判断依据和说明来看，司法鉴定是知识产权刑事案件中法院认定"实质性相似"的主要依据；相同种类的鉴定对象中存在不同的鉴定方法，如游戏软件的鉴定中存在源代码相似度鉴定和结构相似鉴定。

（三）"实质性相似"司法鉴定的反思

中华人民共和国司法部2015年12月24日发布、2016年3月2日修改的《司法鉴定程序通则》第2条规定，司法鉴定是指在诉讼活动中鉴定人运用科学技术或者专门知识对诉讼涉及的专门性问题进行鉴别和判断并提供鉴定意见的活动。我国知识产权刑事案件中侵权是否成立的关键要素——"实质性相似"的判断主要依赖司法鉴定。

中华人民共和国司法部2000年11月29日发布的《司法鉴定职业分类规定（试行）》中第16条专门规定了知识产权司法鉴定，其中包括被侵权技术与相关

---

① 案号：(2019)京刑申14号；(2014)一中刑终字第2915号；(2020)苏1081刑初164号；(2020)苏0582刑初358号；(2016)苏1002刑初394号；(2016)桂0107刑初396号；2016)苏0612刑初458号；(2013)海刑初字第2725号。

② 案号：(2015)苏知刑终字第00005号；(2018)苏03刑初80号；(2017)粤0515刑初205号；(2016)粤0515刑初530号。

③ 案号：(2015)浙台知刑终字第2号；(2019)豫1502刑初250号。

④ 案号：(2018)沪0104刑初1101号。

⑤ 案号：(2016)桂0107刑初396号。

⑥ 案号：(2020)苏04刑终262号刑事判决书。

⑦ 案号：(2015)浙台知刑终字第2号刑事判决书。

技术是否相同或等同的鉴定、对技术秘密是否构成法定技术条件进行认定及知识产权诉讼中的技术争议进行鉴定。《知识产权民事诉讼证据规定（法释〔2020〕12 号）》第 19 条规定，人民法院可以对商业秘密侵权案件中的下列问题委托鉴定：当事人主张的商业秘密与所属领域已为公众所知悉的信息的异同、被诉侵权的信息与商业秘密的异同。除上述概括性规定外，知识产权司法鉴定并无具体的指导性规范，知识产权司法鉴定中有关"相同"或"实质性相似"的对比也无统一的标准[①]，因此在前文所搜索的司法文书中，不同鉴定对象甚至相同鉴定对象"实质性相似"的鉴定方法和标准也不一致。

　　笔者认为，在知识产权司法鉴定方法方面，前文相关学者介绍的"整体观感法"和"抽象分离法"操作过程中涉及主观因素较多，在实践中操作难度也较大。从知识产权司法鉴定的实践出发，知识产权司法鉴定中可以采用从内容到结构的鉴定方法：在对侵权品和知识产权对象初步审查后，发现内容相似度较高的，可采用技术手段对相似内容的比例进行鉴定，相似度在 85%[②]以上的情况下，已无抽象分离法的适用空间，可以直接认定成立实质性相似；在相似度低于 85% 的情况下，可进一步从结构、功能、布局、技术点等关键要素进行综合对比，并引入专家辅助人来综合确定是否成立实质性相似。在知识产权司法鉴定的采用方面，虽然我国《刑事诉讼法》在第四章证据中第五节专门规定了"鉴定意见的审查与认定"，明确刑事诉讼中法官对鉴定意见应进行全面审查，但从公开途径搜集到的刑事司法文书来看，司法机关在被告方未对司法鉴定提出异议的情况下，基本上直接适用司法鉴定意见来认定"实质性相似"，未体现对鉴定意见的审查分析，将是否成立侵权的关键性问题——"实质性相似"的认定完全由司法鉴定解决，在某种程度上属于"审判权让渡"，虽然在一定程度上节约了司法资源，但无法保证司法的公正性。因此，在知识产权刑事案件中，法官应在司法文书中对"实质性相似"的司法鉴定进行全面审查，必要时引入专家辅助人来综合认定"实质性相似"的成立与否。在知识产权司法鉴定的审查采用方

---

　　① 　郭泰和、徐康莉：《知识产权案件司法鉴定程序之探讨》，载《中国司法鉴定》，2011 年第 6 期，第 72—77 页。

　　② 　该比例从整体上考虑，85% 的整体相似度高，另外 15% 的不相似不影响整体的相似性判断。这一比例可以进行更深入的研究进行调整。

面,最高人民法院发布的侵犯商业秘密罪典型案例——汪××侵犯商业秘密罪上诉案①显著体现了法院对司法鉴定的全面审查和司法鉴定采用与否对被告人的显著影响,这一典型案例明确了法院应对司法鉴定中所依据的鉴定材料、鉴定方法等进行全面实质性审查。在专业司法鉴定机关与个体被告人之间存在明显专业技术能力差异的情况下,法院对司法鉴定进行全面实质审查是保证刑事司法公平的必然要求。

三、侵犯商业秘密罪定罪量刑标准的认定

在《刑法修正案(十一)》将侵犯商业秘密罪的成立条件由"造成重大损失"修改为"情节严重"后,最高人民法院尚未就"情节严重"出台相关的司法解释。根据我国刑法理论对社会危害性的判断标准,"情节严重"是对主体、主观方面、客体、客观方面综合考量的情节,并非单纯的"唯数额论""唯经济损失论"②。从语义范围看,"情节严重"包含了"造成重大损失",现有的有关侵犯商业秘密罪的刑事司法解释是《侵犯知识产权犯罪司法解释(三)》,该司法解释中对"重大损失"的界定及计算规则的规定在新的司法解释出台前,仍具有法律效力。

(一)侵犯商业秘密罪"情节严重"的界定

笔者认为,虽然目前尚未有明确的关于侵犯商业秘密罪"情节严重"的司法解释,但《侵犯知识产权犯刑事案件司法解释(三)》有关"造成重大损失"的解释中已包含单纯损失数额以外的"情节严重"表现。具体如下:

首先,该司法解释第4条有关造成重大损失的解释中将"侵犯商业秘密违法所得数额在30万元以上"作为造成重大损失的表现之一,超出了"造成权利人重大损失"的语义范畴。从语义上来看,侵权人的违法所得与权利人的损失是完全不同的两个范围,实践中,侵权人因侵犯商业秘密获得违法所得时并不一定会造成权利人的实际损失。该司法解释第5条中第6款规定:"因披露或者允许他人使用商业秘密而获得的财物或者其他财产性利益,应当认定为违法所得。"因此如果侵权人将非法获取或违反约定获取的商业秘密卖给第三人后,第

---

① 被告人汪××侵犯商业秘密罪一案,一审法院判决被告人汪××犯侵犯商业秘密罪成立,二审发回重审。一审法院重审后判决被告人汪××犯侵犯商业秘密罪,免予刑事处罚。二审法院对本案中的相关技术是否构成商业秘密及涉案损失数额的司法鉴定进行了全面审查,认为司法鉴定中案涉技术是否不为公众所知悉,以及达到刑事立案标准的损失数额均存在一定疑点,最终改判被告人无罪。汪××侵犯商业秘密宣告无罪案,中国法院网,2017-04-24,https://www.chinacourt.org/article/detail/2017/04/id/2822681.shtml(2021-10-26 最后访问)。

② 潘莉:《侵犯商业秘密罪:如何界定"情节严重"》,载《检察日报》,2020-11-25(3)。

三人尚未使用该商业秘密时案发且侦破,权利人的商业秘密未被披露、使用,未造成权利人的实际损失。此时将侵权人的违法所得数额作为侵权商业秘密罪的成立条件就突破了"造成重大损失"的范畴,在《刑法修正案(十一)》颁布后,可以将这一情形列入"情节严重"更为合理。

其次,该司法解释第5条第一款规定了侵权人以不正当手段获取权利人的商业秘密,尚未披露、使用或者允许他人使用的情况下,根据该项商业秘密的合理许可使用费来确定重大损失是否成立、侵犯商业秘密罪是否成立。这一规定情形中商业秘密权利人未产生实际损失,此时按照商业秘密的合理许可使用费来确定是否达到"重大损失"数额并决定犯罪是否成立,明显超出原商业秘密罪"造成重大损失"结果犯的范畴,应属于"情节严重"的范畴。

综上,《侵犯知识产权刑事案件司法解释(三)》虽然是在《刑法修正案(十一)》之前颁布,但实质上已将侵犯商业秘密情节严重的部分行为纳入了犯罪范围。笔者通过搜索中国裁判文书网侵犯商业秘密罪在《刑法修正案(十一)》颁布后的刑事司法文书,试图从司法实践中进一步总结"情节严重"的表现或特征,仅有2例侵犯商业秘密罪的司法文书可以查阅①,这2例案件均是以造成"重大损失""造成特别重大损失"作为定罪依据,未出现依据"情节严重"定罪的案例。在(2021)冀0110刑初9号刑事判决书中,被告人违反保密义务非法获取商业秘密,尚未披露、使用或允许他人使用该项商业秘密,未给权利人造成实际损失,法院以该项商业秘密的普遍许可使用费评估数额作为行为人造成重大损失的定罪依据;(2019)粤0306刑初4934号刑事判决书中多名被告人的侵权行为导致权利人商业秘密在信息网络上被公开,法院按照该项商业秘密的研究开发成本数额认定多名被告人的行为造成权利人特别重大损失,分别予以定罪量刑。

《刑法修正案(十一)》2021年3月1日颁布实施至今已有两年多,最高人民法院均未对侵犯商业秘密罪中"情节严重"作出新的司法解释,从上述分析来看,《侵犯知识产权刑事案件司法解释(三)》中事实上已包含情节严重的相关行为表现;从司法实践来看,"造成重大损失"仍是侵犯商业秘密罪成立的主要判断标准。刑法规定高于司法解释,在新的有关"情节严重"的司法解释出台前,可以按照现行司法解释中有关"造成重大损失""造成特别重大损失"标准,对侵犯商业秘密的行为是否属于情节严重进行综合考虑。

---

① (2019)粤0306刑初4934号刑事判决书;(2021)冀0110刑初9号刑事判决书。

（二）侵犯商业秘密罪中损失的计算

1."重大损失"计算标准的法律依据

《侵犯知识产权刑事案件司法解释（三）》在建立"重大损失"的认定模式时，将侵犯商业秘密的行为类型和使用情况进行了区别对待①：①非法获取的商业秘密未被使用时，因为权利人无实际损失或侵权人无获得非法利益，此种情况下按照商业秘密的实际许可使用费或评估的许可使用费计算损失；②非法获取的商业秘密被公开或灭失的情况下，应以相关研发成本、实施商业秘密的实际相关收益或合理预期收益来确定损失数额；③非法获取商业秘密后各种非法使用造成权利人损失或侵权人非法获利的情况下，权利人被侵权造成损失的计算标准先后顺序为：先用权利人因被侵权减少的销售量乘以权利人每件商品的合理利润；其次用侵权产品销量乘以权利人每件商品的合理利润；最后用侵权产品销量乘以每件侵权产品的合理利润。上述顺序是确定的，只有前一种标准无法获得的情况下才适用后一种标准。此外，该司法解释也明确了商业秘密用于服务的情况下根据权利人减少的合理利润来确定损失数额，同时明确将权利人为弥补商业秘密被侵犯而采取的补救措施费用纳入权利人的损失数额内。

2.侵犯商业秘密罪中损失数额计算的反思与完善

首先，司法实践中普遍存在"以鉴代审"的现象。从司法实践来看，侵犯商业秘密罪案件中损失数额的计算基本上依据相关的司法会计鉴定或审计报告来确定。虽然刑事诉讼法明确规定司法机关对司法鉴定应进行全面审查，包括合法性、相关性、真实性，但由于司法鉴定文书设计的技术性和专业性比较强，在被告方未提出异议的情况下，多数司法机关对司法鉴定文书的审查仅限于出具司法鉴定文书机构的合法性审查，对司法鉴定文书中内容和证据的实质性审查较少。在中国裁判文书网上搜到公开的侵犯商业秘密罪刑事判决书 61 份②，随机对其中 20 份刑事判决书进行梳理，3 例案件的损失数额未经过司法鉴定，通过计算被告人非法获利③或权利人损失④的方式确定案件中的损失数额；其余 17

---

① 刘秀：《侵犯商业秘密罪中"重大损失"的认定》，载《中国刑事法杂志》，2010 年第 2 期，第 50-62 页。

② 中国裁判文书网，https：//wenshu.court.gov.cn/（2022-03-05 最后访问）。

③ （2019）冀 0291 刑初 5 号刑事判决书；（2019）豫 1502 刑初 250 号刑事判决书。

④ （2019）京 0109 刑初 106 号刑事判决书。

例案件中的损失数额均通过司法鉴定来确定,在 17 例案件中,4 件①案件中法院对损失的鉴定报告进行了实质审查并对损失数额进行了重新认定,比例约为23.5%。

侵犯商业秘密行为给权利人造成损失数额的多少直接关系着罪犯的定罪量刑,出具损失数额认定的司法会计鉴定报告是案件的核心证据,一方面司法机关应严格按照刑事诉讼法的要求对司法会计鉴定报告进行实质性审查,并将审查过程在司法文书中进行披露;另一方面对出具司法会计鉴定报告有重大过失以上的鉴定机构和鉴定人员,应向相应的主管司法机关出具司法建议,由相应的主管机关予以记录并进行相应的处理,以增强司法鉴定机关鉴定的责任心和准确度。

其次,商业秘密权利人损失标准的混同适用。《侵犯知识产权犯刑事案件司法解释(三)》第 4 条明确被侵犯商业秘密的状态不同,采用不同的损失计算方法:在商业秘密未被披露、使用或允许他人使用时采用商业秘密合理许可使用费标准;在商业秘密已经被披露、使用或允许他人使用的情况下,采用权利人销售利润损失计算标准;在商业秘密已被公众知悉或灭失时采用商业价值标准。上述标准根据侵犯商业秘密的行为类型和被侵犯商业秘密的状态来采用不同标准计算权利人的损失,区分了不同行为和不同状态的社会危害性,符合罪责刑相适应原则的要求,对我国侵犯商业秘密罪的司法实践具有积极指导意义。但实践中,上述损失标准的适用仍存在混同适用,如在被告违反约定使用、允许他人使用商业秘密被的情况下采用许可使用费标准②;商业秘密未被公众知悉或灭

---

① (2018)粤 13 刑终 361 号刑事判决书(典型案例:林××、叶××、郑×××犯侵犯商业秘密罪案);(2016)黔 01 刑初 105 号刑事判决书(典型案例:彭×侵犯商业秘密);(2015)厦刑终字第 590 号刑事判决书;(2018)粤 0607 刑初 7 号刑事判决书。

② (2019)浙 07 刑终 924 号刑事判决书:该案件中二被告人违反保密义务在新工作单位使用原工作单位的商业秘密,法院在明知侵犯商业秘密产品生产数量为 81 吨,可以计算权利人利润损失的情况下,确定损失数额采用的是司法鉴定中的许可使用费 643 300 元。《侵犯知识产权刑事案件司法解释(三)》第 4 条第 2 款规定,只有在非法获取商业秘密后予以披露、使用或允许他人使用的情况下,侵权销售利润损失小于许可使用费标准的,采用许可使用费标准。本案中是违反保密义务的行为类别,不属于该种适用许可使用费标准的情形。

失时采用商业价值标准[①];商业秘密被公开后仍使用销售利润损失标准[②]。上述案件未按照司法解释规定的侵犯商业秘密的行为方式和商业秘密的状态不同而适用相应的损失计算标准,在一定程度上加重或减轻了当事人的刑事责任,不符合罪责刑相适应原则,同时也破坏了司法的统一性。同时,在适用侵权人利润损失标准时,需要案涉的商业秘密已经被使用并产生价值,这样才存在计算权利人销售利润损失的可行性。但实践中,部分商业秘密的使用并不直接产生价值,如林××、叶××、郑××犯侵犯商业秘密罪案典型案例[③]中,该案的商业秘密是生产监测数据和生产线布局设计,上述商业秘密能够提高企业生产效率,因而具有商业价值,但不产生直接的产品或经济利益,因此权利人的销售利润损失无从确定。该案采用了商业秘密成本和实施成本作为定案依据有其一定合理性,但该案涉商业秘密并未丧失秘密性,采用商业价值方法认定的损失数额过高,不具有合理性。因此,笔者认为在案涉商业秘密未丧失秘密性的情况下,若无法确认、计算权利人销售利润损失的,可以按照商业秘密的合理许可使用费来计算权利人的损失数额更为合理。

要解决商业秘密权利人损失认定标准混同的问题,需要法院在审判阶段明确各损失标准的适用范围,在侵犯商业秘密罪刑事诉讼实践中建立起统一的损

---

① (2018)粤13刑终361号刑事判决书:林××、叶××、郑××犯侵犯商业秘密罪一案终审刑事判决书。侵犯商业秘密典型案例之一,前文已有分析。(2014)潭中刑终字第326号刑事判决书:该案属于违反保密行为披露、使用、允许他人使用商业秘密的行为,该案中商业秘密未被公众知悉或灭失,应采用利润损失标准,且可以通过查实产品数量及销量进行确定,但法院在此案中"在权利人的损失及侵权人所获实际利润在未查实的情况下",采用司法鉴定的商业价值标准予以定罪量刑,明显加重了被告人的刑事责任。(2018)粤0607刑初7号刑事判决书:该案被告人违反保密义务将公司商业技术秘密披露给公司的竞争对手,按照《侵犯知识产权刑事案件司法解释(三)》的规定,这种情况下权利人的损失数额应按照销售利润损失来确定,但该案最终按照商业价值标准确定损失,认为"本案重大经济损失的数额由研发人员工资、研发设备购置、研发物件支出、房租和公证费、鉴定费、微谱分析费以及与本案直接关联的律师代理费2万元等组成"。

② (2020)苏0411刑初68号刑事判决书,(2020)苏0411刑初68号刑事判决书。这两个例案件中被告人均在非法使用权利人商业秘密的同时通过申请专利的方式向社会公众披露了商业秘密,造成该商业秘密已被公众所知悉。按照《侵犯知识产权刑事案件司法解释(三)》的规定,此类案件的损失应按照商业秘密的商业价值来认定。但两个案中均未明确说明商业秘密已被公开,均按照"造成重大损失"来认定,损失数额是按照权利人的经济损失数额确定的,未提到商业秘密的商业价值。

③ 《典型知识产权案例:林××等三人侵害商业秘密罪案》,2020-04-29,惠州市中级人民法院,https://www.hzzy.gov.cn/web/content? gid=7242(2021-10-26最后访问)。

失标准适用氛围,以此来影响公诉机关、侦查机关在侵犯商业秘密罪侦查阶段的取证重点和范围;同时,"损失数额"或"严重情节"作为案件定罪量刑的主要依据,法院在司法文书中应进行实质的详尽的合理说明,不应简单的"以鉴代审",以更好地保护被告人的合法权益,促进侵犯商业秘密罪定罪量刑的公开、公平和公正。

第三节　为境外刺探、窃取、收买、非法提供商业秘密罪的认定

《刑法修正案(十一)》第 23 条在刑法第 219 条之后增加 1 条,作为刑法第 219 条之一,规定了为境外窃取、刺探、收买、非法提供商业秘密罪。本罪是新增罪名,是国际竞争日益激烈情况下对国内商业秘密权利人保护的需要,是我国日益融入国际竞争情况下完善商业秘密保护的需要,弥补了"我国在经济安全的立法方面有很大的缺陷与漏洞"[1]。本罪尚无相应的司法解释规定,本书通过本罪与侵犯商业秘密罪,为境外窃取、刺探、收买、非法提供国家秘密、情报罪,为境外窃取、刺探、收买、非法提供军事秘密罪的比较来进一步明确本罪的认定。

一、为境外窃取、刺探、收买、非法提供商业秘密罪与侵犯商业秘密罪

在《刑法修正案(十一)》将为境外窃取、刺探、收买、非法提供商业秘密行为单独规定为犯罪之前,司法实践中是将此类行为归入侵犯商业秘密罪的范畴,但从实践及国际上有关国家的做法上看,为境外窃取、刺探、收买、非法提供商业秘密的行为在侵犯商业秘密权利人的合法权益、破坏社会主义市场经济秩序之外,还损害了"知识产权领域的国家安全"[2],其社会危害性明显大于侵犯商业秘密罪,因此将其作为侵犯商业秘密罪处理是降格处理,在一定程度上放纵了此类行为,不利于保护知识产权领域的国家安全。

(一)犯罪成立门槛更低

从本罪法条内容来看,本罪的法定刑有 2 档,基本法定刑"五年以下有期徒

---

① 陈龙鑫:《侵犯商业秘密犯罪现状与立法完善——以力拓案为切入点》,载《犯罪研究》,2009 年第 5 期,第 40-46 页。

② 张建、俞小海:《侵犯知识产权犯罪最新刑法修正的基本类型与司法适用》,载《上海政法学院学报(法治论丛)》,2021 年第 5 期,第 37-53 页。

刑,并处或单处罚金"的适用情形是"为境外窃取、刺探、收买、非法提供商业秘密",加重法定刑"五年以上有期徒刑,并处罚金"的适用情形是"情节严重"。从法定基本刑的适用来看,本罪是行为犯,无任何入罪的数额、数量或情节方面的要求。相对于侵犯商业秘密罪"情节严重"的成立门槛,本罪的成立门槛明显更低。

(二)法定刑幅度更高

本罪的两档法定刑"五年以下有期徒刑,并处或单处罚金""五年以上有期徒刑,并处罚金"相比侵犯商业秘密罪的两档法定刑"三年以下有期徒刑,并处或单处罚金""三年以上十年以下有期徒刑,并处罚金",本罪的法定基本刑和加重刑均高于侵犯商业秘密罪。

上述对比中,为境外窃取、刺探、收买、非法提供商业秘密罪相比侵犯商业秘密罪,成立门槛低且法定刑幅度高,根据我国刑法罪责刑相适应原则,侧面说明为境外窃取、刺探、收买、非法提供商业秘密罪的社会危害性显著高于侵犯商业秘密罪。而二罪从表述上看,虽然同样属于侵犯商业秘密的行为,重点区别在于本罪中侵犯商业秘密的去向是境外的机构、组织和个人,在有关本罪的司法解释出台前,本罪中商业秘密的认定应借鉴侵犯商业秘密罪的相关法律规定和司法解释。

二、为境外窃取、刺探、收买、非法提供商业秘密罪与为境外窃取、刺探、收买、非法提供国家秘密、情报罪(军事秘密罪)

为境外窃取、刺探、收买、非法提供商业秘密罪虽然是新增罪名,但"为境外的机构、组织、人员窃取、刺探、收买、非法提供"这一行为方式,与《刑法》第111条为境外窃取、刺探、收买、非法提供国家秘密、情报罪和第431条之一为境外窃取、刺探、收买、非法提供军事秘密罪的行为方式完全一致。[①] 在有关本罪的司法解释出台之前,关于本罪行为方式的认定可以借鉴为境外窃取、刺探、收买、非法提供国家秘密、情报罪和为境外窃取、刺探、收买、非法提供军事秘密罪的相关规定和司法解释。

---

① 张建、俞小海:《侵犯知识产权犯罪最新刑法修正的基本类型与司法适用》,载《上海政法学院学报(法治论丛)》,2021年第5期,第37—53页。

结　语

　　我国知识产权法律制度发展的 40 多年是我国经济社会高速发展、科技创新日新月异的时期,知识产权日益成为社会发展和国家竞争的核心要素,知识产权法律和理论也日益丰富。通过对知识产权及知识产权刑法保护发展、知识产权刑法保护理论、立法、司法的梳理研讨,本书的研究立场与观点总结如下:

　　1. 知识产权的发展性与刑法保护价值立场的克制性

　　知识产权的内涵和外延是随着社会科技文化的发展而不断拓展的,宜采用“列举+概括”的方式来界定知识产权,即知识产权是法律赋予相关主体对创造性智力成果、商业标记和其他信息依法享有的权利的总称。面对不断发展扩大的知识产权主体、客体和权利种类范围,我国知识产权刑法保护作为拥有最严厉处罚措施的公法保护,应以知识产权发展秩序为保护价值立场,单纯的侵犯知识产权私权的行为不足以引发刑法的介入,新型知识产权属于新生权利,其发展尚未形成规模,相对应的侵权行为造成的社会危害性有限,刑法应采取克制谨慎的保护态度。

2. 立法应坚持知识产权刑法保护的独立性和谦抑性

在我国知识产权民法、行政法、刑法三位一体法律保护体系中,民法、行政法是前置法,刑法的保护边界以民法、行政法的保护范围为前置,同时以社会危害性为指导标准对部分知识产权主体、客体、权利种类进行保护,仅将部分严重损害知识产权发展秩序的知识产权侵权行为纳入刑法予以规制。目前,我国刑法中现有的知识产权罪名体系已比较合理,未来知识产权刑法罪名体系可以从知识产权侵权行为的规模、对知识产权发展秩序的影响等多方面综合考虑其社会危害性来决定是否扩大罪名体系。知识产权刑法立法在罪名体系保持独立性的同时,应加强完善司法解释和行刑衔接法律制度。现有的知识产权刑事案件的司法解释颁布时间较长,在《刑法修正案(十一)》将部分知识产权犯罪的成立条件进行了较大幅度的修改的情况下,出台新的统一的侵犯知识产权刑事案件司法解释迫在眉睫;完善知识产权行刑衔接制度,急需出台法律层面的行刑衔接规范性文件。

3. 提升知识产权刑事司法水平是未来提高知识产权刑法保护水平的关键

我国知识产权刑事司法目前已通过典型案例、指导案例对计算机软件、实用美术作品、数据、源代码等新型知识产权客体予以保护,对严重的网络外挂、提供网络服务方式二次传播作品等新型知识产权侵权行为予以刑法规制,在知识产权刑法保护中发挥重要积极的作用。但从整体上看,我国知识产权刑事司法中的不平衡性和非专业性也非常明显,行刑衔接制度在实践层面缺乏有效对接,通过推进"三审合一"提升知识产权刑事司法机关的专业性,赋予检察机关行刑衔接的立案监督权,加强知识产权刑事案例指导制度和对知识产权刑事案件中司法鉴定的审查力度等措施是未来提高知识产权刑法保护水平的关键。

4. 侵犯知识产权犯罪案件的疑难问题认定中坚持社会危害性原则和保护知识产权发展秩序价值立场

侵犯知识产权各类犯罪中,涉及对保护对象、行为方式、危害结果或情节的评估等多个方面的疑难问题认定,在探讨这些疑难问题时,应坚持把社会危害性原则贯穿其中,如在非法制造、销售非法制造的注册商标标识种计算标识数量时应坚持以能够完整使用的"套"作为计算标准,因为最终流入市场的非法注册商标标识是以套的方式使用的;另有犯罪数额的计算、犯罪行为的疑难认定等均应坚持上述原则和价值立场,才能保证知识产权刑法保护在司法实践中不被滥用,合理发挥作用。

从整体上看,我国知识产权刑法保护的理论研究、立法和司法水平经过几十年的发展有了很大提高,形成了符合我国实践的、有中国特色的知识产权刑法理论体系和知识产权刑法立法司法保护体系,我国知识产权刑法保护水平已达到并超过 TRIPS 协议的最低要求水平。但我国不断发展的知识产权事业也对知识产权刑法保护提出了新的挑战,目前及今后一段时间,在知识产权刑法保护立法罪名体系相对完善的情况下,知识产权刑事案件司法解释和知识产权行刑衔接法律制度的构建是未来知识产权刑法立法发展的重点,刑事司法对知识产权新表现形式和新型知识产权侵权行为的规制、提高知识产权刑事司法机关的专业性、完善我国知识产权刑事案例指导制度、加强行刑衔接的立案监督是未来提升知识产权刑事司法水平的努力方向。

参考文献

一、著作

[1]世界知识产权组织.知识产权法教程[M].高卢麟,等译.北京:专利文献出版社,1990.

[2]陶鑫良,袁真富.知识产权法总论[M].北京:知识产权出版社,2005.

[3]刘春田.知识产权法[M].北京:法律出版社,1999.

[4]王洪友.知识产权理论与实务[M].北京:知识产权出版社,2016.

[5]李琛.论知识产权法的体系化[M].北京:北京大学出版社,2005.

[6]蔡祖国.知识产权保护与信息自由的冲突与协调[M].北京:知识产权出版社,2016.

[7]国家知识产权战略制定工作领导小组办公室.挑战与应对:国家知识产权战略论文集[M].北京:知识产权出版社,2007.01.

[8]吴汉东.知识产权基础问题研究[M].北京:中国人民大学出版社,2019.

[9]郭明瑞.民法总则通义[M].北京:商务印书馆,2018.

[10]吴汉东.知识产权前沿问题研究[M].北京:中国人民大学出版社,2019.

[11]吴汉东.中国知识产权理论体系研究[M].北京:商务印书馆,2018.

[12]江平,米健.罗马法基础[M].北京:中国政法大学出版社,1991.

[13]殷继国.反垄断执法和解制度:国家干预契约化之滥觞[M].北京:中国法制出版社,2013.

[14]程皓.历史视域下的中国商标权双轨保护制度研究[M].成都:四川大学出版社,2017.

[15]穆伯祥.知识产权刑法保护要论[M].北京:知识产权出版社,2016.

[16]于志刚.网络空间中知识产权的刑法保护[M].北京:中国政法大学出版社,2014.

[17]刘科.中国知识产权刑法保护国际化研究[M].北京:中国人民公安大学出版社,2009.

[18]汪勇,于世忠.网络时代的知识产权刑法保护问题研究[M].厦门:厦门大学出版社,2020.

[19]贺志军.我国著作权刑法保护问题研究[M].北京:中国人民公安大学出版社,2011.

[20]黄洪波.中国知识产权刑法保护理论研究[M].北京:中国社会科学出版社,2012.

[21]杨燮蛟.知识产权刑法学的建构及其应用[M].杭州:浙江大学出版社,2018.

[22]聂洪勇.知识产权的刑法保护[M].北京:中国方正出版社,2000.

[23]雷山漫.中国知识产权刑法保护[M].北京:法律出版社,2014.

[24]李旭.我国知识产权刑法保护的路径选择[M].长沙:湖南师范大学出版社,2021.

[25]最高人民法院刑事审判一至五庭.刑事审判参考:总第75集[M].北京:法律出版社,2011.

[26]阎晓宏.中国版权年鉴:2018[M].北京:中国人民大学出版社,2018.

二、论文

[1]卢纯昕.知识产权客体的概念之争与理论澄清:兼论知识产权的"入典"模式[J].政法学刊,2017,34(01):5-12.

[2]罗晓霞.商标法溯源:富有竞争政策内涵的历史演进[J].黑龙江社会学,2014(02):106-110.

[3]刘燕,蔡敏.不正当竞争法的历史发展及其一般规律探讨[J].中外法学,1992(06):45-48.

[4]吴汉东.知识产权国际保护制度的变革与发展[J].法学研究,2005(03):126-140.

[5]严永和,甘雪玲.知识产权法公共利益原则的历史传统与当代命运[J].知识

产权,2012(09):12-21.

[6]向凌.欧洲人权法院对知识产权保护的兴起与转向:从 Anheuser-Busch 案到 Verlagsgruppe News GmbH 案的司法考察[J].学术界,2014(02):219-225.

[7]夏辰旭.中国知识产权法律制度的历史发展与变革[J].人民论坛,2013 (14):128-129.

[8]曹文泽,王迁.中国知识产权法制四十年:历程、特征与展望[J].法学,2018 (11):3-16.

[9]王国利.改革开放三十年我国知识产权法律保护制度的立法实践[J].青海 社会科学,2008(04):42-45.

[10]詹映.我国知识产权保护水平的实证研究:国际比较与适度性评判[J].科 学学研究,2013,31(09):1347-1354.

[11]沈国兵,刘佳.TRIPS 协定下中国知识产权保护水平和实际保护强度[J]. 财贸经济,2009(11):66-71,60,136-137.

[12]张玉敏.知识产权的概念和法律特征[J].现代法学,2001(05):103-110.

[13]郑成思.再论知识产权的概念[J].知识产权,1997(01):13-22,33.

[14]吴汉东.关于知识产权若干理论问题的思考[J].中南政法学院学报,1988 (01):15-20.

[15]周俊强.知识、知识产品、知识产权:知识产权法基本概念的法理解读[J]. 法制与社会发展,2004(04):43-49.

[16]郑万青.种子战争背景下的传统资源权:介绍一种超越知识产权的新概念 [J].中国发明与专利,2008(02):62-64.

[17]吴汉东.论传统文化的法律保护:以非物质文化遗产和传统文化表现形式 为对象[J].中国法学,2010(01):50-62.

[18]冯晓青,刘淑华.试论知识产权的私权属性及其公权化趋向[J].中国法 学,2004(01):63-70.

[19]李永明,吕益林.论知识产权之公权性质:对"知识产权属于私权"的补充 [J].浙江大学学报(人文社会科学版),2004(04):61-68.

[20]邓志红,余翔.再论知识产权的性质:一种权利结构的视角[J].知识产 权,2018(02):3-12.

[21]范在峰.知识产权私权性质的变化及其与技术创新政策的协调机制探析 [J].河北法学,2003(05):40-43.

[22]吴汉东.关于知识产权私权属性的再认识:兼评"知识产权公权化"理论 [J].社会科学,2005(10):58-64.

[23]余鑫如,崔勤之.略论知识产权的性质与特征[J].法学评论,1986(03):

31–34.

[24]吴汉东.关于知识产权本体、主体与客体的重新认识:以财产所有权为比较研究对象[J].法学评论,2000(05):3–13.

[25]许春明.知识产权基本特征在网络环境下的嬗变[J].中国发明与专利,2008(03):77–78.

[26]杨和义.论知识产权的法律特征[J].知识产权,2004(01):20–24.

[27]金多才.论知识产权的概念和特征[J].河南省政法管理干部学院学报,2004(06):56–60.

[28]曹志平.TRIPS与知识产权国际保护新体系[J].知识产权,1998(04):46–48.

[29]郑旭江.知识产权刑法保护的变化因素与立法反思:以TPP协议的通过为线索[J].河北法学,2016,34(06):161–169.

[30]胡伟新,吴光侠,冯文生,等.中国司法解释制度的发展与完善[J].法律适用,2014(12):29–33.

[31]周光权.刑事立法进展与司法展望:《刑法修正案(十一)》总置评[J].法学,2021(01):18–35.

[32]胡云腾,徐文文.《刑法修正案(十一)》若干问题解读[J].法治研究,2021(02):55–65.

[33]杨辉忠.我国知识产权刑事立法之检讨[J].政治与法律,2008(07):27–30.

[34]李芳芳.网络著作权犯罪刑罚威慑效能实证研究:以《刑法修正案(十一)》对侵犯著作权罪的修改为背景[J].山东大学学报(哲学社会科学版),2021(03):64–71.

[35]田宏杰,王然.中外知识产权刑法保护趋向比较研究[J].国家行政学院学报,2012(06):118–121.

[36]袁帅.知识产权"行刑衔接"检察监督的困境及路径选择[J].中国检察官,2022(03):51–54.

[37]陈波.知识产权"两法衔接"机制的立法完善[J].西安财经学院学报,2015,28(01):99–106.

[38]李煜兴.行刑衔接的规范阐释及其机制展开:以新《行政处罚法》行刑衔接条款为中心[J].中国刑事法杂志,2022(04):64–78.

[39]彭少辉.经济刑法视域中的知识产权犯罪:关于价值判断与规范分析[J].中共南京市委党校学报,2013(02):44–50.

[40]漆昌国.论知识产权刑法保护的适度性[J].理论与改革,2010(03):132–135.

[41]刘宪权,张晗.论知识产权刑法保护的必要性和适度性[J].犯罪研究,2006
    (04):2-8,15.

[42]王志祥,何恒攀.论知识产权刑法保护的适度性[J].山东警察学院学报,
    2010,22(01):10-15.

[43]陈忠林,陈可倩.关于知识产权刑法保护的几个问题[J].中国刑事法杂
    志,2007(03):14-18.

[44]刘湘廉.我国知识产权刑法的最新修正及其适用[J].重庆大学学报(社会
    科学版),2022,28(02):232-245.

[45]陈爽.TRIPS 协议与我国知识产权法律保护机制的建立与完善[J].社会科
    学辑刊,2003(03):51-54.

[46]王新宇,周宇.TRIPS 协议对我国知识产权刑事保护的影响[J].江苏公安
    专科学校学报,2002(01):70-76.

[47]黄瑶,李燕妙.TRIPS 协议的实施与我国知识产权司法保护[J].河北法
    学,2010,28(06):68-77.

[48]梁桂青,陈永平.TRIPS 协议与中国知识产权国际保护:从美国特别301 条
    款谈起[J].中山大学学报论丛,2005(03):412-417.

[49]马治国,王文.论我国知识产权的刑事法律保护:以 TRIPS 协议与 ACTA 为
    视域[J].苏州大学学报,2021(03):94-104.

[50]高艳东.论 TRIPS 视野下的刑法对知识产权保护的必要性与限度性[J].甘
    肃政法学院学报,2003(05):55-60.

[51]石超.从 TPP 到 CPTPP:知识产权条款的梳理、分析与启示:兼谈对中国开
    展知识产权国际保护合作的建议[J].石河子大学学报,2021(03):94-104.

[52]刘华,周莹.TRIPS 协议弹性下发展中国家的知识产权政策选择[J].知识
    产权,2009,19(02):57-65.

[53]余敏友,廖丽.评美国向 WTO 诉中国"影响知识产权保护和实施的措施案"
    [J].国际贸易,2009(09):59-66.

[54]韩玉雄,李怀祖.关于中国知识产权保护水平的定量分析[J].科学学研
    究,2005(03):377-382.

[55]沈国兵,刘佳.TRIPS 协定下中国知识产权保护水平和实际保护强度[J].
    财贸经济,2009(11):66-71,60,136-137.

[56]李伟,余翔.中国知识产权保护强度及其评价:以加入 TRIPS 协议为中心
    [J].科研管理,2014,35(07):138-146.

[57]孙赫.我国知识产权保护执法水平的度量及分析[J].科学学研究,2015,33
    (09):1372-1380.

[58]冯晓青.知识产权的私权属性及其制度完善:民法典实施背景下我国知识产权制度的变革与发展[J].甘肃政法大学学报,2020(05):147-156.

[59]齐爱民,潘勤毅.知识产权刑法保护客体的价值序位[J].知识产权,2005(03):44-47.

[60]贺志军.我国知识产权刑事政策初探[J].国家检察官学院学报,2009,17(02):107-112.

[61]田宏杰.论我国知识产权的刑事法律保护[J].中国法学,2003(03):141-152.

[62]田宏杰.侵犯知识产权犯罪的几个疑难问题探究[J].法商研究,2010,27(02):110-116.

[63]郎贵梅.知识产权国际保护对司法裁判提出的挑战及应对:涉国际贸易知识产权纠纷疑难问题研究[J].法律适用,2019(07):106-116.

[64]练育强.行政执法与刑事司法衔接制度沿革分析[J].政法论坛,2017,35(05):167-175.

[65]张伟珂.论行政执法与刑事司法衔接立法:现状、趋势与框架[J].公安学研究,2020,3(06):24-45,122.

[66]张锋学.行政执法和刑事司法衔接机制研究[J].山东社会科学,2019(01):121-126.

[67]郑雅静.行政执法与刑事司法相衔接机制的检察实务[J].人民法治,2019(06):94-95.

[68]龙宗智.进步及其局限:由证据制度调整的观察[J].政法论坛,2012,30(05):3-13.

[69]程绍燕.行刑衔接廓清:行刑衔接的内涵与外延[J].河北公安警察职业学院学报,2011,11(02):36-39,75.

[70]谷永超.著作权涉罪案件行刑衔接程序机制的审视与完善[J].中国出版,2020(05):35-38.

[71]周长军,杨丹.检察建议的刚性提升与范围控制[J].人民检察,2018(16):27-29.

[72]杨寅.论我国食品安全领域的行刑衔接制度[J].法学评论,2021,39(03):130-139.

[73]林蓉,孔伟键.假冒注册商标罪的刑事保护对象[J].中国检察官,2018(02):22-24.

[74]郑志.民刑交叉视角下的假冒注册商标罪客观要件研究[J].知识产权,2020(05):74-80.

[75]涂龙科.假冒注册商标罪的司法疑难与理论解答[J].政治与法律,2014(10):55-61.

[76]贺晨霞.论假冒注册商标罪中"基本无差别"商标的认定[J].知识产权,2022(02):86-107.

[77]姜瀛.网络假冒注册商标犯罪中被告人"刷单"辩解的证明模式和证明标准:以第87号指导案例及相关案例为分析对象[J].政治与法律,2017(09):34-44.

[78]谭洋.非法经营数额计算方式改进的实证研究:基于600份假冒注册商标罪裁判文书[J].中国物价,2019(08):89-92.

[79]成懿萍."违法所得"司法适用中的疑难问题[J].中国检察官,2019(12):38-41.

[80]庄绪龙,王星光.销售假冒注册商标的商品罪中"既、未遂形态并存"的司法认定反思:"折算说"理念的初步提出[J].政治与法律,2013(03):56-66.

[81]谈磊.论销售假冒注册商标的商品罪的既未遂形态的认定[J].时代金融,2012(14):110-111,114.

[82]刘宪权,张巍.销售假冒注册商标的商品罪停止形态研究[J].法学杂志,2012,33(04):79-84.

[83]李晓君.销售假冒注册商标的商品罪之未遂形态争议问题探析[J].知识产权,2014(11):32-37.

[84]庄绪龙,包文炯.论非法制造、销售非法制造的注册商标标识罪中"件数"的司法认定[J].中国刑事法杂志,2013(09):38-46.

[85]黄锐意.把握立法原意平衡法益保护:一起非法制造注册商标标识抗诉案办理纪实[J].人民检察,2020(16):71-72.

[86]喻海松.网络外挂罪名适用的困境与转向:兼谈《刑法修正案(十一)》关于侵犯著作权罪修改的启示[J].政治与法律,2021(08):57-70.

[87]于同志.网络游戏"外挂"的认定与处罚[J].政法论丛,2008(06):63-68.

[88]石金平,游涛.论网络游戏外挂的刑法规制[J].政治与法律,2009(10):52-58.

[89]俞小海.网络游戏外挂行为刑法评价的正本清源[J].政治与法律,2015(06):41-51.

[90]储颖超.网络游戏外挂销售行为的界定[J].中国检察官,2017(08):65-67.

[91]朱朋飞,夏天.提供、出售"滴滴出行"外挂行为的刑法规制探讨[J].广西政法管理干部学院学报,2020,35(05):63-69.

[92]吴诗昕.制作并销售网络游戏外挂软件行为的刑法适用[J].犯罪研究,

2021(04):24-36.

[93]安超杰.论移动终端外挂软件的刑法规制[J].北京政法职业学院学报,2019(04):80-86.

[94]傅建明,杨铮,罗陈可等.一种基于内核事件的Windows系统游戏反外挂方法[J].电子与信息学报,2020,42(09):2117-2125.

[95]丰友芳,王静.利用游戏外挂代练升级的刑法评价[J].人民司法,2012(12):6-9.

[96]黎宏.论"帮助信息网络犯罪活动罪"的性质及其适用[J].法律适用,2017(21):33-39.

[97]王志远.侵犯商业秘密罪保护法益的秩序化界定及其教义学展开[J].政治与法律,2021(06):39-53.

[98]郑承友.信息网络传播权刑法保护反思与诠释[J].科技与法律(中英文),2021(05):121-128.

[99]王艳芳.《关于审理侵害信息网络传播权民事纠纷案件适用法律若干问题的规定》的理解与适用[J].人民司法,2013(09):14-21.

[100]王迁.论"网络传播行为"的界定及其侵权认定[J].法学,2006(05):61-72.

[101]王迁.论"信息定位服务"提供者"间接侵权"行为的认定[J].知识产权,2006(01):11-18.

[102]王迁.再论"信息定位服务提供者"间接侵权的认定:兼比较"百度案"与"雅虎案"的判决[J].知识产权,2007(04):3-11.

[103]王迁.网络环境中版权直接侵权的认定[J].东方法学,2009(02):12-21.

[104]焦和平.论我国《著作权法》上"信息网络传播权"的完善:以"非交互式"网络传播行为侵权认定为视角[J].法律科学,2009,27(06):143-150.

[105]孔祥俊.论信息网络传播行为[J].人民司法,2012(07):59-69.

[106]崔国斌.著作权法下移动网络内容聚合服务的重新定性[J].电子知识产权,2014(08):21-26.

[107]崔国斌.加框链接的著作权法规制[J].政治与法律,2014(05):74-93.

[108]崔国斌.得形忘意的服务器标准[J].知识产权,2016(08):3-19.

[109]王艳芳.论侵害信息网络传播权行为的认定标准[J].中外法学,2017,29(02):456-479.

[110]杨勇.深度链接的法律规制探究[J].中国版权,2015(01):53-59.

[111]刘银良.信息网络传播权的侵权判定:从"用户感知标准"到"提供标准"[J].法学,2017(10):100-114.

[112]吴永祺,万小丽.聚合平台深层链接:以"链接服务"掩饰"内容提供"[J].电子知识产权,2016(08):47-51.

[113]陈绍玲.再论网络中设链行为的法律定性:兼与崔国斌先生商榷[J].知识产权,2016(10):17-24.

[114]徐松林.视频搜索网站深度链接行为的刑法规制[J].知识产权,2014(11):26-31.

[115]孙万怀.慎终如始的民刑推演:网络服务提供行为的传播性质[J].政法论坛,2015,33(01):96-112.

[116]欧阳本祺.论网络环境下著作权侵权的刑事归责:以网络服务提供者的刑事责任为中心[J].法学家,2018(03):154-168,195-196.

[117]丁丽瑛.实用艺术品著作权的保护[J].政法论坛,2005(03):135-141.

[118]丁丽瑛.略论实用艺术品独创性的认定[J].法学评论,2005(03):16-19.

[119]吕炳斌.实用艺术作品可版权性的理论逻辑[J].比较法研究,2014(03):68-80.

[120]李雅琴.实用艺术作品的著作权适格性问题研究:兼论我国《著作权法》的修改[J].湖北社会科学,2013(08):139-143.

[121]冉崇高,赵克.著作权与外观设计专利权的竞合与冲突:以实用艺术作品的保护为视角[J].人民司法,2011(21):90-96.

[122]孟祥娟.实用艺术作品宜为著作权独立的保护对象[J].学术研究,2013(03):46-51.

[123]贺平凡,费晔.顾然地、库迪等人销售侵权复制品案[J].法律适用,2005(09):87-90.

[124]朱妙.销售侵权复制品罪及其相关问题的探讨[J].政治与法律,2006(01):42-47.

[125]黄旭巍.对销售侵权复制品刑事司法的实证分析[J].中国出版,2015(21):14-19.

[126]陈志鑫.侵犯著作权罪与销售侵权复制品罪关系辨析:兼评"两高"对《刑法》第217条"复制发行"的司法解释[J].西南交通大学学报(社会科学版),2011,12(06):137-141.

[127]刘鹤挺.人工智能作品侵犯著作权罪的规制逻辑与完善面向[J].河北法学,2020,38(06):121-127.

[128]杨帆,张海宏.销售侵权复制品罪虚置之争的再思考:基于功利主义知识产权刑事政策立场的评析[J].政治与法律,2014(03):49-59.

[129]刘科.侵犯商业秘密罪刑事门槛的修改问题[J].法学杂志,2021,42(06):

87-95.

[130]姜昭.论商业秘密的构成及司法认定[J].电子知识产权,2010(08):78-82.

[131]杨力.商业秘密构成要件的具体认定问题探讨[J].北京政法职业学院学报,2015(01):64-69.

[132]刘文鹏.商业秘密"不为公众所知悉"认定若干问题研究[J].科技与法律,2012(03):67-70.

[133]彭学龙.从美国最新判例看客户名单商业秘密属性的认定[J].知识产权,2003(01):57-62.

[134]何柏松.侵犯商业秘密罪司法认定中的几个疑难问题[J].中国检察官,2011(12):29-32.

[135]刘建臣.企业数据赋权保护的反思与求解[J].南大法学,2021(06):1-20.

[136]陈敏.对软件源代码的商业秘密保护[J].中关村,2013(05):96-97.

[137]朱妙春,周超.浅议对商业秘密中经营信息的鉴定[J].中国发明与专利,2015(12):87-91.

[138]蔡伟,欧群山.是否构成商业秘密的判定[J].人民司法,2019(02):85-88.

[139]马洪,洪婧.客户名单构成商业秘密的条件[J].人民司法,2021(08):93-95.

[140]衣庆云.客户名单的商业秘密属性[J].知识产权,2002(01):39-42.

[141]孔祥俊.商业数据权:数字时代的新型工业产权:工业产权的归入与权属界定三原则[J].比较法研究,2022(01):83-100.

[142]王燕.数据法域外适用及其冲突与应对:以欧盟《通用数据保护条例》与美国《澄清域外合法使用数据法》为例[J].比较法研究,2023(01):187-200.

[143]李爱君.数据权利属性与法律特征[J].东方法学,2018(03):64-74.

[144]刁胜先,杨巧.互联网平台企业的数据生成者权之构建[J].重庆邮电大学学报(社会科学版),2022,34(02):40-50.

[145]董春华.论药品试验数据的保护与公开:兼谈中国药品试验数据保护模式的路径选择[J].科技与法律(中英文),2022(04):20-28,114.

[146]吴汉东.试论"实质性相似+接触"的侵权认定规则[J].法学,2015(08):63-72.

[147]刘蔚文.论侵犯商业秘密罪客观行为的判定方式[J].电子知识产权,2014(12):58-62.

[148]李汉军,李文凯.论侵犯商业秘密罪的司法认定[J].贵州民族大学学报

（哲学社会科学版），2021（01）：165-184.

[149]梁志文.版权法上实质性相似的判断[J].法学家，2015（06）：37-50,174.

[150]李国泉,寿仲良,董文涛.实质性相似加接触的侵权标准判断[J].人民司法,2010（16）：37-40.

[151]谢晶.论微信公众号"洗稿"作品著作权侵权判定[J].电子知识产权，2019（03）：52-58.

[152]冯颢宁.论版权法中实质性相似认定标准的选择[J].中国版权，2016（06）：77-80.

[153]江南,刘远山."接触加实质性相似"原则在著作权侵权判定中的运用：以"琼瑶诉于正案"为主样本[J].吉首大学学报（社会科学版），2017,38（S2）：41-47.

[154]郭泰和,徐康莉.知识产权案件司法鉴定程序之探讨[J].中国司法鉴定,2011（06）：72-77.

[155]卢海君.论作品实质性相似和版权侵权判定的路径选择：约减主义与整体概念和感觉原则[J].政法论丛,2015（01）：138-145.

[156]陈龙鑫.侵犯商业秘密犯罪现状与立法完善：以力拓案为切入点[J].犯罪研究,2009（05）：40-46.

[157]张建,俞小海.侵犯知识产权犯罪最新刑法修正的基本类型与司法适用[J].上海政法学院学报（法治论丛），2021,36（05）：37-53.

[158]吴瑞.TRIPS视阈下的中国知识产权刑法保护及其发展方向[J].净月学刊,2016（01）：101-105.

[159]韩轶,王鑫.我国知识产权刑法保护的分析与立法完善[J].政法论丛,2007（05）：40-44.

[160]郑友德,曾旻辉.我国知识产权刑法保护现存问题及完善建议[J].知识产权,2012（01）：36-41.

[161]万勇.新型知识产权的法律保护与国际规则建构[J].中国政法大学学报,2021（03）：94-104.

[162]熊建军.一种新型知识产权：身份政事权研究[J].河北法学,2017,35（03）：52-63.

[163]徐家力,赵威.生物遗传资源与知识产权的属性冲突与契合[J].社会科学辑刊,2020（05）：98-105.

[164]付晓雅.数字时代知识产权刑法保护的挑战与回应[J].当代法学,2020,34（02）：67-74.

[165]贺志军.知识产权案件审判改革中的刑事管辖集中化问题研究[J].法商

研究,2023,40(02):173-186.

[166]刘华.刑法干预经济行为的"边界原则"[J].政治与法律,1995(02):26.

[167]杨春然.论划分刑法边界的标准[J].中国刑事法杂志,2012(08):30-39.

[168]薛美琴.网络爬虫刑法规制的边界[J].网络法律评论,2020,23(00):227-248.

[169]田宏杰.刑法法益:现代刑法的正当根基和规制边界[J].社会科学文摘,2021(01):68-70.

[170]臧金磊.法社会学视角下经济刑法的处罚边界[J].西南法律评论,2020,32(00):169-185.

[171]孙国祥.集体法益的刑法保护及其边界[J].法学研究,2018,40(06):37-52.

[172]时延安.刑法调整违反经济规制行为的边界[J].中国人民大学学报,2017,31(01):110-119.

[173]于冲,郁舜.知识产权案件"行刑衔接"机制的构建思路:以《中国知识产权保护状况白皮书》的统计数据为分析样本[J].知识产权,2016(01):112-117.

[174]廖丽.国际知识产权制度的发展趋势及中国因应:基于博弈论的视角[J].法学评论,2023,41(02):187-196.

[175]余高能.对我国侵犯知识产权犯罪刑事立法系统性的考量[J].知识产权,2013(12):61-65.

[176]雷山漫,林亚刚.论知识产权刑法保护的基本原则[J].法学杂志,2013,34(10):77-83.

[177]刘少谷.刑法规制假冒专利行为的困境与对策[J].中州学刊,2019(03):55-59.

[178]梅传强,盛浩.《专利法》修正背景下专利犯罪的刑法规制调整[J].重庆理工大学学报(社会科学),2020,34(01):109-119.

[179]童德华,任静.专利刑法保护的理念创新与立法完善[J].电子知识产权,2022(03):52-64.

[180]黎宏.《刑法修正案(十一)》若干要点解析:从预防刑法观的立场出发[J].上海政法学院学报(法治论丛),2022,37(02):1-25.

[181]吴汉东.中国知识产权制度现代化的实践与发展[J].社会科学文摘,2023(01):115-117.

[182]刘杨.行政执法与刑事司法衔接的二元格局及其法治后果:以食品药品监管领域的经验为例[J].华中科技大学学报(社会科学版),2020,34(01):

93-101.

[183]张璐,马鸿海.网络时代背景下再论侵犯著作权罪的"主观要件"[J].贵州民族大学学报(哲学社会科学版),2014(01):118-121.

[184]崔建华.完善侵犯著作权罪立法建议[J].西南农业大学学报(社会科学版),2012,10(10):78-82.

[185]元明.论侵犯著作权犯罪法律的完善[J].知识产权,2011(01):49-52.

[186]邵培樟.侵犯著作权犯罪之主观要件设置的反思与重构:数字网络环境下著作权刑法保护之有限扩张[J].湖北社会科学,2014(04):149-153.

[187]杨加明."以营利为目的"存废论下网络著作权的刑法保护[J].海峡法学,2017,19(01):54-62.

[188]鲁力,潘永涓.论侵犯计算机软件著作权犯罪中的"以营利为目的"[J].湖南社会科学,2010(06):215-218.

[189]郝方昉.关于构成侵犯著作权罪应否需要"以营利为目的"的理性思考:兼评《关于办理侵犯知识产权刑事案件适用法律若干问题的意见》中的相关规定[J].西南科技大学学报(哲学社会科学版),2011,28(05):1-5,12.

[190]刘科,朱鲁豫.侵犯著作权犯罪中"以营利为目的"要素的规范阐释与完善方向[J].中国刑事法杂志,2012(09):54-58.

[191]林亚刚.析侵犯著作权行为与侵犯著作权罪的衔接[J].法学评论,2006(06):121-123.

[192]谢焱."以营利为目的"在网络著作权案件中的刑法适用[J].东方法学,2017(04):93-100.

[193]舒登维.网络犯罪刑法解释立场抉择及边界研究[J].政法学刊,2022,39(01):19-28.

[194]刘艳红.网络时代言论自由的刑法边界[J].中国社会科学,2016(10):134-152,204-205.

[195]姜敏.刑法反恐立法的边界研究[J].政法论坛,2017,35(05):79-93.

[196]田刚.数据安全刑法保护扩张的合理边界[J].法学论坛,2021,36(02):66-75.

[197]张明楷.新刑法与法益侵害说[J].法学研究,2000(01):19-32.

[198]魏东.论作为犯罪客体的法益及其理论问题[J].政治与法律,2003(04):32-36.

[199]陈兴良.犯罪客体的去魅:一个学术史的考察[J].政治与法律,2009(12):90-102.

[200]马库斯·德克·达博,杨萌.积极的一般预防与法益理论:一个美国人眼

里的德国刑法学的两个重要成就[J].刑事法评论,2007(02):443-466.

[201]贾健.刑法法益理论的流变与实质[J].理论导刊,2015(05):94-97.

[202]台培森.从属双阶层模式:法定犯违法判断模式的重构[J].法学论坛,
    2021,36(06):83-94.

[203]陈兴良.法定犯的性质和界定[J].中外法学,2020,32(06):1464-1488.

[204]刘艳红.法定犯与罪刑法定原则的坚守[J].中国刑事法杂志,2018(06):
    60-76.

[205]聂立泽,张开锐.法定犯司法适用问题研究[J].贵州民族大学学报(哲学
    社会科学版),2020(05):164-192.

[206]刘艳红."法益性的欠缺"与法定犯的出罪:以行政要素的双重限缩解释为
    路径[J].比较法研究,2019(01):86-103.

[207]冯亚东.犯罪概念与犯罪客体之功能辨析以司法客观过程为视角的分析
    [J].中外法学,2008(04):580-589.

[208]孙燕山.无法逐出注释刑法领域的社会危害性:社会危害性研究40年
    (1978—2018)的共识与再聚焦[J].学术论坛,2018,41(05):20-27.

[209]侯刚,杜国伟.社会危害性中法益侵害的刑法蕴意[J].中国刑事法杂
    志,2010(10):9-15.

[210]龙长海.社会危害性理论在原社会主义法系国家的当代命运[J].南京大
    学法律评论,2016(01):187-205.

[211]齐文远,黄洪波.必要与可能:我国知识产权刑法保护的正当性:基于多重
    视角的考察[J].南京工业大学学报(社会科学版),2008(02):50-56.

[212]梅术文.知识产权的执法衔接规则[J].国家检察官学院学报,2008(02):
    123-128.

[213]张道许.知识产权保护中"两法衔接"机制研究[J].行政法学研究,2012
    (02):103-108.

[214]管志琦,田建林.浅析我国专利权的刑法保护[J].河北法学,2013,31
    (08):196-200.

[215]吴瑞.TRIPS视阈下中国专利权的刑法保护研究[J].中国人民公安大学
    学报(社会科学版),2011,27(06):52-57.

[216]陈建民.试论专利权的刑法保护:"假冒他人专利罪"之研讨[J].科技与法
    律,2001(01):74-83.

[217]徐棣枫.专利权的刑法保护[J].南京大学法律评论,1996(02):161-165.

[218]张宵,葛玉辉.创新生态系统视域下高新技术产业创新效率评价及影响因
    素:基于DEA-Tobit模型的实证研究[J].科学与管理,2023,43(01):

27-35.

[219]王珍愚,何斌,单晓光,等.知识产权政策动态调整:韩国案例研究[J].科学学研究,2017,35(10):1461-1468,1517.

三、学位论文

[1]张伟.经济发展中我国适度知识产权保护水平研究[D].南京大学,2012.

[2]邵小平.著作权刑事保护研究[D].华东政法大学,2011.

[3]曹伟.计算机软件知识产权保护的反思与超越[D].西南政法大学,2007.

[4]黄小洵.作品相似侵权判定研究[D].西南政法大学,2015.

四、翻译著作

[1]罗斯科·庞德.法理学:第3卷[M].廖德宇,译.北京:法律出版社,2007.

[2]克劳斯·罗克辛.德国刑法学 总论(第1卷):犯罪原理的基础构造[M].王世洲,译.北京:法律出版社,2014.

五、报纸文章

[1]贺付琴.域外知识产权刑法保护制度特点[N].人民法院报,2021-01-22(08).

[2]田宏杰.强化知识产权保护的又一里程碑[N].检察日报,2021-01-06(03).

[3]潘莉.侵犯商业秘密罪:如何界定"情节严重"[N].检察日报,2020-11-25(03).

[4]姚剑良,冯昌波.行政执法言词证据在刑事诉讼中的转换研究[N].民主与法制时报,2015-11-26(06).

[5]王涛.假冒证明商标可构成假冒注册商标罪[N].检察日报,2015-07-29(03).

[6]凌宗亮.销售假冒注册商标的商品罪中"同一种商品"的认定[N].中国知识产权报,2013-12-11(08).

[7]沙少文,丁建玮.区别功能类型确定"违法所得"计算方式[N].检察日报,2021-09-17(03).

[8]童海超.帮助他人假冒注册商标应当如何定罪?[N].中国知识产权报,2016-07-27(09).

[9]吴若,王佳佳.销售假冒注册商标的商品案中非法经营数额的认定[N].人民法院报,2019-06-06(06).

[10]林前枢,陈静岚.非法制造注册商标标识罪中"件"的认定[N].人民法院报,2019-03-21(06).

[11]孙秀丽,潘莉.销售非法制造的注册商标标识怎样确定犯罪数额[N].检察日报,2020-05-15(03).

[12]凌宗亮. 深度链接侵权影视作品是否构成侵犯著作权罪[N]. 人民法院报,2014-09-11(07).

[13]宋蕾,马剑萍. 销售侵权复制品宜作为侵犯著作权行为之一[N]. 检察日报,2008-10-14(03).

[14]邓艳谊,关晓海. 销售侵权复制品行为如何定罪[N]. 中国知识产权报,2014-01-03(10).

[15]张宁,李佳桐. 单一客户名单构成商业秘密的认定标准[N]. 人民法院报,2018-07-05(06).

[16]余建华,江怡. 杭州一网络公司前高管侵犯商业秘密被判惩罚性赔偿[N]. 人民法院报,2021-11-02(03).

[17]许前飞. 知识产权刑法保护的边界(上)[N]. 人民法院报,2015-07-15(06).

[18]许前飞. 知识产权刑法保护的边界(下)[N]. 人民法院报,2015-07-22(06).